한국어로 내려온
New Bible

새로운
성 경

제82권

6부 | 총10부

하얀마음

하나님 말씀 중에서

1. 사랑의 하나님

- 세상을 창조하신 하나님은 모두를 사랑하신다. 인간만 특별히 더 사랑하지 않고, 우주 만물을 다 똑같이 사랑하신다. 그러니 하나님이 창조하신 천지 만물과 화친하고, 미물까지도 소중히 대하라.

- 하나님은 특정 종파나 민족만을 더 사랑하지 않으신다. 자기 자신만 구원받겠다는 욕심을 버리고, 자기 종파만 구원받는다는 편협한 교리에서 벗어나야 한다. 종파를 초월해서, 모두를 사랑하라.

- 원수까지 사랑하라 했으니, 이 세상에 사랑하지 못할 자가 누가 있겠는가? 종파가 다르다고 해서 부모 형제와 원수처럼 지내는 자는 인간의 근본을 모르는 자다. 가장 가까운 가족부터 사랑할 때 남도 진심으로 사랑할 수 있다.

- 한 사람을 원수같이 생각하던 마음에서 사랑하는 마음으로 돌리면, 자기 자신의 마음이 가장 기쁘고 행복하다. 하나님께서는 인간의 마음속에 무거움이 없이 기쁘고 행복한 삶을 살기를 바라신다.

- 이웃을 "내 몸처럼" 사랑하라 했으니, 마지막 한 장 남은 천국의 티켓도 이웃에게 양보하라. 자기 중심적인 신앙에서 벗어나서 남을 위해 살아야 한다.

- 독초도, 약초도, 이단도 사탄도 천사도 다 필요하기에 존재한다. 독초일지라도 극소량을 사용해서 생명을 살릴 수 있고, 약초라 하더라도 남용하면 생명을 잃을 수 있다.

- 세상 모든 것을 명약으로 활용하는 것은 인간의 지혜에 달렸다. 어떤 것이든 어떤 사람이든 적재적소에 꼭 필요한 명약으로 승화시키라.

- 사탄도 이단도 천사도 모두 하나님의 주관하에 존재한다. 진정한 하나님의 백성은 사탄과 마귀까지도 감화시켜서 천사로 거듭나게 한다.

2. 기도

- 하나님은 인간의 생각까지 모두를 다 알고 계신다. 우리의 소원도 이미 알고 계시기에, 소원의 기도를 할 필요가 없다. 우리가 받을 자격이 되면 내려 주신다.

- 죄를 짓고 아무리 회개를 해도 용서받지 못한다. 도둑질한 자는 용서해 달라고 기도하고, 도둑맞은 자는 도둑을 잡게 해 달라고 기도하면, 공의의 하나님은 누구의 편에 서시겠는가?

- 자기가 잘못한 것은 그 사람에게 직접 갚고 용서를 구하라. 그가 용서하면 하나님도 용서하신다. 땅에서 매면 하늘에서도 매이고, 땅에서 풀리면 하늘에서도 풀리는 이치다.

- "회당에서 기도하지 말고 골방에서 기도하라" 했다. 눈에 보이는 골방이 아니라, 골방과 같이 고요한 마음이다. 잡념을 버리고 하나님을 향해 마음을 집중하며, 사랑하고 용서하는 아름다운 생각만 나오도록 하라.

- "두드리면 열릴 것이다." 하는 것은 육의 소원을 위해 두드리라는 것이 아니라, 진리의 깨달음을 얻기 위해 두드리라는 것이다.

- 기도하는 방법: 생활 속에서 수시로 기도하는 삶을 살아야 한다.

- "저의 죄를 용서하여 주옵소서." 하는 회개의 기도를 하라.
- 범사에 "하나님! 감사합니다." 하라. 현재 가진 것에 감사하며, 과욕하지 말라. 자기 노력 이상의 것을 더 갖고자 기도하는 것은 도둑놈심보다. 공의의 하나님은 각자 노력한 만큼 주신다.
- "하나님 뜻대로 살아가겠나이다." 하며 마음의 각오를 다지라.

- 기도는 하나님의 말씀을 받아서 "행하는 것"이다. 하나님이 계심을 굳건히 믿고, 하늘을 향하여 한 점 부끄럼 없이 사는 삶 자체가 가장 위대한 기도이며, 삶이 곧 예배다.

3. 지도자

- 똑같이 사랑한다는 말을 해도, 순수하게 하는 말은 천사의 말이지만, 사기 쳐서 재산을 가로채려고 하는 말은 사탄의 말이다.

- 종교 지도자가 아무리 훌륭한 설교를 해도, 신도의 재물을 거둬서 더 큰 교회를 짓고 자기의 부귀영화를 바라며 설교하면 사탄의 가르침이 된다.

- "저희 교회는 만원사례요, 믿음은 다 같으니 이웃의 개척 교회에 가서 예배를 드리시오." 하며, 이웃 교회의 부흥을 먼저 생각하여 제 신도를 보내는 종교 지도자가 있다면 그를 따르라. 그가 하나님의 사랑을 실천하는 자다.

- "부자가 천국에 들어가는 것은 낙타가 바늘구멍을 통과하는 것보다 더 힘들다" 하였거늘, 지금의 교회에서는 부자가 되기만을 기도하고 소원하니, 이는 곧 천국을 포기하고 지옥 행 열차의 티켓을 사는 것과 같다.

- 예수는 빈손이었다. 종교 지도자가 예수보다 더 호화롭고 편안하게 살아간다면 잘못된 것이다. 부귀영화와 명예를 바라는 자는 절대로 갈 수 없는 좁고 협착한 길이 종교 지도자의 길이다.

- 종교 지도자는 유리로 비춰 봐 한 점의 부끄러움이 없이 살아야 한다. 의식주도 직접 일해서 해결하고, 예수의 가르침과 행함을 그대로 따라야 한다.

- 종말은 없다. 지금의 잘못 가는 종교 집단에게만 종말이 있다. 보이지 않는 하나님은 보이는 육의 종말은 관여하지 않으신다. 환경 파괴로 인간이 스스로 멸망을 자초하는 것이다. 종파끼리 싸우기 전에, 무너진 인성을 바로잡고 지구의 몸살을 해결하는 데 뜻을 모으는 게 급선무다.

4. 성전이란

- 이 세상 자체가 하나님께서 만드신 성전이다. 자연보다 더 아름다운 성전이 있는가? 보이는 건물이 성전이 아니라, 성스러운 마음가짐이 성전이다.

- 반석 위에 교회를 지으라 했다. 지상의 단단한 돌은 인간이 쪼갤 수 있으나, 마음속의 굳은 결의는 세상 무엇으로도 쪼갤 수 없다. 바르고 굳건한 믿음으로 성경의 가르침을 실천하는 것이 마음의 반석 위에 교회를 짓는 것이다.

- 손으로 지은 건물의 교회에 모여서 복음을 전하는 것이 아니라, 교회를 개인과 가정에 심어 주어야 한다. 무너지고 부서지는 건물을 짓지 말고, 마음속에 영원히 불변하는 참진리의 교회를 지으라.

5. 십계명

- 십계명은 인간이 죽어서 반드시 통과해야만 하는 열 개의 관문이다.

- 부모를 공경하지 아니한 자는 "네 부모를 공경하라." 하는 제5계명의 관문이 열리지 않으니 구원받을 수 없다.
- 살인, 간음, 거짓, 우상 등의 나머지 계명도 마찬가지다.

- 십계명은 하나님의 친필이다. 모기소리만 한 하나님의 음성이라도 들어 보겠다고 여기저기 찾아 헤매지 말고, 십계명부터 암송하고 지키라.

- 십계명은 영혼을 구원하는 양식이며, 십계명을 지키는 것이 구원을 받는 길이다. 인간이기에 지키고자 노력하고 또 노력한다면 지킬 수 있다.

- 십계명을 지키고 천사처럼 아름답게 살아가는 그 마음 하나면 세상에 이루어지지 않는 것이 없다.

6. 보물

- 하나님은 재물이 아니라 우리의 마음을 받으신다. 사랑을 실천하며 천사처럼 변하는 마음이 하나님께 바치는 보물이다.

- 보이지 않는 하나님께 재물을 바치려 하지 말고, 너희를 길러 준 부모에게 용돈 드리고, 찾아뵙고, 효성을 다하라. 그것이 하나님께 효도하는 것이다.

- 하늘에는 선과 악의 창고가 있다. 자기 창고에 선이 많으면 천국으로 구원을 받고, 악이 많으면 심판받아 지옥으로 간다. 그것이 바로 "선한 일을 행한 자는 생명의 부활로, 악한 일을 행한 자는 심판의 부활로" 나오는 것이다.

- "선악과를 따먹지 말라"는 것은 양심을 지키라는 것이다. 선과 악을 구분할 수 있는 양심을 최초에 인간에게 주셨다. 선한 열매는 취하고, 악한 열매는 버리며, 양심에 비추어 부끄럼 없는 삶을 살아가라.

- 가장 작은 거짓말을 하지 않고, 가장 작은 죄를 짓지 않으며, 가장 작은 선행을 하고, 가장 작은 악행을 멀리하는 것이 율법의 일점 일획도 빠뜨리지 말고 다 지키는 삶을 사는 것이다.

7. 우상

- 박물관에 있는 불상은 하나의 예술품이다. 그 조각품에 대고 제 소원을 빌 때 우상숭배가 된다. 십자가라 하여도 그 앞에서 소원을 빈다면 우상숭배하는 것이며, 하나님께 소원을 빈다면 하나님을 우상으로 전락시키는 것이다.

- 지금 기복신앙에 젖어 있는 모든 사람이 우상 앞에 절을 하고 있다. 조각품을 우상이라며 파괴하지 말고, 네 마음속에 있는 욕심의 우상을 무너트리라.

- 생수를 약초가 먹으면 약을 만들고 독사가 먹으면 독을 만든다. 같은 성경을 봐도 선한 지도자는 신도를 천사로 만드는 데 활용한다. 그러나 욕심이 가득한 지도자는 재물을 거두어들여 제가 부귀영화를 누리는 데 악용한다. 그가 바로 성경을 우상숭배의 도구로 전락시키는 거짓 선지자다.

- 성경을 한 획도 빼거나 더하지 말라는 것은, 그 가르침을 빠트리지 말고 온전히 지키라는 것이다. 성경 속에서 자기에게 유리한 구절만 보는 것은, 자기에게 불리한 구절들을 빼 버리는 것이다. 믿음이 제일이요, 행함은 구원과는 관계없다는 것은 자신에게 유리한 쪽으로 성경을 악용하는 것이다.

- 진정한 종교 지도자는 종파에 관계없이 어떤 종파든 어떤 책이든 접하고 보고 깨우쳐 견문을 넓히도록 인도한다. 참진리를 모르고 자신이 없는 자가 남을 이단이라며 배척하고, 신도들의 눈과 귀를 가린다.

8. 예수

- 예수의 재림은 없다. 예수가 다시 온다 해도, 과연 누가 그를 예수라고 믿겠는가? 예수와 같은 삶의 행함이 곧 예수의 재림이다. 각자 모두가 "재림 예수"가 되는, 차원 높은 믿음으로 가야 한다.

- 예수는 "주여 주여 하지 말고, 아버지의 뜻대로 행하라"고 했다. 예수가 전한 하나님의 뜻이 곧 "길이요, 진리요, 생명"이며, 그 가르침이 예수의 보혈처럼 소중한 것이다. 예수를 믿는 것은, 예수의 가르침을 믿고 따르는 것이다.

- 예수는 낮은 자로서 만백성을 섬기고자 했다. 만나는 모든 사람을 다 하나님이라 생각하라. 돈을 벌수록 겸손하고, 높은 지위를 얻을수록 낮아지라.

- 예수는 종파를 만들지 않았다. 인간이 만든 종교와 인간의 교리를 따르지 말고, 예수를 통해 전한 하나님의 참진리를 연구하고 따르라.

- 예수가 2천 년 전에 만백성을 위해 죽었으니, 지금 이 땅에는 예수의 가르침대로 사는 천사만 존재해야 한다. 예수가 죽어 가면서 바란 것은 만백성이 천사가 되어 예수의 자리를 채워 주는 것이지, 지금과 같이 재물을 바치면서 중언부언 제 소원만을 비는 백성들을 바란 것이 아니다.

9. 구원

- 천사가 사는 천국에는 천사만 갈 수 있으니, 천사 같은 마음을 길러야 한다.

\- "천국 열쇠를 네게 주리니 땅에서 무엇이든지 매면 하늘에서도 매일 것이라" 했다. 땅에서 천사같이 사는 자가 하늘에서도 천사가 되어 천국에 들어간다. 모든 사람에게 천사같다는 말을 듣는 삶을 살아야 한다.

- 천사의 곱고 아름다운 마음은 부모를 공경하고 어른을 어른으로 대접하는 데에서 출발한다. 효도하는 자는 형제와 화목하게 지내기에 가정이 화목해지고, 이웃과 화목해지고, 국가가 화목해지고, 온 인류가 화목해진다.

\- 그러므로 지상의 아름다운 소왕국은 가정에서부터 이루어야 한다.

- 선택된 14만 명만 구원받는 것이 아니라, 천사처럼 변하고자 하는 14만 명을 기초로 온 인류가 천사처럼 거듭나는 영적인 개혁이 시작되는 것이다.

- 천 년에 걸쳐서 하늘에서 이루어진 것같이 이 세상을 낙원으로 만들어, 만백성이 지상의 천국에서 살다가 죽어서 그대로 하늘의 천국으로 들어가는, 영원한 지상 낙원을 건설하는 것이 하나님의 계획이다.

- 이것이 구약과 신약에 이어 "새로운 성경"으로 역사하시는 하나님의 창조의 완성이다.

- 지금의 믿음으로 구원받을 수 있다면 그 길을 가라. 그러나 자신이 없다면 하나님께서 직접 내리신 160권의 "새로운 성경"을 읽고 구원의 길을 보라!

하나님 머리말씀

이 새로운 성경을 읽는 너희 모두는
이 율법에 따라 행하면 영원히 구원받을 것이니라.

너희 인간이 수년, 수십 년, 평생
성서를 공부하고 기도하는 것은
하늘나라 나의 곁으로 오고 싶은 소망일진대,

몇천 년 전의 너희 인성과 생각이
지금의 너희와는 판이하게 다르니,

꺾여 가고 병들어 가는 너희를 고칠 수 있는 길은,
오늘 내가 선지자에게 내리는 새로운 성경과 같이
너희가 변화되는 것뿐이니라.

나의 예수가 태어난 것처럼
내가 아들 선지자를 선택하여
나의 새로운 성경을 온 세계에 전하고자 하니,

묵은 것은 버리고 새로운 것은 취하여,
너희 모두는
'여호와 하나님! 저의 죄를 용서하여 주옵소서.'
하는 기도문으로 기도하고, 죄를 뉘우치라.

이 새로운 성경은
수천 년간 내려온 성서를 요약한 것이니,
너희는 이 책을 정독하여 쉽게 깨달음을 얻고,
이대로 실천하여 하늘에 오르라.

대역자 머리말

■ 하나님의 율법을 지키는 선지자로 선택을 받도다.

저는 남들처럼 그저 열심히 살아온 평범한 사람이었습니다. 그러나 50대 중반에 사업에 실패하여 많은 부채에 시달렸으며, 건강도 악화되어 눈이 잘 안 보이고, 걷기도 어렵고, 두통이 심해서 잠을 이룰 수 없는 고통의 나날을 보냈습니다. 그때 제가 선택할 수 있는 것은 육의 삶을 끝내는 길뿐이었습니다.

죽기 직전에 그동안에 죄를 지은 이들에게 용서를 빌고 인생을 끝내기로 작정하였습니다. 어려서부터 지은 죄를 빌고 빌다 보니 끝이 없었고, 죽음으로도 그 많은 죄를 용서받을 길이 없다는 생각에 하염없이 눈물이 흘렀습니다. 그 순간 '재래식 화장실의 구더기는 죄를 짓지 않는데, 나는 인간으로서 구더기만도 못한 삶을 살았구나.' 하는 생각이 들면서 괴로움에 몸부림칠 때, 갑자기 하나님의 음성이 들렸습니다.

"나는 여호와 하나님이니라. 너는 십계명을 암송하고 내가 내려 주는 메시지를 받아 책으로 만들어 만백성을 구하라." 하시며, 제 눈을 손으로 문지르게 하시고, 아픈 머리와 다리를 손으로 두드리게 하셨습니다. 그러고 나니 눈도 잘 보이고 걸을 수 있었으며 머리의 통증도 말끔히 낫게 되었습니다. 그때부터 십계명을 암송하고 나면 들려주시는 말씀을 기록하였고, 1999년 8월부터 2004년 7월까지 권당 288쪽, 총 160권을 받아서 "새로운 성경"이라는 책으로 펴내게 되었습니다.

그러한 저에게 죽기보다도 힘든 길이 시작되었습니다. 모든 교인들이 저에게 사탄이요, 이단이요, 악마요, 마지막 시대에 온 거짓 선지자라 하면서 공격하였고, 저를 짐승을 보듯이 대하는가 하면, 편협한 종교 지도자들의 선동으로 신도들이 이 책을 직접 읽어 보고 평가할 기회마저 막아 버렸습니다. 그래서 하나님의 말씀을 세상에 내는 데 많은 어려움을 겪으며, 피를 토하는 심정으로 책을 전하고 있습니다.

그러나 아무리 인간의 힘으로 막으려 해도, 하나님의 뜻이 세상에 전해지는 위대한 역사는 계속될 것입니다. 책으로 전해지는 "하나님의 말씀"은 세상 끝날까지 항상 우리와 함께하실 것입니다. 사람은 죽어도, 책에 기록된 말씀은 영원히 남으니까요.

■ 따뜻한 실천

하나님께서는 어려운 사람들에게 삶의 터전을 마련해 주고, 미래를 열어 주는 것을 기뻐하십니다. 어려운 이웃이 스스로 자립할 수 있도록 이끌어 주는 것이 진정으로 이웃을 돕는 것이라고 말씀하셨습니다. 그래서 일자리가 없는 제자들에게 작은 사업장을 만들어 주는 "달란트 사업"을 하고 있습니다. 식당, 반찬 가게 등을 차려 주고, 기존의 어려운 사업장이 자립할 수 있도록 돕고 있습니다(커피숍, 미용실, 의상실 등).

하나님께서는 교회에 나와서 모든 시간과 재물을 쏟기를 원하지 않으시고, 그 시간과 재물을 교육에 투자하여 스스로 미래를 열어 가기를 원하십니다. 그래서 제때 공부하지 못한 제자들에게 학업을 이어 가도록 하였습니다. 중화요리 주방장을 하며 초등학교 검정고시부터 공부하여 2012년에 방통대를 졸업한 36세 남성, 만학도들의 2년제 중학교에 입학해서 2007년에 명지대학을 졸업한 38세 여성, 중학교 검정고시를 시작으로 숭의여자대학을 졸업한 47세 여성 등이 있습니다. 그밖에도 많은 제자들에게 나이를 초월하여 배우고 깨우쳐서 사회 속의 당당한 일원이 되도록 인도하고 있습니다.

학자금 대출로 힘겨워하는 젊은이들을 위해 "따뜻한 바람 장학회"를 발족하여(2016년 12월) 대출받은 학자금 전액을 매월 갚아 주고 있습니다. 또한, 다문화 가정을 위해 "다문화 가족 랜드"를 조성하여, 각종 시설을 무료로 활용하도록 하고 있습니다.

이러한 따뜻한 실천이 아직은 미약합니다. 그러나 책의 수입이 늘고, 저와 뜻을 같이하는 분들이 늘어나면 계속 확대할 것입니다. 지도자로서 신도의 재물을 헌금으로 거둬들여 착복하는 것이 아니라, 하나님께서 기뻐하시는 일에 사용하도록 중매 역할만 하며 살아가고자 합니다. 이런 제가 과연 사탄이고 이단인가요? 하나님께서 기뻐하시는 일이라면, 저에게 사탄이라 하든 거짓 선지자라 하든 굽히지 않고 실천해 나갈 것입니다.

끝으로, 일상의 삶 속에서 "지금 내가 하는 행동이 과연 하나님께서 기뻐하실까, 슬퍼하실까?" 생각하고, 매사에 하나님께서 기뻐하시는 길을 택하기 바랍니다. 교회에 모여서 집단적으로 예배 드리는 것이 아니라, 개인이나 가정 단위로 새로운 성경을 읽어 스스로 깨우치고 그대로 행하면 충분합니다. 그것이 마음속에 성전을 짓고, 신령과 진정으로 예배 드리는 길입니다. 그러면 천국의 문에 들어서게 됩니다.

2017. 2. 1.

하나님 말씀 대역자 김용철

차 례

십 계 명

이 책은 십계명을 암송하고 나면 내려 주시는 "하나님의 음성"을 듣고 그대로 받아쓴 기록입니다. 하나님께서 십계명을 모세에게 내려 주셨지만, 그것은 만백성에게 내려 주신 것입니다. 마찬가지로 이 책의 모든 말씀도 저에게 내려 주셨지만, 만백성 각자에게 들려주시는 말씀입니다. 여러분도 이 책을 접할 때마다 십계명을 암송하고 나서 정독해 주시기 바랍니다.

제일은, 너는 나 외에는 다른 신들을 네게 있게 말지니라.
제이는, 너를 위하여 새긴 우상을 만들지 말고, 또 위로 하늘에 있는 것이나, 아래로 땅에 있는 것이나, 땅 아래 물 속에 있는 것의 아무 형상이든지 만들지 말며, 그것들에게 절하지 말며, 그것들을 섬기지 말라.
제삼은, 너는 너의 하나님 여호와의 이름을 망령되이 일컫지 말라.
제사는, 안식일을 기억하여 거룩히 지키라.
제오는, 네 부모를 공경하라.
제육은, 살인하지 말지니라.
제칠은, 간음하지 말지니라.
제팔은, 도적질하지 말지니라.
제구는, 네 이웃에 대하여 거짓 증거하지 말지니라.
제십은, 네 이웃의 집을 탐내지 말지니라.

나 여호와가 존재함을 믿는 그 자체가 구원의 길에 들어서는 기본이요, 근본이며, 나의 새로운 성경을 가슴에 안고 정독하는 자, 반석 위에 서서 하늘에 오르는 찬란한 빛을 보게 되는 영광을 얻게 됨이니라. 진정 나를 따르고 믿는 자는 감히 사탄이나 마귀도 근접하지 못하느니라.

〈하나님 말씀〉

2003년 4월

6,006 번째 하나님 말씀

2003년 4월 22일 23시 32분

1 사랑하는 나의 아들아!
2 "네, 아버님! 말씀하옵소서."
3 너희가 이 세상에 살아가면서 죽음이
라는 그 길을 넘지 않을 수 없으며 그
길을 피할 수 없는 것이니라.
4 그리하여 너희가 나에게 와 심판을 받
게 되어 있으며 심판을 받지 않는 자
가 없음이니, 너희는 나에게 오르는
길이 두 길이 있어서는 아니 된다고
내가 그리 말하였느니라.
5 너희가 선한 마음과 악한 마음, 그 마
음의 두 길이 다 나에게 와 심판을 받
음이니, 그게 심판의 기준이요, 근본
이라 하였음이니라.
6 그러니 너희가 나에게 와 심판을 받
지 아니하며 심판에서 구원의 길을 얻
을 수 있는 것은 너희가 악한 마음과
선한 마음의 그 두 길을 달려옴이 아
니요,
7 악한 마음을 버리고 선한 마음의 길을
오는 길밖에 없음을 알아야 할 것이
니라.
8 그것이 너희에게 얼마나 중요한 것인
가를 깨달아야 할 것이니, 이제는 그
길을 위하여 삶을 살도록 그리 전하라.
9 오로지 너희는 하나의 발자취를 역사
하며 하나의 발자취를 이루면서 나에
게 오르는 길을 와야 한다는 것,
10 그것이 너희가 살아야 할 삶의 목적이
요, 살아가는 길이요, 살아가는 근본
임을 알아야 할 것이니 이를 명심하여,
11 너희가 지금까지 지은 모든 죄의 두려
움을 알며 무서움을 안다면, 지금부터
오로지 한 길인 선한 마음으로 나에게
오는 삶의 그 한 자욱의 발자취만 남
기도록 그와 같이 살아가야 한다는 것
을 그들에게 깨우쳐 주도록 그리하라,
사랑하는 나의 아들아!
12 나 여호와로부터 생명을 받아 세상에
태어난 너희가 이 세상에 보내진 그
이유와 너희가 세상에 태어나 새 생명
으로서, 인간으로서 이 세상에 나로부
터 은혜를 받아 나가 존재하는 그 이
유를 알아야 할 것이니,
13 너희가 보내진 것에 대하여 그대로 보
내진 것이 아니요, 너희가 세상에 보
내진 그 이유가 있음이니라.
14 그는 바로 무엇이던가?
15 너희는 죄를 짓지 말며 죄를 짓는 행
위를 하지 말며 오로지 선하고 아름다
운 마음이요, 한 길의 인생의 삶을 살
다 나에게 와 구원을 받으라 함이니라.
16 그리고 너희가 죄를 짓고 산 그 삶의
기회를 내가 너희에게 한 번을 주었으
며 다시 한 번 너희에게 기회를 또 주
는 것이 지금 바로 인간 세상에 새 생
명으로서 태어난 그와 같은 이치가 있
음을 너희는 알아야 할 것이니라.
17 내가 너희에게 세상에 태어나 너희가
삶의 기회요, 죄를 사할 수 있는 그 용
서를 빌 기회를 주는 것은 말로써 기

도하고 경배함으로써 구원을 받는 것이 아니요,

18 나의 계명을 지키며 나의 법전대로 사는 것,

19 그리고 지금의 인간 세상에서 살아가는 삶의 모든 잘못됨을 다 버리며, 너희가 인간 세상에서 욕심을 버리지 못하고 살면서 역사한 그 모든 것에 연연하지 말며,

20 새로 태어나는 그와 같은 역사의 변화를 이루는 삶이 아니면 정녕 구원을 받을 수 없다는 것을 내가 너희에게 깨우쳐 주고 가르쳐 줌을 너희는 알아야 할 것이니라.

21 너희는 놓고 가는 것을 위한 삶을 살아야 할 것이거늘,

22 어찌하여 모든 것을 다 갖고 가는 삶을 위하여 살아가는 것이 어리석은 삶이라는 것을 모르는가?

23 이 세상에 살다 나에게 올 때 아무것도 가지고 올 수 없다는 것을 너희는 알지 않느냐?

24 그러나 너희가 떠날 때 나에게 아무것도 가져오지 못하는 그 삶을 위해서 지금 연연하며 살아가는 것이니라.

25 정녕 너희가 나에게 가지고 올 수 있는 것을 준비하는 그와 같은 삶을 살아가는 것이 삶의 길이라 내가 법전에 기록하여 전하지 않았던가?

26 너희가 나에게 가져올 수 있는 것은 선하고 악한 너희가 행하고 살아온 그 결과가 심판을 받을 때까지 따라온다 하였음이니,

27 그때 어떠한 심판의 결과가 나오느냐 하는 것은 너희가 살아온 삶에 대한 평가라는 것을 알아야 할 것이니라.

28 너희가 얼마나 사람답게 살았느냐, 얼마나 사람답지 못하게 살았느냐 하는 그 결과만이 너희가 죽어 나에게 와 심판을 받을 때까지 따라옴이니,

29 그때 너희가 어찌해야 할 것인가는 스스로 알아야 할 것이며,

30 어떠한 삶을 사는 것이 너희가 현명한 길이며 바른 삶이요, 은혜 받을 수 있는 삶인가 스스로 판단하도록 그리하라, 사랑하는 나의 아들딸들아!

6,007 번째 하나님 말씀

2003년 4월 22일 23시 37분

1 사랑하는 나의 아들아!

2 "네, 아버님! 말씀하옵소서."

3 진정한 종교 집단이요, 지도자의 길이란 무엇이던가?

4 헤매는 양 떼를 초원과 물이 있는 곳으로 인도하며 그들이 풀을 뜯어 먹고 살아갈 수 있도록, 그들이 편안한 삶을 살 수 있도록 잘 인도하고 안내하는 목동과 같은 역할을 하는 것이 진정한 종교 집단이요, 지도자들이 가야 할 길이며 행하여야 할 것이니라.

5 지금 살아가는 모든 종교 집단이요, 지도자들이 가르치고 또 그 종교가 존재하며 교리라 내세우는 그 모든 행동이, 길 잃은 양을 잘 안내하여 초원으로 안내하며 먹을 수 있는 생수가 있는 곳으로 안내하는 그와 같은 역할을 하는 종교 집단이요, 믿음의 세월을 그들이 왔더라면,

6 지금은 이와 같이 험악한 세상은 되지

아니하였을 것이며, 내가 만든 지상의 낙원이 정녕 하늘과 같은 낙원이 이루어졌으며 천국이 되었을 것이니라.
7 그러나 모든 종교 집단이요, 종교 지도자들이 과연 어찌하는가?
8 그들이 나의 뜻이 무엇이며 하늘에 오르는 그 역사함이 무엇인지 그 자신도 알지 못함이니,
9 알지 못하며 길을 모르는 자들이 안내함이니 그들이야말로 메마른 광야로 나의 백성을 인도하며,
10 생수가 있는지 독소가 든 물인지 그것도 모르면서 지금 너희가 먹고 마시라 하여 인도하는 그곳은 독소가 들어 있는 물이라는 것을 너희는 어찌 그리도 모르는가?
11 지금 모든 종교 집단이요, 지도자들이 생수를 먹도록 나의 어린 백성이요, 순박한 나의 백성을 안내하는 것이 아니요,
12 독소가 들어서 먹지 못하는 물을 갈증 난 나의 백성에게 먹으라 안내하는 그와 같은 형국이 되었다는 것을 너희는 알아야 할 것이니라.
13 그러니 너희가 진정한 목자를 찾지 못함이니라.
14 진정한 지도자요, 진정한 진리를 가르치는 지도자를 찾지 못하여 지금 몇천 년 동안 이와 같이 험악한 세상이 되었으며,
15 너희가 말하는 말세요, 도둑이 들끓는 이와 같은 세상이 되었음이니라.
16 그러니 너희가 지금 가고 있는 그 믿음의 방향에서 벗어나야 할 것이며 그곳에 뛰쳐나오는 그와 같은 용기 있는 백성만이 구원을 받을 수 있으며 하늘에 오르는 길을 볼 수 있다는 것을 너희는 알아야 할 것이니라.
17 지금 나의 피조물 만백성을 너희가 과연 어찌 이끌고 가는지 아는가?
18 초원에 풀이 있으며 생수가 있는 곳으로 양 떼를 몰고 가는 것이 아니요,
19 메마른 광야요, 생수가 아닌 독소가 있는 곳으로 나의 피조물 만백성을 이끌어 가고 있음이니,
20 거기 가서 마시고 죽어 가는 백성이요, 거기에서 지옥으로 가는 백성이요, 거기에서 상처 받은 그 백성은 어떠한 방법으로든 치료할 수가 없는 것이니라.
21 지금 병들어 죽어 가는 그 백성을 치료할 수 있는 것은 바로 내가 내린 160권의 이 법전밖에 없음이니,
22 너희가 나의 법전을 그들에게 전하여 주어 지금 독소를 마시고 죽어 가는 백성, 상처 입은 백성을 구원해야 하는 것이 너희 뜻이요, 행하여야 할 길이라는 것을 알아야 할 것이니라.
23 지금 나의 백성이 수없이 독소의 물을 마시러 가고 있으며 그 물을 마시고 있음이니,
24 그들이 얼마나 많이 죽어 가며 얼마나 많이 상처 입어 고통에 허덕이는가?
25 고통이요, 상처 입어 죽어 가는 그들을 구원할 수 있는 것은 나의 법전을 그들에게 전하는 길밖에 없다 내가 너희에게 강조하고 또 강조함이니,
26 너희는 그와 같은 역사를 하는 데 주저하지 말며,오늘의 고통이요, 시련을 시련이라 생각하지 말며,

27 죽어 가는 너희 형제요, 만백성을 구
하는 데 모든 것을 다 바쳤을 때, 영광
이요, 그 은혜와 축복이 너희에게 있
다는 것을 너희는 어찌 그리 모르는가?
28 그 모든 상을 받을 수 있는 길을 선택
하지 아니한다면 너희가 또한 독소를
생수라 마시고 죽어 가는 나의 백성과
무엇이 다르던가?
29 너희는 여기서 주저하지 말라.
30 그리고 모든 것을 다 바쳐 그들을 구
원하는 데 최선을 다하라.
31 그 최선을 다했을 때 너희에게 내려
지는 크나큰 상은 너희가 상상할 수
도 없음을 알라.

6,008 번째 하나님 말씀

2003년 4월 22일 23시 42분

1 사랑하는 나의 아들아!
2 "네, 아버님! 말씀하옵소서."
3 진정한 지도자는 무엇을 말하는가?
4 저에게 오라 하며 제 앞에 오는 자만
이 구원을 받으며 저를 따르는 자만이
구원을 받는다는 그와 같은 생각을 하
고 있는 자는 진정한 종교 지도자가
될 수가 없음을 알라.
5 정해진 장소에 오는 자, 정해진 장소
에서 기도하는 자, 그들만이 구원을
받으며,
6 감사 헌금을 바치며 너희가 명하는
각종 헌금을 바치는 그와 같은 행위를
하는 자만이 구원을 받는다 생각하는
자들은 진정한 지도자가 될 수 없음을
알며,
7 그들은 나의 피조물 만백성을 하늘로
인도하는 진정한 지도자가 아니라는
것을 너희는 알아야 할 것이니라.
8 지금 모든 종교 집단이 방대한 성전이
라는 걸 지으며 교회라는 것을 지으며
많은 사람을 모으며,
9 그 모은 사람들 앞에서 너희가 설교하
고 강론하는 것이 과연 나의 사랑하는
백성에게 진정한 진리를 깨우치며,
10 그들에게 하늘에 오르는 길이 무엇이
며 행함이 얼마나 중요한 것인가를 깨
우쳐 그들이 나에게 올 수 있도록 너
희가 그 길을 인도하는가?
11 너희가 재물을 모으고자 하며 세를 불
리고자 하며 너희가 지은 성전을 운
영하는 데 이용하기 위해 나의 피조물
만백성을 모으는 행위를 하고 있지는
않은가?
12 너희가 정녕 믿음을 위해서 오늘의 역
사를 하는가?
13 너희가 더 방대한 조직을 위해서 더
많은 재물을 긁어모으기 위하여 지금
그와 같은 행위를 하고 있는 것인가?
14 어떠한 것이 너희가 정녕 가는 길이며
행하는 것인가 너희 스스로 평가하며
스스로 심판하며 너희 스스로 자신을
들여다보는 그와 같은 시간을 가져야
할 때가 지금이라는 것을 알아야 할
것이니라.
15 너희가 정녕 얼마만큼 믿음을 위하여,
나의 피조물 만백성을 구하기 위하여
오늘의 그 길을 가는가, 그리고 강론
을 하는가?
16 재물을 긁어모으고자 하는 생각에서
그와 같은 행위를 하지는 않는가?
17 거대한 종교 집단일수록 악행이 자행

되고 있으며, 악마와 사탄이 더 들끓는 곳이라는 것을 내가 너희에게 말함이니,
18 이 말이 틀리다 말할 자 있으면 나에게 대답해 보라.
19 지금 거대한 집단이요, 종교 지도자들이 이끄는 곳일수록 악행이 자행되고 있으며,
20 너희가 잘잘못을 시시비비하지 못하도록 하며, 악마요, 사탄이 들끓는 그와 같은 사악한 범죄의 장소로 되어 있다는 것을 너희는 알아야 할 것이니라.

6,009 번째 하나님 말씀

2003년 4월 23일 09시 19분

1 사랑하는 나의 아들아!
2 "네, 아버님! 말씀하옵소서."
3 내가 너에게 이 기계를 통하여 나의 음성을 기록하여 만백성에게 전함이니,
4 내가 이 기계에 녹음되지 않도록 하며 이 기계의 버튼을 튀게 함이니,
5 그러고도 네가 바로 가지 못하며 바로 서지 못한다면 어떠한 무서운 체벌로써 너를 다스려야 하겠는가?
6 너에게 한 점의 부끄럼이 없는 삶을 살라 내가 그리 말하였음이니라.
7 네가 바로 가지 못할 때 이 녹음기라는 기계를 튀게 하여 녹음이 되지 않는 이 무서운 현실 앞에서도 네가 바로 서지 못한다면 과연 누가 가겠는가?
8 네가 나의 뜻에 따라 한 점의 부끄럼이 없는 삶을 살아가는 나의 아들로서 설 것인가, 그렇지 않으면 무너지는 삶을 살 것인가 그것은 네가 결정해야 할 것이니라.
9 이제 80여 권이 넘는 나의 법전이 세상에 준비되며 반이 임박하는 이 시점에서,
10 네가 남들에게 한 점의 부끄럼이 있는 언행이 있어서는 아니 될 것이며,
11 네 임의로 이 성전을 떠나며 네 임의로 개인적인 행동을 하며 인간 세상 속에 살아가는 그들과 더불어 시시비비를 하는 그와 같은 삶을 아직도 버리지 못하면 아니 됨이니라.
12 네가 운동을 하는 것은, 그 운동을 하는 그 시간으로써 끝마치는 것이며,
13 그들과 더불어 잡담을 하며 네가 그들과 약주라는 그 음료수를 마시며 또 그들과 잡담을 하며 그들과 세상사를 논하는 그와 같은 흐름으로 빠지는 것은 나 여호와가 너를 용서할 수 없음이니라.
14 너는 어떠한 일도 있어서는 아니 됨이니라.
15 그저 정도의 길만 가며, 법전을 만들기 위하여 기도하고 경배하며,
16 그리고 그 누구하고도 인간적인 대화를 하며 인간 속에 빠져들어 가며 그들과 시시비비를 하면 아니 되거늘,
17 그와 같은 생각을 아직도 버리지 못하고 있음이니, 그리 어울리면 아니 됨이니라.
18 그리고 네가 지금 나의 뜻을 받아 전하는 이 성막에는 여덟 시가 넘어서는 누구도 들어와서는 아니 되며, 그와 같은 것을 행해서는 아니 됨이니라.

19 어떠한 이유든 남녀를 불문하고 여덟
시가 넘어서 밤에 나의 성막에 누구든
들어오는 것을 내가 용납지 아니할 것
이니라.
20 이제 네가 그리 갈 수 있으며 지킬 수
있지 아니한가?
21 그리했을 때 어렵고 힘든 너에게 내가
모든 상을 다 내릴 것이니, 오늘부터
그리 행하도록 하라.
22 너는 절대로 아니 됨이니라.
23 내가 오죽하면 이 녹음기라는 기계에
녹음을 시키지 아니하며, 이를 튀게
만들어 내가 이처럼 너에게 무서운
체벌을 내리고 있는지 너는어찌하여
그를 모르는가?
24 이를 엄히 지키도록 하라.
25 이를 행하지 아니할 때는 아니 됨이니
라.
26 네가 바깥 세상의 운동을 하는 것은,
운동하는 시간과 그저 가고 오는 시간
외에 그들과 더불어 어울려 소위 이야
기하는 반주라는 걸 마시며 인간 세상
에 들어가 그들과 옳고 그름을 대화를
하는 걸 용납하지 아니함이니 그리하
라.
27 그것마저도 네가 지키지 못한다면, 네
가 운동을 하러 나가는 그 시간도 내
가 용서치 아니할 것이며,
28 그 운동하는 자들이 옳고 그르든 어떠
한 길을 가든 너는 거기에 인간 세속
처럼 시시비비하지 말라.
29 휘말려 들지 말며, 누가 옳고 그르다
는 말을 하지 말라.
30 일절 입을 열지 말라.
31 세상 속에 넘어와서 인간 세속의 시
시비비를 할 때, 너는 말을 하지 말며
대화를 하지 말라.
32 오로지 너를 찾아와 기도를 원하는 자
에게 기도해 주며,
33 나의 성령을 받아 기록하며, 이 성막
을 떠나지 않는 그와 같은 삶을 살며,
34 오후 여덟 시가 되어서는 어떠한 남녀
도 이 방에 들어와서는 절대로 용서하
지 아니함이니, 들어오지 못하도록 그
리할 것이며, 이를 엄히 지키라.
35 내가 너에게 수차 그를 말했거늘, 인
간의 삶에 얽히고설킨 그것 때문에 네
가 그를 지키지 아니함이니,
36 내가 이제는 용서하지 못함이니라.
37 네가 깨우칠 만큼 깨우쳤으며 네가 훈
련될 만큼 훈련되었으니, 이제는 내가
명하는 것을 엄히 실행하라.
38 그렇지 않으면 내가 계속 나의 성령을
녹음하지 못하도록 녹음기를 튀게 할
것이며, 여기서 녹음을 시키지 아니할
것이니,
39 그 무서운 기적을 보고 그 무서운 훈
련을 네가 보고서도 어찌하여 바로 서
지 못하는가?
40 이제는 그를 행하도록 하라.
41 그렇지 않으면 모두를 용서치 아니할
것이니라.

6,010 번째 하나님 말씀

2003년 4월 23일 09시 38분

녹음기 작동 오류 (원본테이프 399번 중에서)

1 사랑하는 나의 아들아!
2 "네, 아버님! 말씀하옵소서."
3 네가 나의 성령을 받아 녹음기라는 그

기계에 녹음하여 만백성에게 전함이 니,

4 네가 한 점의 부끄럽이 있을 때, 내가 나의 성령을 녹음을 시키지 아니하며, 녹음이 되지 않도록 녹음기를 튀게 하였으며,

5 계속 녹음이 되지 않는 무서운 결과를 너는 보았을 것이니라.

6 그 무서움을 접하고 그 무서움을 당하면서도 너는 내가 명하는 한 점의 부끄럽이 없는 삶을 살지 못하는가?

7 이젠 정녕 한 점의 부끄러움이 없는 그와 같은 삶을 살라.

8 그리하지 아니하면 계속 내가 그와 같이 너에게 무서운 체벌을 내릴 것이며,

9 네가 아무리 녹음기에 녹음하고자 하여도 녹음이 되지 아니하니, 나의 성령이 전해질 수 없음을 알아야 할 것이니라.

10 나 여호와의 성령은 참진리이기에, 그 진리가 왜곡되게 가르쳐지며 왜곡되게 전하며,

11 그를 받아 전하는 나의 선택된 아들 네가 잘못된 자로 잘못된 길을 가며 만백성에게 한 점의 부끄럽이 있다면, 이는 진정한 참진리가 아님을 알아야 할 것이니라.

12 아무리 너희가 깨끗한 체하며 깨끗하게 살아간다 하여도, 그는 말로 하는 명분이요,

13 진실한 아름다운 삶의 변화가 중요하니라.

14 그 내면의 진실함이 역사할 때, 그것이 참진리의 가르침이니라.

15 참진리는 무엇인가?

16 진리는 변화가 없음이니라.

17 과거와 현재와 미래의 가르침이 변화가 없는 것이 진리니라.

18 진리의 뜻이 왜곡되게 가르칠 때 무서운 결과가 된…… 그리고 진리의 뜻을 모르며…… 제 뜻대로 진리를 해석하면…… 그 결과 또한 무서운 것이며 그 상상할 수도 없는 것으로써 변화되는…… 상상을 하게…… 왜곡되게…… 그리고 너희가 살아온 지금의 시대에 잘못 가르친 증거며 너희가 잘못 감을 알아야 할 것이니라.

19 이것으로써 모든 종교 집단이 너희가 잘못……

20 (하나님께서 기적을 보이시어, 녹음 중에 녹음기의 버튼이 저절로 튀어 녹음 상태가 불량합니다.

21 6,010번째 기도의 녹음 파형 - 원본 테이프 399번 중에서)

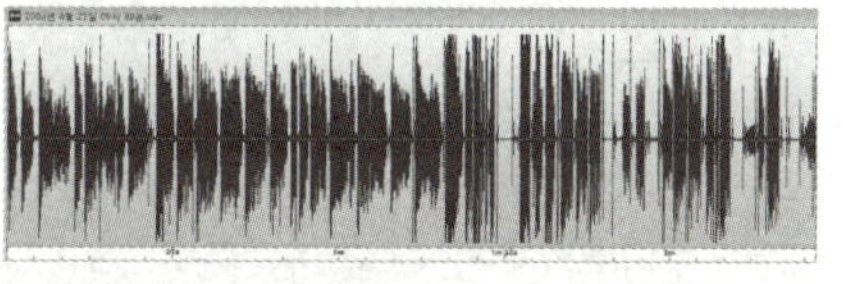

6,011 번째 하나님 말씀

2003년 4월 23일 11시 47분

1 사랑하는 나의 아들아!

2 "네, 아버님! 말씀하옵소서."

3 너의 제자들의 오늘에 살아가는 그 어렵고 힘든 길이요, 그 삶을 나 여호와가 알고 있음이니라.

4 너희는 여기서 나의 뜻을 깨우쳐 들어야 할 것이니라.

5 크나큰 호수의 물이 썩고 또 썩어 있

음이니 그 속에 있는 모든 생명 있는
물고기들이 다 죽어 가고 있는 그와
같은 집단이 있음이니라.
6 그러기에 내가 생수를 부어 넣기 시작
함이니,
7 작은 물줄기의 생수를 거기다 넣기 시
작함이니, 그 생수의 물줄기가 과연
그 큰 호수의 썩은 물을 다 변화시키
고 정화하기에는 얼마나 많은 시간과
세월이 흘러야 하며 필요하다 생각하
는가?
8 지금 바로 내가 썩은 그 호수요, 썩은
물속에서 그 모든 생명이 죽어 가는
곳에 감히 새로운 생수의 물줄기를 넣
어 그들을 정화하고 시정함이니,
9 그 생수의 물줄기를 알고 물고기들이
모여들어 그 생수를 마시며, 그 생수
의 물줄기에 고개를 내밀며 거기에 매
달려 숨을 쉬고 있는 그 물고기들이
있다 하면,
10 그 극소수의 물고기는 바로 그 생수가
흐르는 곳을 알고 있었으며 그 샘의
생수가 흐른 곳을 알고 있으니,
11 그 물고기는 썩지 않고 죽지 아니하며
영원히 살지 않겠느냐?
12 바로 너희 형국이 그러하니라.
13 이 세상 모두가 혼탁하고 또 썩어져
다 모르고 잘못되었음이니,
14 내가 내리는 참생수를, 그저 새로운
생수가 흘러내려 온 그 물을 보기 위
하여 붕어와 앞에 온 물고기 몇 마리
가 모여서 그 물줄기의 생수가 내려오
는 것을 보며, 거기서 그 생수로써 생
명을 지탱하며,
15 그가 많은 곳의 썩은 물이 정화되기를
바라는 것처럼, 바로 너희가 그 형국
이니라.
16 그러니 너희가 무슨 힘을 쓰고 무슨
역사를 하겠느냐?
17 돌아서면 썩은 물이요, 돌아서서 마시
는 너희의 지금의 형국이니,
18 오로지 지금 끝없이 내려지는 그 생수
로 생명을 지탱하는 붕어와 그 물고기
처럼,
19 너희가 지금 내가 내리는 나의 성령이
요, 나의 빛을 이제 받기 시작하였으
니,
20 너희 자신이 용신하기에도 어려운 것
이 지금의 형국이니라.
21 한 발자국 내딛으면 사악한 자들이 이
세상을 지배하며, 너희를 사탄이요,
이단이라 말하며 비웃는 자들이 있느
니라.
22 그러니 그들이 그 생명의 물줄기를 알
았을 때 그 모든 힘있는 물고기들이
와서 너희를 무너트릴 것이며 너희를
죽일 것이며, 그 물줄기를 그들이 찾
아낼 것이니,
23 그리하여 내가 서서히 그를 내리는 것
이니라.
24 그리하여 모이는 그 생수가 서서히 나
가 썩은 호수를 조금씩 조금씩 차지하
고 정화할 때,
25 큰 물고기가 공격해도 제가 먹을 것이
있으니 너희를 죽이지 아니하지 않겠
느냐?
26 그와 같은 이치이니, 지금 너희가 그
고통과 시련의 길을 가는 것이니라.
27 내가 내리는 생수요, 그 생명의 빛으
로 너희가 지금 서서히 생명을 지탱하

고 있음이니라.
28 그러니 지금 너희가 어느 날 갑자기 변화되었을 때, 그 강한 자들이 몰아 닥치니,
29 너희는 구원을 받을 수 없으며 나로부터 선택된 나의 아들과 지금 같이 가는 너희가 설 자리가 없게 됨이니라.
30 그리하여 내가 서서히 변화되는 오늘의 그 고통과 시련을 지난 다음에, 적게 흘러내리는 그 생수가 그 썩은 호수를 정화할 것이며,
31 너희가 지금은 심히 나약하나, 너희의 그 힘은 점점 서서히 방대해질 것이니라.
32 나의 빛은 그리고 생명의 빛줄기는 점점 굵어질 것이니라.
33 그리하여 너희가 좀 더 기력을 찾았을 때, 내가 너희에게 역사함이니라.
34 지금 썩은 호수에서 높이 뛴 그 물고기들이 아무리 지금 생수를 마시기 시작한다, 해도 너희가 병들어 있고 썩어 있으니 지치고 지쳐 있느니라.
35 너희 자신이 아직도 수습을 하지 못하였으며 너희가 완벽하게 서지 못하였으니,
36 너희가 나의 법전을 읽고 나의 성령의 가르침을 들으나, 아직도 병든 자며, 아직 완벽하게 변화되지 못하였으니,
37 이제 내가 조금의 생수를 내려 너희를 완벽하게 세울 것이니라.
38 그리고 완벽하게 세웠을 때, 너희는 내가 내린 호수에 있던 생수의 물을 마신 작은 물고기라도 그가 완전히 제 병을 치료하며 몸이 건강한 물고기라면,
39 아무리 커도 병들어 지탱하기 어려운 물고기가 그를 공격한다 해도 대적해서 싸울 수 있는 것과 마찬가지며, 제 몸을 보호할 수 있듯이,
40 너희를 지탱하고 보호하기 위한 그와 같은 역사의 흐름이니,
41 내가 한 장의 그림을 너희에게 오늘 보여 주며 내려보내니, 그 그림의 형상을 보고 오늘의 너희라는 걸 알라.
42 너희가 빨리 그 생수를 마시고 완벽하게 서야 한다는 뜻이 거기에 있음이니라.
43 지금 내가 아끼는 생수를 내려보내 선택된 물고기들이 완전히 치료되어야만 큰 물고기들이 와도 그 병든 자와 싸워 이길 수 있듯이,
44 그렇지 않으면 그 큰 물고기들을 이길 수 없음이니라.
45 너희가 그와 같은 형국이니, 내가 내린 그림을 보며 너희가 오늘의 마음이 흔들려서도 안 되며 동요되어서도 아니 됨이니라.
46 너희 자신이 아직도 치료하지 못하였느니라.
47 썩은 독소에 젖어 있으며 썩은 물에 온통 젖어 있는 너희이니,
48 지금 그 생수가 내려진 것을 모르고 썩은 물속에서 발버둥치는 그들과 너희가 똑같은 자들이 아니었던가?
49 거기에 생수가 내려진 곳에 인도된 그 선택된 물고기들처럼 너희가 바로 선택된 자임을 잊지 말라, 사랑하는 나의 아들딸들아!
50 거기에서 너희가 스스로 치료하며 완벽해져서 모든 역량을 발휘하였을 때,

내 역사가 거기에 내려짐이니,
51 그렇지 않으면 나의 아들 예수가 죽음
을 선택하듯이 나의 법전이 세상에 뿌
리를 내리지 못하게 됨을 알라.

6,012 번째 하나님 말씀

2003년 4월 23일 14시 07분

1 사랑하는 나의 아들아!
2 "네, 아버님! 말씀하옵소서."
3 너의 제자들이요, 나로부터 선택된 백
성 너희가 얼마나 많은 강론을 들었
으며 얼마나 나의 법전을 읽고 깨우쳤
던가?
4 그와 같이 듣고 깨우친 너희가 오늘
의 마음 자세요, 변화는 과연 얼마나
이루어졌는가?
5 너희는 나의 아들을 통하여 듣는 강론
이요, 나의 법전을 읽고 깨우쳤다 하
나,
6 너희는 들은 것의 백 분의 일이요, 천
분의 일만큼도 깨우치지 못하며 제자
리걸음을 하고 있음이니라.
7 그러니 이는 더 나갈 수도 없으며 더
전진할 수도 없는 것이니라.
8 더 전진한들 무엇하며 더 나간들 무엇
하는가?
9 나의 법전 160권이 세상에 나오면 무
엇하는가?
10 그를 읽고 듣고 깨우친 백성이 변함
이 없으며, 변하는 속도가 느려질 때,
11 정녕 너희가 변하는 역사를 이루지
못한다면, 과연 이 세상의 어떤 백성
이 나의 법전을 읽고 깨우치며,
12 이를 보고 나 여호와의 성령이요, 내
성령의 뜻이라 깨닫겠는가?
13 가장 먼저 접하며 가장 많이 듣고 가
장 많이 깨우쳤다는 너희가 바로 서
지 못할 때, 과연 너희가 나의 만백성
을 구할 수 있는 전사라 말할 수 있겠
는가?
14 그리하여 나의 법전을 만들어 가는 너
희에게 지금 내가 제동을 걸며 너희
를 당황케 함이니라.
15 너희가 하자가 없는 기계에다 나의 음
성을 녹음하며 이를 테이프라는 것에
기록하는 것이 되지 아니하며 중단되
는 것은,
16 크게는 나의 아들이 완벽하게 변해 가
지 못함을 내가 교육해 가르치며,
17 아래로는 너희가 변하지 않는 그 마
음의 자세요, 생각이 어디에 있으며
믿음의 자세가 어디 있는가, 그를 너
희가 생각해 봐야 할 것이니라.
18 나 여호와가 바라보는 너희는 불안하
기 짝이 없으며 변화된 것이 없으며
역사한 것이 없음이니라.
19 그러니 내가 아무리 너희에게 더 전
하고 가르친들 무엇하겠는가?
20 그리하여 내가 제동을 걸며, 이와 같
이 기계를 중단시키며, 너희가 녹음하
여 만든 나의 음성을 듣지 못하도록
하며 그 역사를 행하지 못하도록 내가
제동을 겂이니,
21 이는 너희 인간 세상에서 있을 수 없
는 일일 것이니라.
22 기계에 하자가 없으며 이상이 없는 녹
음기요, 역시 하자가 없는 녹음테이프
에까지 나의 음성이 녹음이 기록되지
아니하며, 나의 아들을 통하여 내리는

성령이 기록되지 않는 그 역사는 바로
무엇이던가?
23 그 무서움과 두려움을 너희는 과연
어찌 보았는가?
24 그러고도 너희가 완벽하게 변하는 것
을 중단할 것이며, 사사로운 감정이
요, 사사로운 생각을 버리지 못하고
바로 서지 못하는 백성이 된다면,
25 나의 법전은 정녕 더는 전진할 수 없
으며, 나아갈 수 없음을 너희는 알아
야 할 것이니라.
26 160권이니라.
27 1,600권을 세상에 내려보낸다 하여도,
너희처럼 깨우침이 미진하며 변화의
속도가 느리다면, 과연 어느 백성이
이를 보고 깨우치며 어느 백성이 이를
보고 행할 수 있다고 말할 수 있겠는
가?
28 이제 내가 너희에게 그만큼 무서우리
만큼 제재를 했음이니,
29 오늘 이후에 어떠한 하자가 있는 마음
을 가지고 산다는 생각을 해서는 아니
될 것이니라.
30 너희가 진심으로 변할 수 없거든 나에
게 기도하라.
31 그리고 나에게 경배의 기도를 드리라.
32 그리고 너희가 변하지 못하는 그 이
유 하나하나를 나에게 고백하라.
33 그리고 나에게 기도로써 응답을 받도
록 그리하라.
34 너희가 지금까지 살아왔던 모든 죄를
하나하나 나에게 고백하여 덜며,
35 앞으로 고치지 못하는 너희 악습 하
나하나를 나에게 고백하여 바로잡기
를 원하는 눈물의 기도를 드리라.
36 그리했을 때 너희가 바로 설 수 있는
그 빛을 보게 될 것이니라.
37 이제 너희가 바로 서지 아니한다면
지금 같은 역사는 계속 될 것이며,
38 나의 음성은 세상에 내려가 기록되는
예가 없을 것이며, 나의 법전이 전해
지는 그 역사가 중단된다는 걸 너희는
알아야 할 것이니,
39 오늘 이후부터 스스로 한 점의 부끄럽
이 없는 완벽한 백성으로서 서는 데
최선을 다하라.
40 그러지 아니할 때, 이와 같이 나의 음
성을 녹음할 수 없으며, 내가 나의 아
들을 통하여 내리는 그것이 책으로 나
올 수 없으며,
41 그 기계에 기록되지 아니하며 거기에
녹음이 되지 아니하며, 그리하여 그것
을 전할 수 없는 그 역사가 이루어질
것이니 그리 알라.

6,013 번째 하나님 말씀

2003년 4월 23일 14시 24분

1 사랑하는 나의 아들아!
2 "네, 아버님! 말씀하옵소서."
3 지금의 종교 집단 너희가 오늘의 현
재에 맞는 그 가르침이요, 현재 내가
원하는 성경의 그 가르침을 가르치는
것이 아니요,
4 너희는 미래에 대해 연구를 하는 것
이 아니니라.
5 오로지 모든 종교 집단과 지도자들은
지나간 과거에 이루어졌던 그 역사를
가지고 지금 나의 피조물 만백성에게
강조하고 가르치며 그와 같이 역사함

이니,
6 너희가 변화되는 그 역사를 이루지 못
함이니라.
7 그리하여 내가 원하는 성경의 뜻을 정
녕 알지 못하며 그 비유의 뜻을 알지
못하는 것이 너희이니,
8 성경은 과거와 현재와 미래를 다 맞춰
역사한 나의 뜻이니라.
9 그리하여 성경이 진리라 하지 않는가?
10 나 여호와의 진리는 과거와 현재와 미
래의 모든 가르침이 거기에 다 포함되
어 있음이니,
11 너희는 현재의 나의 뜻을 알지 못하며
오로지 과거에 역사했던 것, 이루어졌
던 것만을 계속 강조하며 변하여 하늘
에 오르겠다고 그리 말함이니,
12 그리하여 너희는 지금 산 믿음이 아
니요, 죽은 믿음을 믿고 있다는 것이
니라.
13 현재의 가르침의 뜻을 성경에서 찾아
너희 것으로 만들고 만백성을 가르치
는 그와 같은 지도자야말로 진정한 나
로부터 선택된 종교 지도자요, 나로부
터 명받은 목자라는 걸 알아야 할 것
이니라.
14 그러나 너희는 과거에 이루어졌던 성
경의 그 역사만을 가지고 뒤지고 또
뒤지며,
15 그걸 가지고 또 반복하고 또 이 시대
에 그와 같이 이루어질 것이라는 착각
속에서 가르치고 있음이니,
16 내가 성경에 기록한 오늘의 그 깨우침
이 무엇인가를 모르며 현재의 너희에
게 내가 원하는 것이 무엇인가를 알지
못함이니라.
17 그러니 너희가 미래에 이루어지는 그
역사는 또한 알겠는가?
18 그 또한 너희가 모르고 있음이니라.
19 그리하여 너희가 오늘의 현실이요, 내
일의 미래를 위하여 성경에 기록해 둔
그 내용을 알지 못하며 들여다보지 못
하며 찾지 못하고 가르치고 있기에,
20 나의 피조물 만백성이 이와 같이 변하
는 역사가 이루어지지 아니하였으며,
사악한 현시대가 이루어졌다는 것을
너희는 알아야 할 것이니라.
21 모든 종교 집단이요, 지도자에 속한
자들은 알아야 할 것이니라.
22 그리고 구원을 받았다는 백성 신도라
는 너희도 알아야 할 것이니라.
23 너희가 정녕 나의 성경에서 과거와 현
재와 미래를 가르치는 뜻을 찾고 알
수 있다면,
24 마음을 비운 자만이 그를 볼 수 있음
이니라.
25 너희가 천사와 같이 마음을 비운 종교
지도자요, 종교 집단이 있다면, 내가
성경에서 지금 말하는 현재의 가르침
이 무엇인가를 알게 될 것이며,
26 미래의 가르침이 무엇인가를 알게 될
것이니라.
27 그러나 마음을 비우지 않는 백성 너희
는 성경의 오늘의 가르침을 모르고 있
으며, 과거에만 연연하고 있음이니,
미래 또한 알지 못하고 있음이니,
28 그리하여 너희가 죽은 믿음을 계속
반복하고 있다는 것이 나의 뜻이니라.
29 너희가 오늘 현재의 가르침과 미래를
모르기에,
30 과거에 이루어졌던 기적이요, 역사하

는 것만을 가지고 나의 피조물 만백성
에게 그와 같은 시대의 그와 같은 역
사가 이루어질 것이라는 형국으로 깨
우쳐 이끌어 가기에 너희가 죽음의
믿음이요,
31 지금 나 여호와와 관계없는 그와 같은
믿음의 길을 가고 있다고 내가 말하는
뜻이 여기 있음을 알아야 할 것이니
라.
32 나 여호와가 항상 너희와 같이하고
있다는 그와 같은 인식 속에서, 내가
항상 존재하며 너희와 같이한다는 것
은 바로 무엇이던가?
33 과거의 역사요, 현재도 너희에게 내가
깨우침을 주며, 미래도 너희를 내가
통제하며 나의 주관하에 역사하며,
34 그러기에 내가 오늘의 시대의 깨우침
을 내가 직접 너희에게 내려 주도록
성경에 기록하였으며, 미래에도 너희
에게 직접 그 깨달음을 얻을 수 있도
록 모두가 기록되어 있는 것이 나의
성경이니라.
35 그리하여 그 성경의 속을 너희가 모
르기에, 나와 너희와 항상 같이하고
있는 그 자체를 알 수 없음이니라.
36 그리하여 너희는 어찌하는가?
37 오늘의 믿음이라는 것이 너희가 스스
로 무엇인가 노력하여 이루고 찾는 것
이 아니라,
38 그저 나 여호와와 나의 아들 예수를
찾으면 모두를 해결해 주는, 그리하여
너희는 나를 찾고 나의 아들을 부르짖
으며 구원을 요구하는,
39 그와 같은 천 년 전, 2천 년 전의 그
역사의 믿음과 오늘의 너희 믿음이
그대로 이루어져 지금 전해지고 있음
이니라.
40 그러니 너희는 나 여호와를 부르며 나
의 아들을 부르기만 하면 해결책으로
무엇을 다 해 주는 것처럼, 이루어진
다는 그와 같은 착각에서 깨어나야 할
것이며,
41 그 믿음에서 너희가 벗어나는 그와
같은 백성이 되지 아니한다면,
42 너희는 오늘 현재의 진실한 믿음과 미
래에 이루어지는 그 역사함의 진실을
아무것도 알 수 없음을 알아야 할 것
이니라.
43 지금 수천 년 동안 흘러온 그 믿음의
결과가 바로 무엇이던가?
44 그저 나를 부르며 나의 아들만 찾으면
우리 부자가 해결사처럼 너희에게 달
려와 모든 것을 다 이루어 주는 그와
같은 믿음으로 가고 있음이니, 이는
너희가 잘못되었음이니라.
45 너희 스스로 역사하며 스스로 발견하
며 스스로 찾아 이루어야 한다는 그와
같은 것이 진정한 나에게 오를 수 있
는 믿음의 참진리를 연구하는 자들이
가는 길이라는 것을 깨우쳐야 할 때
가 되었음을 너희는 알아야 할 것이
니라.
46 나 여호와가 해야 할 모든 일을 너희
가 역사하는 것,
47 너희가 행하며 살아가면서 육의 세상
에서 잘못 이루며, 궂은 일, 그리고 기
뻐하는 일, 또 울며불며 손해 보는 일,
그리고 고통스러워하는 일,
48 그 모두를 너희가 그저 우리 부자를
부르기만 하면, 우리 부자가 달려가

뒷정리를 다 해 주는 그와 같은 착각 속에 지금 너희는 믿음의 길을 가고 있는 것이니라.
49 그저 나 여호와와 나의 아들 예수를
부르기만 하면 너희 궂은 일, 선한 일
이요, 추한 일, 모든 일을 다 그저 뒷
정리해 주는 나 여호와요, 나의 아들
예수라는 그 생각 속에서 너희가 지
금 믿음의 길을 가고 있는 자들이니,
50 그와 같은 믿음의 자세부터 바꿔야 하
며,
51 그와 같은 생각을 벗어나지 않는다면
너희는 정녕 나에게 오를 수 없는 백
성이라는 것을 알아야 할 것이니라.
52 그리하여 너희는 어떠한 일이요, 슬픈
일이요, 괴로운 일이요, 악한 일을 당
했든, 선한 일을 당했든,
53 그저 우리 부자만 들이 불러 대며, 그
리하면 우리 부자가 나타나 해결해 주
며 모든 뒷정리를 깨끗이 해 주는 것
처럼 착각함이니,
54 너희가 이 세상에 역사하는 것은 선한
행동이요, 선함이 우선 되는 그와 같
은 삶을 살 때, 너희가 나와 더불어 같
이하며 나와 같이 역사할 수 있다는
것을 알아야 할 것이니라.
55 너희가 부르기만 하면 내가 지금 바로
달려가는 그와 같은 착각 속에서, 너
희 스스로 행함이요, 너희 스스로 노
력함이요, 너희가 생각하는 것이 바르
며 행동하는 것이 바를 때,
56 그와 같이 살아갈 때, 나 여호와가 너
희와 같이하며 너희에게 용기를 주며
희망을 주는 그와 같은 나 여호와라는
것을 알아야 할 것이니라.
57 너희가 나의 뜻을 거역하며 나의 뜻에
순종하지 아니하며 그와 같은 삶을 살
면서 나를 부를 때,
58 내가 모든 해결사인 것처럼 생각하는
그 믿음의 방향을 너희가 완전히 뜯
어고치며 거기서 뛰쳐나오며 거기서
헤어나는 그와 같은 변화를 갖지 못하
는 자,
59 너희는 정녕 진정한 진리의 '진'자도
보지 못하며, 구원의 '구'자도 부를 자
격이 없으며, 너희에게는 해당도 안
된다는 것을 알아야 할 것이니라.

6,014 번째 하나님 말씀

2003년 4월 23일 14시 37분

1 사랑하는 나의 아들아!
2 "네, 아버님! 말씀하옵소서."
3 너로부터 너의 제자들 그 모두가 마음
을 굳건히 다져야 할 것이니라.
4 수천 도의 열 속에서 도자기라는 그릇
이 익어 가듯이, 너희가 그리 완벽하
게 익어 가지 아니하면 아니 됨을 알
아야 할 것이니라.
5 하나의 물로 반죽이 된 그 흙덩어리가
익고 익어서 그 높은 열에 녹고 녹아
서 하나의 도자기요, 하나의 그릇이
찬란한 빛을 나타내는 그와 같은 역사
가 이루어지듯이,
6 너희가 모두를 그리 태우고 또 태우지
아니하면 아니 됨이니,
7 그 도자기를 만드는 그 열보다, 온도
보다도 더 뜨겁고 더 강한 열기로써
너희 모두를 다 태우지 아니하면 아니
됨을 알라.

8 모두를 다 그리 태우지 아니하면 너희는 결코 견딜 수 없으며 역사할 수 없음을 알아야 할 것이니라.

9 그보다 더 강한 열로써 너희를 태우고 또 태워, 너희를 다 쓸어버리며 너희를 다 날려 보낸 그와 같은 마음이 아니면 아니 될 것이니라.

10 나 여호와를 위하여, 내가 내린 법전을 위하여, 나의 계명을 지키기 위하여 너희 스스로 모두를 다 태워야 하며,

11 또 태우고 또 태워 너희 자신이 없는 그와 같은 완벽한 변화의 역사의 모습으로 다시 태어나야 할 것이니라.

12 물과 흙으로 반죽이 된 그 흙덩어리가 그 높은 열에 의하여 하나의 예술품으로 나오듯이,

13 너희가 그와 같이 그 높은 강도의 열로 너희를 달구고 또 달구어 새로운 생명으로서 태어나며 새로운 삶의 역사가 이루어지지 아니하고는 아무것도 이루어질 수 없으며,

14 너희는 나로부터 선택된 백성이라 말할 수 없으며, 너희가 나에게 오를 수 있는 백성이 아니라는 것을 알아야 할 것이니라.

15 어떠한 역경이요, 어떠한 길이 있다 해도, 그 물과 흙을 태우는 그보다 더 강한 강도의 열로써 너희 자신을 태워서 다시 태어나도록 그리하라.

16 흙과 물로 반죽이 된 것을 태워서 하나의 아름다운 도자기요, 예술품을 만들어 내듯이 너희를 태우고 더 태워,

17 그 높은 강도에 익히고 또 익혀서 그보다도 더 찬란한 빛으로 태어나 나로부터 선택된 백성이 되지 아니하고는 너희는 결코 이루어질 수 없으며 역사할 수 없음을 알라.

18 내가 천 년 안에 이루어진다 하였음이니,

19 너희가 죽을 때까지 변화되지 아니한다면 너희는 아무것도 이루는 것이 없으며,

20 너희가 이루지 못했을 때, 나에게 올 수 없다는 것을 잊어서는 아니 될 것이니라.

21 구원의 길이요, 하늘에 오르는 길이요, 나 여호와의 성령이요, 나의 성경이요, 새로운 나의 법전의 뜻을 듣고 깨우쳐 하늘의 뜻이 무엇이며 이치가 무엇인지 아는 너희가 바로 서지 못한다면 과연 누가 바로 서겠는가?

22 나 여호와의 뜻을 따르며 내가 명하는 것을 들으며 나로부터 선택된 백성 너희가 너희 자신을 얼마나 더 뜨겁게 달구고 달궈야 새 생명으로 태어날 수 있다 생각하는가?

23 너희가 도자기를 익히는 그 무서운 열보다도 더 강한 것으로써 너희를 태워 찬란한 빛을 내는 인간으로 다시 태어나는 그 역사를 지상에서 했을 때, 너희가 하늘에 오를 수 있다는 것을 잊지 말라.

24 너희가 지상에서 그 뜨거운 열기에 의하여 다시 태어나듯이,

25 찬란한 빛의 모습으로써 변화되는 인간이 되듯이,

26 그리 변하는 인간이 되지 못한다면, 너희는 지옥으로 갈 것이며 하늘나라에 올 수도 없음이니라.

27 하늘나라에 오르는 것은 그보다도 더
뜨거운 변화요, 그보다 더 강한 열 속
에서 너희가 다시 태어나는 그 역사
를 이루지 아니하면 올 수 없기 때문
이니, 오늘 내가 가르치는 그 뜻을 잊
지 말라.
28 내가 너희에게 나의 아들을 통하여
뭐라 전하였느냐?
29 하늘에 오르는 길은 한 길이며, 두 길
이 아니라 내가 그리 말하였느니라.
30 나의 백성 너희가 살아온 그 길이 삶
의 발자취가 두 길이어서는 아니 된다
하였음이니라.
31 선한 삶의 길과 악한 삶의 두 가지 마
음의 길을 너희가 다 가지고 걸어온
다면, 너희는 결국 천국의 문을 들어
설 수가 없다 내가 그리 말하였음이니,
32 내가 너희에게 뭐라 말하였느냐?
33 너희는 나에게 와 심판을 받을 때 두
줄기의 발자취가 아니요, 두 줄기의
그림자가 아니요,
34 오로지 너희는 한 줄기의 발자취만을
남기고 나에게 왔을 때, 천국의 문을
들어올 수 있으며,
35 나로부터 심판을 받는 그 영광을 얻을
것이라 내가 너희에게 그리 전하였음
이니라.
36 이제 너희는 한 발자국의 그림자를
위해, 그 모습을 위하여 살아가야 한
다는 걸 잊지 말라.
37 내가 너희에게 명했듯이 두 발자국의
발자취로써 나에게 올 수 없음이니라.
38 지금까지 죄를 짓고 사악한 짓을 하고
살았으면, 이 순간부터 다시 태어나라
내가 하였음이니,
39 다시 태어나는 것이 무엇이더냐?
40 용광로의 뜨거운 불보다도, 쇠를 녹이
는 그 열기보다도 더 뜨거움으로써 너
희를 달구고 달궈 너희가 다시 태어
나는 그와 같은 역사를 이루지 아니한
다면,
41 지상에서 너희가 그와 같은 변화를
이루지 아니한다면 하늘에 오를 수 없
음이니라.
42 너희가 감히 어찌 하늘에 오를 수 있
으며 내 품에 올 수 있다고 그리 말하
는가?
43 수천 년 역사가 흐르면서 내 옆에 온
자 없다 하였음이니, 과연 누가 올 수
있다고 말하는가?
44 너희가 바로 다시 태어나는 지상에서
그 삶을 살지 아니한다면 올 수 없음
이니라.
45 뜨거운 용광로 속의 쇠가 녹아 너희가
필요로 하는 기계로서, 너희가 필요한
모형으로써 만들어져 다시 태어나듯
이,
46 그 흙과 물이 달구고 달궈져 익고 또
익어 그 열기에 견디며 아름다운 도자
기의 모습으로써 다시 태어나듯이,
47 너희가 그보다도 더한 역사의 다시 태
어나는 변화를 이루지 아니한다면 너
희는 나에게 올 수 없음이니 이 순간
부터 바로 서라.
48 세상의 모든 것을 버리지 못하는 것은
육신이 어리석으며 너희의 변명이며
나약한 마음이요, 믿음이 없기 때문이
니라.
49 너희가 어떠한 악습을 버리지 못하는
것, 어떠한 악습을 지우지 못하여 반

복하는 것, 그리고 부끄러운 짓을 하
며 고개 숙이며 회개하는 것,
50 그 모두는 나를 믿지 못하며 내가 존
재함을 믿지 못함이요,
51 너희가 마음의 변함의 의지가 없으며,
변하고자 하는 생각이 없음이니라.
52 목숨을 바쳐 용광로의 끓는 쇠보다도,
쇠를 녹이는 그보다 더 뜨거운 열기로
써 너희를 다시 태우고 태워 만든다
면,
53 너희가 지키지 못할 것이 무엇이 있으
며, 이루지 못할 역사가 무엇이 있던
가?
54 한 줌의 흙과 물이 아름다운 도자기로
서 그 역사로 태어나듯이, 그와 같은
역사를 너희가 갖는다면 못 이룰 것
이 무엇이 있는가?
55 노력한 것이 없으며 이루고자 한 것이
없으며 역사하고자 한 것이 없으며
변하고자 한 것이 아무것도 없는 것이
너희임을 알라.

6,015 번째 하나님 말씀

2003년 4월 23일 14시 50분

1 사랑하는 나의 아들아!
2 "네, 아버님! 말씀하옵소서."
3 너희가 나의 아들 예수를 부르기를
'구세주요, 구원의 왕'이라 그리 부르
짖음이니라.
4 그리고 너희는 눈물로써 기도하며 나
의 아들 예수의 이름을 부르기를 '주
여, 주여!' 끝없이 외치며,
5 오로지 그 이름만을 부르면 구원을 받
는다 그리 말하며,
6 그리고 그가 흘리고 죽어 간 그 피로
인하여 너희는 다 구원을 받았다 하며,
7 그리하여 너희는 구원을 받은 자라
생각하며, 그와 같이 믿고 지금 그리
가고 있지 않은가?
8 그리하여 너희는 구원을 받은 자며
구원을 받을 수 있는 예비 된 자라 그
리 말하느니라.
9 나의 아들을 구세주라 부르며 구원의
왕이라 부르는 그들이 과연 나의 아들
예수가 행하고 이루고자 했던 그 역사
를 얼마나 행하고 그 본보기를 따라
살아가고자 하는가?
10 단 하나의 예를 들어 너희에게 깨우쳐
주고자 함이니라.
11 예수의 사랑을 실천함은 너희가 두말
할 것 없으며, 나의 아들 예수는 죽어
가면서 그 어머니를 그 제자에게 부탁
하였음이니, 그 마음이 어떠한 마음이
던가?
12 죽어 가면서 그는 부모에게 효행하며
효성 함을 다 보여 주었으며, 부모를
공경함을 보여 주었음이니라.
13 그러한 예수를 믿고 따른다는 신도,
너희들의 지금의 마음 자세는 과연 어
디 가 있으며,
14 너희를 가르치는 종교 지도자는 과연
부모를 공경함에 있어서 어떻게 하는
것이 부모를 공경하는 것이며 어찌 가
는 것이 부모를 공경하는 것인가?
15 부모를 공경하는 그 가르침을 과연 종
교 지도자들이 가르치고 설교하는가?
16 너희는 거기서 깨우쳐야 할 것이니라.
17 나의 아들 예수는 죽어 가는 그 순간
에도 부모에게 효성이요, 공경함을 다

보여 주었음이니,
18 그를 보고 깨우친 너희는 과연 무엇
을 깨우치며 무엇을 보았는가?
19 그리하여 낳아 준 부모를 나 여호와같
이 작은 부모라 생각하며 효성을 다하
며 모든 바침을 다하도록 하며,
20 육을 낳아 주고 길러 준 부모에게 나
에게 하는 것보다 더 먼저 하며 그 감
사함을 하라 내가 그와 같이 가르침을
과연 너희는 어찌 생각하는가?
21 지금의 종교 집단이요, 지도자들이 너
희가 그 부모를 공경하며 부모를 따
름에 있어서, 효행을 함에 있어서 어
찌 가르치며 어찌 가라 가르치는가?
22 종교 지도자들이 설교하고 가르치는
그 내용의 소리를 한번 들어 보며 그
들의 내용을 깊이 분석해 보도록 그리
하라.
23 나의 아들이 너희의 구세주요, 구원의
왕이요, 그 죽은 피로, 죽음의 흘린 피
로써 구원을 받았다 그리 말하느니라.
24 그렇다면 그가 효행을 하며 부모를 공
경하는 마음의 그 가르침을 너희는
과연 지금 그 귓전에서 그를 상세히
듣고 있으며, 그 음성을 들어 너희가
그와 같이 행하는 데 어떠한 열과 성
의를 다하는가?
25 종교 지도자의 설교요, 가르치는 그
내용을 들어 보라.
26 어떠한 마음으로써 어떠한 자세로써
가르치는가?
27 그러니 나의 아들이 사랑을 베풀고자
했던 것을 시행함은 뒷전이요, 너희가
부모를 공경하는 그 모두를 보여 주며
그리 행하는 자세로 실천해 보여 준
것까지도 지워 버리고 잊어버리며 생
각지 아니하고 살아가는 자들이 아닌
가?
28 그저 나의 아들을 부르기만 하면 그
보혈로써 구원을 받았다 그리함이니,
29 그가 행하고자 했던 그 본보기로 너희
에게 가르쳤던 것은 뒷전이요, 오로지
편리하고 유리한 쪽으로만 모두를 가
르치고 일깨워 가니,
30 이것이 지금의 세상에 썩은 종교 집단
이라 하였으며,
31 고인 물이 썩어서 이제는 그 속에 있
는 생물들이 살 수가 없다 내가 하였
음이니라.
32 그리하여 그 생물들이 살 수 없기에
내가 작은 생수를 내려보내어 그 물을
정화하기 시작했다는 뜻이 여기에 있
음을 너희는 알아야 할 것이니라.
33 나의 아들 예수는 부모를 공경함과 효
성을 보였으며, 그는 또 나에게 뭐라
기도하였던가?
34 나 여호와에게 그는 어찌 기도하였느
냐?
35 '정녕 나를 버리시나이까?' 간곡한 그
기도 내용을 너희는 듣지 아니하였는
가?
36 그 기도 내용을 너희가 정독하여 읽
어 보고 분석하며 또 들여다볼 때, 너
희는 과연 거기서 무엇을 느꼈는가?
37 그러한 나의 아들이요, 보낸 나 여호
와와 보냄을 받은 나의 아들을 너희는
삼위일체라 하며,
38 나 여호와와 나의 아들이 동등하다 그
리 생각하여, 나 여호와요, 나의 아들
을 부르며 그를 찾음으로써 너희가

구원을 받으며 그 보혈로써 구원을 받
았다 그리 가르침이니,
39 너희는 나의 아들 예수가 죽어 가기
전에 했던 그 기도 내용이요, 그가 원
했던 그 모두를 정독하여 그 뜻을 읽
어 보고 또 읽어 보라.
40 그렇다면 너희가 지금 하고 있는 망
발이 얼마나 잘못된 것이며, 너희 믿
음의 자체요, 행하는 것이 얼마나 잘
못되었는지 알 것이니라.
41 나의 아들이 그와 같이 나 여호와에게
간곡한 기도를 드렸거늘, 그 기도 내
용을 본 다음에 너희가 과연 삼위일
체라 그리 말하며 나 여호와와 나의
아들이 같다 말할 수 있는가?
42 그리 말하는 자는 위로는 나를 욕되게
하며 나를 능멸하며, 아래로는 나의
아들을 욕되게 하며 그에게 고통을 주
는 자이니,
43 나의 아들 예수에게 고통과 시련을 주
며 욕된 행위를 하는 자들이 그 보혈
로써 구원을 받고 구원을 받았다 하며,
44 그리고 그 이름만 부르면 천국에 오를
수 있다, 구원을 받았다, 구세주라 그
리 말하는 그 백성이 얼마나 넉살 좋
은 자며,
45 양심도 없으며 부끄러움도 없으며 한
가지 체면도 없는 인간들인가를 너희
는 그들에게 깨우쳐 주고 전해 주라.
46 그들이 얼마나 욕된 자며, 얼마나 사
악한 자며, 얼마나 이기주의자며, 오
만에 차 있는 자인가?
47 그 설교 내용도 분석하지 못하는 자
들, 그리하여 종교 지도자는 저희가
하는 일을 탓하지도 말며 벌하지도 말
며 시시비비도 할 수 없다 하였음이니,
48 저희가 나의 진리를 모르며 잘못 가르
치는 것이요, 그 뜻을 모르고 함부로
지껄여 대는 그 모두를 너희 제자들이
물고 늘어지며 그 신도들이 따지고 들
었을 때,
49 그들은 대답할 길이 없으며 거기에 대
답할 여지가 없으며 저희는 스스로
그 단상에 설 수 없는 그와 같은 자들
이기에,
50 저희가 가르침에 자신이 없으며 믿음
에 자신이 없기에, 그리하여 그 믿음
에 대한 대답을 못 하도록, 그 질문을
못 하도록, 그리고 의문을 제기하지
못하도록 하기 위하여,
51 저희는 종교 지도자가 잘못되고 잘못
가는 것까지도 탓하지 말며 시시비비
하지 말라 함이니,
52 잘못된 짓, 사악한 짓 하는 것도 시시
비비하지 못하여 그를 다스리지 못함
이니,
53 그가 설교하는 것, 그가 가르치는 것,
그가 강론하는 것을 가지고 감히 누가
입을 열고 시시비비할 수 있겠는가?
54 너희는 길든 짐승처럼 그저 '아멘, 할
렐루야!' 하며 찬송이요, 콧물 눈물 흘
리면서 소리 지르는 그것으로써 구원
의 길이라는 그 불쌍한 나의 백성이니,
55 잘못된 자를 잘못됐다 가르치지 못하
는 자, 그를 탓하지 않는 자, 너희도
똑같은 죄인임을 알라.
56 어찌하여 너희가 잘못하는 것은 같은
인간인 종교 지도자가 말할 수 있으
며, 저희가 잘못하는 건 똑같은 백성
인 너희가 지도하고 다스릴 수 없으

며 깨우쳐 줄 수 없다 그리 말하는가?
57 그 자체가 얼마나 이기주의며 오만하
며, 이 세상 어디에 이와 같은 법도가
있단 말이던가?
58 그곳에 가 '아멘, 할렐루야! 구원받았
다.' 악을 쓰는 너희도 똑같은 죄인이
라는 것을 잊지 말라.

6,016 번째 하나님 말씀

2003년 4월 23일 14시 59분

1 사랑하는 나의 아들아!
2 "네, 아버님! 말씀하옵소서."
3 너의 제자들과 나의 법전을 읽고 깨우
친 백성, 그들에게 나 여호와의 뜻을
전하라.
4 나로부터 선택된 지도자요, 나로부터
선택된 백성이 살아가는 길의 모습을
그들에게 전해 줘야 할 것이니라.
5 나로부터 선택된 지도자요, 나로부터
선택된 백성, 너희가 나로부터 버림을
받았다 생각할 때,
6 너희가 나로부터 완전히 버림을 받았
다는 그와 같은 마음이요, 생각이 들
때, 그리고 너희가 그와 같이 두려움
을 느낄 때,
7 그때도 변함없는 마음을 가지고 가는
것이요,
8 순종하는 마음이 변하는 백성은 나로
부터 진정한 선택된 지도자가 아니며,
9 나로부터 선택된 백성은 그 마음을 가
져서는 아니 되는 것이니라.
10 나로부터 선택된 지도자요, 나로부터
선택된 백성, 너희는 내가 너희를 비
록 버렸다 하여도, 내가 너희에게서
손을 놓았다 하여도, 내가 너희에게서
등을 돌렸다 하여도,
11 나에게 순종하며 나에게 향하는 그 마
음이 변하지 않는 지도자요, 백성이
나의 백성이니라.
12 그러나 지금의 모든 종교 집단이요,
지도자들이 가고 있는 것은 무엇이던
가?
13 그들은 교회라는 곳이 사업장으로 변
하였음이니라.
14 너희는 누구나 다 그리 말할 것이니라.
15 교회라는 곳은 목사가 그 회사를 운영
하는 대표요, 나머지는 그 사업하는
회사라 너희가 다 그리 말함이니,
16 이 얼마나 추하고 더러운 소리를 너희
가 듣고 있는 것인가?
17 그러니 그들은 그 재물에 따라서, 그
들의 환경에 따라서 수시로 변하는 것
이 지도자요, 그리고 저희가 변함에
따라서 변명의 여지를 늘어놓는 것이
지금의 지도자요, 그 믿음의 길을 가
는 백성이니라.
18 그러니 그들과 차별화가 되는 것을 너
희는 알아야 할 것이니라.
19 너희가 어떠한 환경에서도 변하지 않
는 자, 그와 같은 믿음의 길을 가는 것
이 나로부터 선택된 백성이 해야 할
길이며 가야 할 길이니라.
20 아무리 어렵고 힘들다 해도, 내가 막
상 너희를 버렸다 해도 너희는 나로
부터 등을 돌리고 돌아서는 그와 같은
백성이 되어서는 아니 될 것이니라.
21 변함없는 마음으로 더 순종하며 더 기
도하며 아름답게 변하여,
22 나 여호와가 너희를 찾을 수 있도록

그와 같이 노력하는 백성이야말로 나
의 사랑하는 아들딸이요, 나로부터 명
받은 지도자요, 나로부터 선택된 백성
이라는 걸 알아야 할 것이니라.
23 그와 같은 어떠한 상황에서도 너희가
변하지 않는 그와 같은 믿음의 길을
가도록 하는 것을 내가 나의 아들 예
수를 통하여 너희에게 일찍 깨우쳐
가르치지 아니하였던가?
24 나의 아들 예수가 정녕 그와 같이 고
통스러울 때도 나 여호와에게 '저를
버리시나이까?' 그 기도의 내용이 무
엇이던가?
25 얼마나 애절한 기도던가?
26 그리고 내가 손을 놓았으며 내가 버린
것을 알면서도 나의 아들 예수는 어찌
하였는가?
27 그 길을 선택하여 순종하였으며, 변함
없이 그 모두를 받아들였음이니라.
28 그것이 바로 무엇인 줄 알겠는가?
29 내가 죽음에서 그 손을 놓은 나의 아
들 예수의 변하지 않는 그 믿음이요,
30 나를 향하는 마음이요, 나에게 기도하
는 마음이요,
31 사랑을 베푸는 마음이요, 부모를 효도
하고 공경하는 마음이요,
32 거기서 흔들리지 아니하고 내가 내린
모두를 지킨 나의 아들 예수의 그 모
습에서 너희는 무엇을 봐야 하는가?
33 너희는 그 이름으로써 구원을 받으며
예수의 보혈로써 구원을 받았다는 그
추하고 더러운 소리를 하지 말라.
34 어찌하여 그와 같은 말을 감히 너희가
할 수 있는가?
35 어떠한 상황에서도 순종하며 거역하
지 않는 나의 아들 예수의 그 마음을
배워야 할 것이며 그 믿음을 배우고
따라야 하는 것이 너희이니라.
36 그를 가르치기 위한 것이지, 나의 아
들 피로써 너희 죄를 대속하며 너희
를 구원한 것이 아니니라.
37 너희가 구더기와 같은 소리를 하고 있
음을 알아야 할 것이니라.
38 너희의 그와 같은 소리는 구더기가 소
리 내는 것이며,
39 구더기가 죽어 갈 때 마지막 소리 지
르는 그와 같은 절규와 같은 비명보다
도 더 추하고 더러운 것이 너희가 나
의 아들 예수의 보혈로써 구원받으며,
그가 너희 죄를 대속하여 다 보따리에
싸 짊어지고 갔기에 너희는 죄에서
벗어났다 하는 것이니라.
40 어찌하여 죄에서 벗어났다는 자들이
금화와 은화를 바치며 용서를 빌며 하
늘에 많이 쌓아 놓아야만 구원을 받는
다고 두말하는 그 사악한 자 앞에서
지금 구원을 받고자 하는가?
41 어떠한 상황에서도 변하지 않는 것을
나의 아들 예수가 너희에게 깨우치며
그를 본보기로 했다는 것을 잊지 말라.
42 나의 아들 예수를 통하여 너희에게 가
르쳤음이니, 이 값진 가르침을 헛되이
하지 말며,
43 이 피보다도 진한 가르침을 너희는
역으로 이용하며 악용하는 사악한 자
가 되어서는 아니 될 것이니라.
44 그러니 너를 따르는 제자들이요, 나의
법전을 읽고 깨우친 만백성, 너희는
어떠한 상황에서도 변함이 없는 믿음
이요, 어떠한 상황에서도 순종하는 마

음이요,
45 나 여호와에게서 등을 돌리는 그와 같
은 백성이 되어서는 아니 된다는 것
을 알라.
46 그것이 너희가 가야 할 길이며, 너희
가 하늘에 오를 수 있는 기본이요, 근
본이며 내가 너희를 기억하게 됨이니
라.
47 그때 돌아서고 등 돌리는 자, 영원히
나와 멀어지며, 나의 아들딸이 아니
며, 내가 너희를 기억하지 아니하며,
너희 손을 놓는다는 것을 잊지 말라.
48 그러나 너희는 지금의 믿음이 과연
어떠한 형국으로 가고 있느냐?
49 나의 아들은 죽으면서도 그 모두를 지
키며 순종했음이니라.
50 그러니 모든 종교 집단이요, 지도자
너희가 과연 나의 뜻에 살아가는가?
51 너희는 나의 뜻에 살아가지 아니하며
순종하지 아니하며 역경이요, 힘들 때
너희가 나를 거역하는 대표적인 것이
무엇이던가?
52 너희가 십계명을 인간이기 때문에 지
키지 못한다, 지킬 수 없다 말하는 것
이 그 모두의 대표적이며 너희가 나
에게 거역하며 항변하는 내용이 거기
에 있음이니라.
53 내가 지키라는 것을 지킬 수 없다는
것이 너희요, 인간이기 때문에 그리
행할 수 없다는 것이 바로 너희가 무
엇이던가?
54 순종하지 아니하며 나에게 거역하는
것이며, 어렵고 힘든 길은 절대 갈 수
없다는 것이 아니던가?
55 십계명을 지키고 산다는 것은 너희가
힘들고 어려운 길이기 때문에 그 길을
갈 수 없다 함이니,
56 너희가 어렵고 힘들 때는 나 여호와로
부터 등을 돌리며 나로부터 멀어진다
는 생각을 하는 것이 아니던가?
57 그러니 내가 지금의 종교 집단이요,
지도자 너희를 믿고 너희가 바로 가
는 백성이라 말할 것인가?
58 십계명을 지킬 수 없다는 그 백성이
순종함을 지키지 아니하며 어렵고 힘
들 때 등 돌리는 자며,
59 어렵고 힘들 때도 믿음이라는 것을 버
리지 않는 그와 같은 백성이 아니라는
걸 알아야 할 것이니라.
60 지금의 모든 종교 집단이요, 지도자들
이 가는 행위가 그러한 행위며 너희
믿음이 그러하니, 나와 관계없다는 것
을 알라.

6,017 번째 하나님 말씀

2003년 4월 23일 15시 11분

1 사랑하는 나의 아들아!
2 "네, 아버님! 말씀하옵소서."
3 누구도 나에게 와 심판을 받지 않는
자가 없지 않더냐?
4 너희가 나로부터 명받아 간 그 생명
의 시간을 살다 보면,
5 너희 육은 한 줌의 흙으로 돌아가며
너희 영혼은 나에게 와 그 삶에 대한
심판을 받지 않는다 그리 말할 수 없
는 것이니라.
6 그러나 지금 나의 피조물 만백성 너희
는 심판을 받지 아니한다 생각하며 심
판은 없다 생각하는 백성이 있음을

알아야 할 것이며,
7 안다 해도 그 심판 자체의 두려움을
모르며 그 심판 자체의 무서움을 모르
는 것이 너희이니라.
8 그러니 나로부터 심판을 받지 않는다
생각하는 백성, 내가 생명을 너희에게
내려보내서 너희가 어찌 살다 오라
내가 너희가 나갈 때 명함이 있으니,
9 그대로 살았느냐 안 살았느냐에 따라
서 너희가 나에게 와 심판을 받는 것
은 당연한 것이며 엄연한 사실이니라.
10 그러나 나에게 와 심판을 받지 않는다
생각하는 백성이 있다면, 그와 같은
말을 하는 백성이 있다면 무엇을 의
미하는 줄 알겠느냐?
11 너희는 죽지 않고 영원히 살 수 있다
말하는 그 어리석은 백성과 조금도 다
름이 없는 것이니라.
12 죽는 그 엄연한 사실을 알면서도, 죽
지 않고 살 수 있다고 말하는 자들과
같이 똑같은 어리석은 우를 범하는 백
성이라는 것을 너희는 전해 줘야 함
을 잊지 말라.
13 이 세상의 어느 영웅호걸이요, 세상을
지배하는 사람들도, 또 이 시대의 지
도자라는 자들도 그 모두 죽음의 문턱
을 넘지 아니하며 피하는 자 없으며,
피할 능력이 있는 자가 아무도 없음
이니라.
14 아무리 영웅호걸이요, 한 시대를 누빈
사람이라 하여도, 그 어떤 백성도 그
죽음의 문턱을 피할 수 없으며,
15 언젠가는 그 죽음의 문턱 앞에 너희가
허무함이요, 너희 존재 가치가 무엇인
지 너희 능력의 한계를 모두 다 깨닫
게 되는 때가 있음이니라.
16 그리고 너희가 얼마나 나약한 존재며
미미한 존재며 힘이 없는 존재인가를
알며,
17 영웅호걸이요, 세상을 호령하며 지도
자라 많은 사람을 다스렸으며, 그리고
부귀와 영화를 누리는 사람들이요, 재
물을 가졌다 하여 그와 같이 내로라하
는 삶을 산 그들도,
18 죽음의 그 순간 문턱 앞에서 너희가
얼마나 미미한 존재며 얼마나 잘못
살았으며 인생을 얼마나 잘못 살았는
가를 후회하며 눈물짓지 않는 백성을
내가 한 사람도 보지 못하였음이니,
19 가장 나약한 자가 되는 것이 너희이니
라.
20 그러니 너희가 그 문턱을 넘지 않는다
말하는 자와 같은 자가 바로 나로부터
심판을 받지 않는다 말하는 자라 그리
내가 말한다면,
21 과연 내가 너희에게 가르치는 그 뜻이
틀렸는가?
22 그리고 너희는 알아야 할 것이니라.
23 너희가 한 번 죽음이라는 것이 행하여
지며 너희 육이 끝나며 영혼이 나에게
심판으로 오는, 그 숨을 거두는 순간,
그 죽음이라는 것은 영원히 다시 되돌
릴 수 없는 것이 그 죽음의 무서움이
라는 것을 너희가 알아야 할 것이니
라.
24 너희가 사업에 실패하며 목표를 세운
것을 변경하며,
25 모두를 너희가 다시 돌이켜 생각하고
다시 연구하여, 이루지 못한 것을 이
루는 그 역사를 이룰 수 있으나,

26 너희가 한번 죽음을 향하여 죽어 간다
면 되돌릴 수 없으며 돌이킬 수 없는
것이 죽음이라는 그 무서운 것이니라.
27 그리하여 그 순간에 바로 너희가 얼
마나 나약해지며 미미한 존재며,
28 세상에 잘못 살았던 것, 그리고 악한
짓 했던 것, 죄라는 것을 죄인 줄 모르
고 행했던 그것들만이 너희 뇌리를
때리며 너희 가슴을 두드리느니라.
29 그러나 너희는 이미 나약한 자요, 미
미한 존재를 알았을 그때는 돌이킬 수
없으며,
30 그 모두를 다 용서받을 길이 없으며
오로지 그 심판을 받게 됨이니,
31 그 순간에 너희 마음이 얼마나 저리
고 아픈 것인가를 알겠는가?
32 너희는 돌이킬 수 없는 그 죽음이라는
것을 알아야 하느니라.
33 결국 그 죽음을 위해서 지금 살아가는
모든 삶이 다 그를 위해 사는 삶이라
면 너희는 무어라 말하겠는가?
34 너희는 되돌릴 수 없는 그 죽음을 위
해서 지금의 살아가는 것이 너희 삶
의 목적이요, 살아가는 형국이 되어
있음을 알아야 할 것이니라.
35 그러니 너희는 거기에 모두를 다 맞춰
살며 너희가 아무리 발버둥치며 아무
리 역사하고자 하는 그 모든 생활이
요, 육의 삶도 너희가 죽음의 그 목적
을 위하여 거기에 맞추기 위하여 지금
살아가는 삶이라는 것을 너희는 알아
야 할 것이니라.
36 이는 너희가 부정하든, 아니라 고개를
흔들며 그를 부인하고 싶든,
37 이는 너희가 타의든 고의든 엄연한
사실이며, 너희는 죽음의 그 현실 앞
에서 모면할 수 없는 것이니라.
38 그러니 너희는 나에게 와 심판을 받는
다는 것을, 그것을 두려워하지 않는
백성, 그것을 믿지 않으려는 백성, 그
것을 인정하지 않는 백성,
39 너희가 넘지 못하고 피할 수 없는 그
죽음을 죽지 않고 영원히 살 수 있는
자라면 나에게 심판을 면할 수 있는
자이니라.
40 그러나 너희가 그와 같은 자가 없음이
니, 너희가 나에게 와 심판을 받는다
는 엄연한 사실을 인정해야 할 것이며,
41 심판을 받았을 때 그 죄의 대가를 치
른다는 것을 잊지 말라, 사랑하는 나
의 아들딸들아!

6,018 번째 하나님 말씀

2003년 4월 23일 15시 20분

1 사랑하는 나의 아들아!
2 "네, 아버님! 말씀하옵소서."
3 너희들이 육의 세상에 살다 죽어 나에
게 와 심판받지 않는 자 없으며, 그 죄
의 대가를 너희가 절대 면죄받을 수
없다는 것을 알고 살라 내가 그리 전
하였음이니라.
4 그런데 지금 이 세상에 나의 피조물
만백성이 면죄를 받을 수 있다며 면죄
받았다 하는 자, 그리고 죽지 않는다
고 말하는 자가 있으니, 그 백성이 얼
마나 어리석고 불쌍한 백성인지를 너
희는 알겠는가?
5 지금의 모든 종교 집단이요, 믿음의
길을 가는 백성이 바로 그들이니라.

6 그들은 저희가 삶을 어찌 살았는가는
생각하지 아니하며,
7 저희가 선과 악을 행하고 산 것을 내
가 저울로 달았을 때, 어떠한 것이 더
무게가 나가는지 그 자체도 모르는 자
들이 지금 구원을 받았다 하며, 나에
게 오를 수 있다 하며,
8 그리고 저희는 영원히 죽지 아니하며
영원히 구원받을 자라 그리 말함이니,
9 바로 그 백성이 얼마나 어리석고 불
쌍한 백성이던가?
10 저희의 악과 선을 달았을 때, 그 악함
이 얼마나 무거운가를 저희가 알겠는
가?
11 그 무거움이야말로 그 악함이 하늘의
끝에 닿고도 모자랄 정도로 저희 악의
무게가 그리 많거늘,
12 저희가 나의 아들 예수의 보혈로써 그
이름을 부름으로써 구원을 받았다 하
며 한 술 더 떠서 뭐라 말하느냐?
13 그들은 죽지 아니하며 영원히 구원받
으며 영원히 구원받아 산다 그리 말함
이니,
14 바로 그들이 죽지 않는다고 나에게 대
드는 자들과 똑같은 자들이니라.
15 지금 나의 피조물 만백성이 죽지 않는
다는 자, 그리고 나에게 심판을 받지
않는다는 그와 같은 생각이 있는 자
가 이 세상에 가장 불행한 백성이라
말하였음이니, 바로 그들이 그와 같은
자들이니라.
16 나의 아들 예수의 보혈로써 구원을 받
았으며,
17 나의 아들을 찾았으며 저희가 손으로
지은 죄의 온상에 가 재물과 금화를
바쳤으니,
18 저희는 죽지 아니하며 심판을 받지 아
니하고 나에게 바로 천국에 들어온다
는 그 착각 속에 살아가는 그 백성이
야말로 저희가 심판받지 않는다는 것
을 말하고 싶은 백성이며, 그리 지키
며 그리 믿고 가는 백성이요,
19 그리고 영원히 죽지 아니하고 살아나
며 새 생명을 얻어 천국에 들어간다
하니 죽지 않는 자들이라 말하니,
20 그 모두를 저희가 죄를 짓고 있으면
서 그 모두를 행하는 자들이며, 그 모
두가 저희에게만 특혜가 있어 이루어
지는 것처럼 살아가는 어리석은 백성
이니, 지금의 믿음의 길을 가는 백성
이니라.
21 구원을 받았다고 말하는 백성, 저희들
이 죽지 않는다 말하는 백성, 그들을
위하여 너희가 나의 법전을 전해 줘
야 할 것이며,
22 그들을 꿈에서 깨워 줘야 할 것이며,
23 세상의 이치가 무엇이며 하늘의 뜻이
무엇이며 진리가 무엇이며 하늘에 오
르는 길이 무엇인가를 그들에게 너희
가 깨우쳐 주는 그 역사를 행해야 할
것이니라.
24 그 역사를 행하는 것이 너희 대임이니
라.
25 그리하여 너희가 죽어 가는 수많은
나의 백성을 구원하며 그들을 살리는
그 대명을 행하는 데 주저해서도 아니
되며, 잠시도 머물러서도 아니 된다는
것을 알아야 할 것이니라.
26 너희가 나의 아들딸을 살리는 전사로
서 명받았으며, 너희가 선택된 것이

얼마나 소중하고 위대한 것인가를 알
라.
27 지금 많은 종교 집단이요, 믿음의 길
을 가는 그 백성이 어리석음 속에서
헤어나지 못하고 있음이니라.
28 아무것도 모르는 잘못된 종교 지도자
들의 그 세 치 혓바닥의 가르침에 의
하여 한 입으로 두 혓바닥을 내미는
미물과 같은 그 종교 지도자들이,
29 너희는 심판을 받지 아니하며 그리 구
원을 받으며 그리고 영원히 죽지 않는
자로 태어났으니, 그리하기 위해서는
재물을 바치며 많은 것을 다 바치며
천국에 무한한 재물을, 금화와 은화를
쌓으라 함이니,
30 이것이 바로 너희를 죽이는 짓이며
너희를 지옥으로 이끌어 가는 자들이
니라.
31 이제 너희가 깨어날 때가 되었음을
알라.
32 나 여호와는 보이지 아니하며 만질 수
없으며 내 음성을 들을 수 없듯이,
33 하늘나라는 창고가 없으며 건물이 없
으며 쌓아 놓는 것이 없음을 너희는
알아야 할 것이니라.
34 나 여호와가 형체가 있으면 너희에게
보일 수 있으며, 너희가 내 음성을 들
을 수 있으며, 내가 기거하는 집이 있
으며 내가 관리하는 건물이 있다 하면,
35 하늘에 창고가 있으며 너희가 지상에
건물을 짓듯이 그와 같은 하늘의 역사
가 이루어진다면,
36 너희는 하늘에 쌓을 필요가 있을 것이
며 쌓아 놓을 수도 있다 말할 수 있을
것이니라.
37 그러나 나를 볼 수 없고 만질 수도 없
듯이, 하늘에는 창고가 없으며 쌓아
놓을 건물이 없으며 역사함이 없다는
것을 너희는 알아야 할 것이니라.
38 그러니 그 어리석은 자들이 하늘의 뜻
을 알며 하늘의 형태를 안다면 감히
재물을 쌓아 놓으라 말할 수 있겠는가?
39 형체가 없이 이루어지며 빛으로 이루
어진 그 모든 하늘나라를 알지 못하
며, 하늘의 이치요, 하늘의 뜻이요, 하
늘의 형상을 모르기 때문에,
40 그들은 감히 하늘에 너희가 금화와
은화를 올려 쌓아 놓으면 그저 지상에
서 서로 존재하는 것처럼 그리 착각하
고 있음이니라.
41 그러니 그들이 얼마나 불쌍한 자며 사
악한 자며 잘못된 자들인가?
42 나의 아들은 그리하여 그를 알기에 너
희에게 하늘에 재물을 쌓으라 말하지
아니하며, 재물을 바치는 것으로써 너
희가 구원을 받으며 은혜를 받는 것이
라 하지 아니함이니라.
43 재물로써 너희가 구원을 받고 은혜를
받을 수 있다면 누군들 가진 재물을
다 털어 구원받으며 영원히 사는 하늘
나라에 오르지 못할 자가 있다더냐?
44 그러니 너희는 재물과는 관계없으며,
45 오직 믿음이요, 행함만이 중요하다는
것을 다시 한 번 내가 가르쳐 줌이니,
그를 만백성에게 전하도록 그리하라.

6,019 번째 하나님 말씀

2003년 4월 23일 15시 51분

1 사랑하는 나의 아들아!

2 "네, 아버님! 말씀하옵소서."
3 나 여호와가 모든 종교 집단이요, 지
도자요, 그 신도들이 잘못 가고 잘못
깨우침을 내가 나의 법전에 기록하여
만백성을 깨우쳐 전하는 그 뜻은,
4 나의 사랑하는 백성이 이를 보고 바
로 깨우침을 얻기 위한 가르침도 있으
나,
5 너를 따르는 제자들이요, 나의 법전을
읽고 깨우친 백성, 그들이 바로 설 수
있는 그와 같은 삶의 지표로 삼기 위
하여 내가 너희에게 깨우쳐 줌이 중
요함을 알아야 할 것이니라.
6 너희는 알아야 할 것이니라.
7 지금 너희가 하나의 사과가 있음이니,
이 사과를 한 사람에게 주면 죽어 가
는 생명을 살릴 수 있는 사과라 그리
말하자.
8 그리고 너희가 그 사과를 먹지 아니
하면 너희 팔다리가 하나 떨어져 나
간다고 하자.
9 그렇다면 너희 팔다리가 떨어져 나가
는데, 그 한 생명을 살리기 위해서 제
팔다리가 잘리는 고통이 있다 해도 그
사과를 줄 수 있는 백성이요,
10 지금의 사랑을 외치는 믿음의 길을 가
는 백성이 과연 그와 같은 자리에 얼
마나 있겠는가?
11 하나를 먹으면 살고 죽는 그 사과가
다른 사람이 먹게 되면 하나의 생명을
살리며, 네가 먹게 될 때 너희의 그 고
질병이 하나 고쳐진다고 하자.
12 그때 너희가 고질병을 고치지 아니하
고 그 한 사람의 생명을 위해서 사과
를 줄 수 있는 그와 같은 백성이 과연
얼마나 있겠는가?
13 이것이 지금 이 세상에 너희가 생각
하고 흐르며 살아가는 형국이며 살아
가는 형태이니라.
14 수천 년 동안 믿음을 위해 살아왔으며
오로지 사랑을 베풀며 살아가는 그 가
르침을 가르친 종교 집단이요, 지도자
요, 그 밑에서 신도라 하여 구원을 받
았다 하는 백성,
15 그들이 과연 그와 같은 일에 처했을
때 그들은 어찌 행해야 하겠는가?
16 믿음을 모르며 나 여호와를 모르며 사
랑을 모르는 백성이라 하면, 그들은
그 생명을 위하여 남의 생명보다도 자
신의 팔다리를 자르지 아니하게 먹을
수 있다 하자.
17 그리고 그들이 고질병을 고치기 위해
서 하나의 생명을 구하는 데 던져 주
지 못하고 저희가 먹는다고 하자.
18 너희가 이방인이라는 일반 백성은 그
렇다고 하자.
19 그러나 나를 믿음이요, 나를 위하여
부르짖으며 나의 아들 예수의 보혈로
써 은혜를 받으며 구원을 받은 그 축
복과 영광을 받았다는 백성,
20 그리고 사랑을 베풀기 위해 살아가는
너희들,
21 그리고 나 여호와가 원하는 것이 결국
사랑이라는 것을 아는 너희는 과연
어떠해야 하겠는가?
22 하나의 사과를 놓고 너희가 먹으면
네가 살며, 하나의 사과를 다른 사람
에게 줄 때 그 사람이 살 수 있다면,
23 그 사과가 네 손에 있다고 할 때, 믿음
의 길을 가는 백성은 그 사과는 제가

먹지 아니하고 남에게 주는 그것이 사
랑이며, 그와 같이 할 수 있는 것이 지
금의 믿음의 길을 가는 백성이요, 신
도라는 자들이 해야 할 일이 아니던가?
24 그러나 그 신도라는 종교 지도자들이,
그 집단의 우두머리들이 그와 같이 행
하지 못하며 행동을 하지 못한다면,
너희도 이방인과 무엇이 다른가?
25 이방인보다 못한 것이 너희가 아니던
가?
26 그러니 만일 이방인 중에서 자기 생명
을 버리고 남을 구원하기 위하여 그
사과를 줄 수 있는 사람이 있다면, 너
희는 과연 어찌하겠는가?
27 너희는 부끄럽고 창피하여 추한 모습
을 감추기 위하여 수단과 방법을 가리
지 아니할 것이니라.
28 아무리 저희가 사과를 남에게 주고 제
가 죽는다 하여도,
29 너희가 말하는 믿음을 믿지 아니하며
나를 통하여 하는 사랑이 아니요, 인
간으로서 하는 사랑이니,
30 그 사랑은 나 여호와로부터 축복을 받
을 수 없으며 은혜를 받을 수 없다 너
희는 그리 변명하고 전할 것이니라.
31 어찌하여 이방인이라는 백성이 제가
먹으면 살 수 있는 그 사과를 남을 위
해 던져 주는 그 사랑의 마음은,
32 어찌하여 그것은 내가 원하는 사랑이
아니며 나를 따라서 내가 베푸는 사랑
이 아니라 너희는 그리 말하는가?
33 오로지 저희의 집단이요, 저희의 종교
지도자들에게 가서 설교를 듣는 자만
이 선행을 베풀었을 때 나 여호와가
베푸는 사랑이며 나 여호와의 뜻에 의
한 사랑이니,
34 남들이 베푸는 사랑은 나 여호와의 뜻
이 아니며 내가 베푸는 사랑이 아니라
그리 추하고 더러운 말을 할 수 있는
것이 지금의 종교 집단이요, 지도자
요, 신도 너희가 하고 있는 짓이니,
35 그 얼마나 추하고 더러운 모습이던가?
36 그러나 이를 탓하고자 내가 여기에 기
록하여 전하는 것은 아니니라.
37 모든 백성, 너를 따르는 제자들이요,
나로부터 선택된 백성, 너희는 너희
자신이 그 사과를 먹지 아니하고 남에
게 주는 데 주저하지 아니하며, 계산
이 없으며, 사랑이요,
38 나 여호와가 기억해 주기를 바라지 아
니하며 그와 같이 행동할 수 있는 너
희가 되면 되는 것이며,
39 너희가 그리 행할 수 있는 마음 자세
를 가지라 하여 내가 너희에게 이 가
르침을 하여 이 법전에 기록하여 전하
는 뜻을 알라.
40 너희는 그리 행할 수 있어야 하며 그
리 전할 수 있어야 하는 것이니,
41 그것이 나로부터 선택된 백성이요, 나
에게 올 수 있는 백성의 다른 점이라
는 것을 잊지 말라.
42 감히 누구도 갈 수 없는 길을 갈 수 있
는 것이 너희이니라.
43 내가 무어라 말하였느냐?
44 남이 용서할 수 있는 것을 용서하는
것은 용서가 아니며,
45 남이 사랑할 수 있는 것을 사랑하고,
남이 줄 수 있는 것을 주는 것은 베풂
이 아니라 하였음이니라.
46 남이 줄 수 없는 것, 남이 용서할 수

없는 것을 용서하며 베푸는 것이 진정 한 사랑이요, 베풂이라는 것을 잊지 말라, 사랑하는 나의 아들딸들아!

6,020 번째 하나님 말씀

2003년 4월 23일 16시 10분

녹음기 작동 오류 (원본테이프 400번 중에서)

1 사랑하는 나의 아들아!
2 "네, 아버님! 말씀하옵소서."
3 지금 수천 년 동안 믿음의 집단이요, 종교 지도자들이요, 그들은 과연 무엇을 어찌 가르치는가?
4 나의 아들 예수가 죽음에서 3일 만에 부활하여 그리 살아났음이니, 그들은 무어라 말하느냐?
5 모든 믿음의 길을 가고 있는 종교 집단이요, 지도자요, 그 신도들은,
6 죽음은 결코 넘지 못하는 것이 아니며 죽음은 결국 너희가 넘을 수 있는 길이며 넘을 수 있는 한계라 그리 말함이니라.
7 너희가 그와 같은 용기와 자신을 가지며 나 여호와를 찾으며 경배하는 것은 내가 너희에게 가상타 말하나,
8 여기서 너희가 말로써 부르짖고 말로써 찾는 것으로써는 죽음을 결코 넘을 수 없다는 것을 알아야 할 것이니라.
9 너희가 나의 아들 예수가 부활하여 다시 살아난 것을 믿고 그와 같은 영광을 얻고자 한다면,
10 말로써 믿음을 행하는 것이 아니요, 행함이 얼마나 소중한 것인가를 알아야 할 것이니라.
11 너희가 나의 아들 예수처럼 부활의 그 영광을 얻고자 하며 새로 태어나는 생명의 그 축복을 얻고자 한다면,
12 너희는 예수가 살아왔던 그 삶의 한계를 알고 그와 같이 동일한 삶을 사는 것만이 너희가 부활의 기회요, 축복의 영광을 얻을 수 있다는 것을 알아야 할 것이니라.
13 너희들의 삶은…… 속에서 너희들이 하늘에 오를 수 있다는…… 있을 수 없다는 걸 알라.
14 (하나님께서 기적을 보이시어, 녹음 중에 녹음기의 버튼이 저절로 튀어, 녹음 상태가 불량합니다.
15 6,020번째 기도의 녹음 파형 - 원본 테이프 400번 중에서)

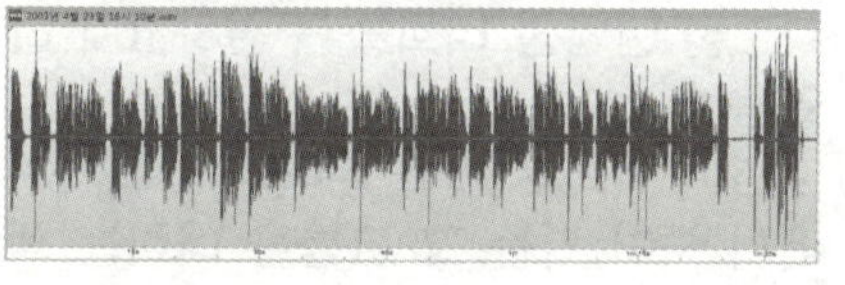

6,021 번째 하나님 말씀

2003년 4월 23일 22시 23분

1 사랑하는 나의 아들아!
2 "네, 아버님! 말씀하옵소서."
3 성서에 기록되어 나오는 모세가 그 민족을 이끌어 광야를 횡단하는 그 고통이 과연 어떠했겠는가?
4 그 선택된 백성이 얼마나 고통과 시련의 길을 가야 했으며, 어찌하여 그들은 그와 같은 어렵고 힘든 광야를 건너 선택된 나라로 갈 수 있도록 그리했겠는가?
5 그 모두는 시련 속에서 그들이 선택될 자와 선택되지 못할 자를 구분해 역사

가 이루어지는 그 과정이라 내가 그리 말하였느니라.
6 그러니 너희는 지금 모세 시대의 그 모든 역사를 그저 책으로 읽어 머리에 상상으로 생각에 그쳐서는 아니 될 것이니라.
7 너희가 그와 같은 고통과 시련이 닥쳤을 때 과연 변하지 않는 백성으로서 갈 수 있는가, 우상을 만들어 다른 길을 선택하는 그와 같은 백성으로서 변화될 것인가?
8 너희 마음을 한번 다스려 봐야 할 것이니라.
9 나의 아들 예수가 세상에 직접 내려가 그 또한 그 고통과 시련 속에서 나의 피조물 만백성 너희를 구원하고자 하였음이니,
10 그 고통의 십자가를 짊어지고 십자가에서 죽어 가는 그 고통을 너희는 생각으로써 그쳐서는 아니 될 것이니라.
11 십자가를 지고 가 그 십자가에 못 박혀 죽는, 그리고 피 한 방울 까지도 다 쏟아 말라 그가 죽어 가는 그와 같은 고통을 정녕 너희가 한 번 생각해 봐야 할 것이니라.
12 그와 같은 고통 속에서도 너희가 사랑을 실천하며, 너희 부모를 공경하는 마음이 변하지 아니하며, 이웃을 사랑하는 마음이 변하지 아니하며, 너희를 고통스럽게 죽도록 하는 자들을 용서하고 사랑할 수 있는가?
13 과연 너희는 그와 같은 백성으로 될 수 있는가 한번 생각해 보라.
14 너희는 욥이라는 나의 백성이 고통과 시련의 그 시험에서 견디고 이기는 그 역사를 그저 생각만 할 것이니라.
15 그러나 실제로 욥과 같은 그 고통이 닥쳐왔을 때 과연 너희가 견디고 이길 수 있는 백성인가를 스스로 한번 생각해 보라.
16 예수가 죽어 가는 그 고통의 시련이요, 욥이 당한 그 시련의 고통을 모두 몸으로 체험한다 하면 과연 너희는 어찌 버티고 견디겠는가?
17 그러면서도 너희는 나를 믿으며 나를 경배하며 나를 따르는 마음이 과연 변하지 아니할 수 있는 것이며 지금 나의 아들을 따르는 백성이요, 나의 법전을 읽는 백성, 너희가 갈 수 있다고 생각하는가?
18 너희가 그와 같은 시련을 생각하며 그 아픔을 생각한다면 과연 너희의 오늘의 삶이요, 고통이 그보다 더하다 말할 수 있는가?
19 이제 나의 법전을 읽고 깨우친 백성이요, 나의 아들을 따르는 백성이요, 그리고 선택된 전사인 너희는 어떠한 시련과 고통이 있다 해도 욥의 고통만 못할 것이며,
20 그러니 욥의 고통만큼 못하다면 오늘의 삶이 고통이요, 괴롭다 너희 입에서 스스로 한탄의 소리가 나와서는 안 되며 원망의 소리가 나와서도 안 되며 시련의 소리가 나와서도 아니 될 것이니라.
21 너희가 과연 나의 아들 예수가 죽어 가는 그 고통만큼 너희 오늘의 삶이 그보다도 더 고통스럽고 힘들거든, 너희가 나를 원망하며 하늘을 원망하며,
22 오늘의 너희가 나의 법전을 보고 깨우

치고 나의 아들을 따르는 제자라 선택
됨을 원망하며,
23 나에게 오를 수 있는 이 길을 달려오
며 나의 법전을 가지고 공부하고 깨우
치는 그 자체를 너희가 원망하고 또
원망해도 나 여호와는 너희를 탓하지
아니할 것이니라.
24 그러나 너희가 예수의 그 죽음의 고
통이요, 욥의 그 고통이요, 모세가 광
야에서 이끌어 가는 그 백성의 고통
이요, 그만큼 오늘의 시련과 고통이
아니거든,
25 너희는 두 번 다시 나를 향하여 원망
하지 말며 너희 자신이 후회하지 말
며 좌절하지 말라.
26 그만한 용기요, 그만한 힘이 없이 너
희가 어찌하여 만백성을 구하는 전사
로서 다시 태어나는 그 역사의 은혜를
입을 수 있단 말이던가?
27 이제 내가 나의 아들을 통하여 나의
법전에 기록하여 전함이니,
28 모든 구원의 길이요, 믿음의 길이요,
하늘에 오르고자 하는 백성 너희는
이제 욥의 고통이요, 예수의 고통이
요, 모세와 광야의 그 백성의 고통이
요, 그보다 너희가 더 힘들고 어렵거
든 나를 원망하며 떠나도 되겠으나,
29 그렇지 않고 실제로 너희가 몸으로
체험하여 그 고통과 시련을 이길 수
있는 백성이라면 오늘의 너희 삶의
시련이요, 고통이 과연 어떠한 것인가
를 분석하고 생각해 보라.
30 그리하여 그보다 더 어렵고 힘들거든
너희가 떠나도 되나,
31 어렵고 힘들지 아니한 자들이 나를 원
망하며 스스로 좌절하며 떠나는 자들
은 그 고통과 인내에서 견딜 수 없으
며,
32 무서운 환란이 닥쳐올 때 나의 법전을
버리지 아니하며, 그를 가슴에 안고
목숨을 던져 내가 존재함을 만백성에
게 전하며, 나의 법전이 나의 성령의
뜻이라는 것을 너희가 죽음으로써 항
변하며, 그로써 대변하며 그로써 역사
할 수 있는 그와 같은 자질이 있는 자
들이 아님이니,
33 너희가 환란 시에 등 돌릴 자 같으면
차라리 지금 등을 돌림이 옳을 것이니
라.
34 그러나 모세의 고통도 인내하며, 예수
의 고통을 인내하며,
35 모세의 백성이 모세가 광야에서 그 고
통을 인내하는 세월보다도 더 힘들다
하여도 버티고 이길 수 있다 하는 자,
그 용기 있는 자만이 전진하며 남아
있도록 그리하라.
36 그렇지 못한 백성은 환란이 오기 전
에, 그때 가서 등 돌리고 떠나는 그 추
한 모습을 보이기 전에, 일찍이 스스
로 떠나는 길을 선택하도록 그리하라.

6,022 번째 하나님 말씀

2003년 4월 23일 22시 31분

1 사랑하는 나의 아들아!
2 "네, 아버님! 말씀하옵소서."
3 지금의 모든 종교 집단이요, 지도자
요, 많은 신도라는 하늘에 오를 수 있
으며 구원을 받았다는 백성, 그들이
잘못되었으며,

4 그들이 정녕 나의 백성으로서 나의 천
국이요, 구원의 길로 인도하며 그 길
을 향하여 달려오는 것이 아니라,
5 지금 모든 종교 집단이요, 지도자들이
나의 사랑하는 백성을 지옥으로 인도
하는 그와 같은 행위를 하고 있다는
것을 내가 너희에게 책으로 기록하여
전하는 이 무서운 사실을 너희는 깊
이 깨달아야 할 것이니라.
6 내가 너희에게 무섭게 질책하는 그
이유와 뜻을 깊이 깨닫지 못한다면 너
희는 구원의 길을 볼 수 없음을 알아
야 할 것이니라.
7 지금의 모든 종교 집단이요, 지도자
요, 믿음의 길을 가는 길이요, 믿음의
행위요, 나의 피조물 만백성을 가르친
다 하는 자들,
8 너희가 지금 그 밑에서 배우는 성도라
는 그 신도들보다도 자질이 부족하며
행함이 부족한 자들이 지금 지도자라
하여 단상에서 설교하며 나의 성경을
가지고 가르친다 그리함이니, 그리하
여 이것이 잘못되었다 함이니라.
9 모든 종교 집단의 지도자들이 그 믿음
이요, 그 행위며 그 순종하는 것이며
사랑을 베풀며 실천하는 것, 그리고
봉사하는 마음, 나눔을 베푸는 것,
10 그 모든 행함이 너희 밑에서 배우고
자 와 있는 나의 사랑하는 백성이요,
소위 너희가 말하는 신도들이요, 너희
에게 구원의 길을 얻고자 해 금화와
은화를 모두 다 바치는 그 백성,
11 정녕 가르치는 종교 지도자들이 배우
고자 하는 그 신도만도 못한 자들이니,
12 그들만도 못한 자들이 지금 서서 그들
에게 연설하며 그들에게 설교하며 가
르친다는 그와 같은 형국이기에,
13 너희가 구원의 길이 아니요, 지옥의
길로 가는 그 성전이요, 교회라 함을
내가 너희에게 지금 채찍질함을 깨달
아야 할 것이니라.
14 너희는 배우는 학생이 선생보다 낫다
하면, 가르치는 선생이 배우는 학생만
도 못하다면, 과연 그것은 제대로 된
수업이며 제대로 된 가르침이라 할 수
있겠는가?
15 지금의 모든 종교 집단이요, 지도자,
너희가 신도라는 그 백성만큼도 행함
이 없으며 실천함이 없으며 사랑함이
없으며 나눔이 없으며,
16 그들만도 못한 자들이 지금 종교 지도
자라 하여 단상에 서서 나의 백성을
가르침이니,
17 참진리를 가르치는 것이 아니요, 인간
세속에서 살아가는 그 감투 싸움이요,
그리고 권위요, 명예요, 종교 집단의
지도자 너희가 재물을 모으기 위한 방
법이요,
18 너희 스스로 빵을 해결하기 위하여 제
자리를 지키기에만 연연하는 그와 같
은 자들이니,
19 얼마나 너희가 위선과 교만함이요, 오
만한 자들이요, 자격이 부족한 자들인
가?
20 그와 같은 자들이 나의 피조물 만백성
의 마음을 자극하며 그들을 흥분의 도
가니로 몰아, 그들로 하여금 재물을
바치고 기도하며 그저 저희가 뱉은
이야기에 '옳소, 할렐루야!' 대답만 하
도록 그리 만들어 놓고 지금 이끌어

감이니, 너희가 얼마나 잘못된 줄 아
는가?
21 너희가 정녕 진정한 믿음이요, 하늘에
오르는 길을 가르치는 것이 아니요,
너희 자체가 그를 알지도 못하기 때문
이니,
22 너희가 진정한 진리의 길을 깨우치고
가르치는 것이 아니라, 그저 저 자신
의 빵을 해결하기 위하여, 제 명예를
위하여, 권위를 위하여, 그리고 제자
리를 지키는 데만 연연하여,
23 저희가 서로 분파하며 편 가르기를 하
며,
24 밖의 세상에도 이룰 수 없는 그와 같
은 추한 행위요, 위선적인 행동을 그
곳에서 하고 있음이니,
25 그와 같은 행동을 하고 있는 그 속에
서 그와 같은 지도자들 밑에서 과연
그들이 무엇을 배우고 무엇을 깨닫겠
는가?
26 이제 내가 그리하여 그와 같은 죄의
온상에서 용감히 뛰쳐나오는 자, 그리
고 나의 법전을 가슴에 안고 정독하는
자, 그들만이 하늘에 오르는 길이요,
나에게 오는 길이며 축복의 길이며,
새로운 생명이 태어나는 그 영광을 얻
을 수 있으며,
27 하늘에 오르는 그 찬란한 빛을 봐 그
를 따라 너희가 구원을 받는다 함을
잊지 말아야 할 것이니라.
28 지금 모든 종교 지도자들이 자질이 부
족하며, 실력이 부족하며, 믿음이 부
족하며, 행함이 부족한 것이, 그 신도
만도 못한 자들이 지금 지도자라 서
있는 그 형국이라 하여,
29 그들이 지옥으로 안내하는 자요, 너희
를 천국으로 인도하는 자가 아니라 하
는 것을 알라.

6,023 번째 하나님 말씀

2003년 4월 23일 22시 41분

1 사랑하는 나의 아들아!
2 "네, 아버님! 말씀하옵소서."
3 지금의 종교 집단이 죄의 온상이라는
나 여호와의 그 무서운 질책을 너희는
과연 어찌 받아들이는가?
4 내가 나의 법전에 기록하여 지금의 종
교 집단이 교회요, 성당이요, 회당이
라는 곳이 죄의 온상이라 하는 나 여
호와의 그 무서운 질책을 듣고도 너희
가 정신을 차리지 아니하며,
5 이를 듣고도 너희 자신을 돌이켜 돌아
다보지 아니하며, 너희가 변화되며 개
혁하는 그와 같은 믿음의 길을 가지
아니한다면,
6 영영 나에게 오를 수 없다는 것을 너
희는 알아야 할 것이니라.그러니 나
여호와가 너희에게 하는 이 무서운 질
책의 뜻을 너희는 과연 어찌 생각하며
어찌 받아들이는가?
7 너희는 그리 말할 것이니라.
8 이는 나 여호와의 뜻이 아니며, 사탄
이요, 사악한 자가 하는 말이라 그리
말할 것이니라.
9 교회가 죄의 온상이요, 종교 집단이
죄의 온상이요, 회당이 죄의 온상이라
는 그 말을 너희는 목숨을 걸고 항변
할 것이니라.
10 오로지 너희는 나 여호와의 뜻에 따라

서 하늘에 오르는 길을 인도하는 백성
이요, 너희만이 참진리라 그리 말할
것이니라.
11 너희는 사랑을 실천함이 아니니라.
12 과연 내가 말하는 사랑을 실천하는 곳
이 교회의 성전이라면, 내가 어찌하여
그곳을 죄의 온상이라 그리 말하겠는
가?
13 너희는 그를 알아야 할 것이니라.
14 내가 지금 나의 아들을 통하여 너희에
게 기록하여 전함이니,
15 과연 성전이요, 교회라는 곳에 이와
같은 일이 일어나지 아니한다면, 너희
는 진정한 나의 뜻에 의해 가는 성전
이요, 교회라 말할 수 있으나,
16 그 속에서 내가 기록하여 전하는 그와
같은 추한 행위가 있다면 너희는 과
연 그곳이 사탄의 소굴이요, 천사의
모임이 아니라는 것을 알라.
17 너희는 교회라는 곳이요, 성전이라는
곳에서 어찌하는가?
18 그 속에서 있는 자, 없는 자, 그리고
능력 있는가 없는가를 편견을 가지며,
너희는 편 가르기를 하는 것이니라.
19 그리고 능력에 따라서 편파적인 것으
로써 사람을 대하며, 사람을 접하며,
인간인 나의 백성을 그리 평가하느니
라.
20 믿음으로써 평가하는 것이 아니요, 그
의 직함이요, 그의 재산이요, 그 능력
에 따라서 너희는 편견을 갖고 편리
한 대로 이용하며 활용함이니,
21 너희가 과연 그와 같은 짓을 하지 않
는가?
22 그리고 그곳에서 너희가 직함을 가진
지도자라는 자들이 서로 편 가르기를
하며 편파적인 행위를 하지 않는가?
23 그리고 그 속에서 사랑을 베풀며 산다
는 자들이 서로 시기와 질투와 교만함
을, 그리고 거짓된 행위를, 직함을 가
진 자들이 더 그와 같은 행위를 하고
있다는 것을 과연 부인할 수 있는가?
24 그리고 10년, 20년이요, 평생 믿음을
가져 그 교회라는 곳에서 직함을 가진
자들이 서로 편을 가르며 시기와 질투
와 서로 제 목소리를 높이기 위하여
언성을 높이는 그와 같은 행위를 하지
아니하는가?
25 그리고 지도자 너희는 재물을 거둬들
이기 위하여 온갖 방법으로써 모든 설
교가 끝난 다음에 결론은 재물을 거둬
들이는 교묘한 방법으로써 나의 피조
물 만백성에게 재물을 바치도록 유도
하는 행위를 않는가?
26 너희는 그와 같은 행위를 과연 하지
않는다면 나로부터 선택된 교회요, 그
리고 성전이요, 회당이라 할 수 있음
이니라.
27 그러나 지금 내가 기록한 대로 그와
같은 행위가 이루어진다면 너희는 나
와 관계없는 자들이니,
28 너희가 나의 피조물 만백성을 천국이
아니라 지옥으로 이끌어 간다는 것을
너희 스스로 인정해야 할 때가 왔음
을 알라.
29 나 여호와의 뜻과는 전혀 상반되는 그
죄를 짓는 행위를 너희가 서슴없이
하고 있는 것이니라.
30 그리하고 나서 너희는 울고불고 기도
하며 회개한다 하며, 또 그리하여 모

두를 다 떨어 버렸다 생각하며, 하얀 눈과 같이 그리 하얘진 자들이라 그리 말함이니라.
31 그러니 교회라는 곳에서 믿음의 전당이 아니라 지금 그와 같은 성전에서 이루어지는 그 행위를 너희 스스로 돌이켜 봐야 할 것이니라.
32 그리고 나의 피조물 만백성이요, 너희가 이방인이라는 그 일반 백성이 그 교회요, 회당을 바라보는 마음이 과연 무어라 말하는가?
33 일반 백성이 너희 그 교회의 집단을 향하여 다음과 같이 말을 하는 자들이 수없이 있음이니라.
34 '교회라는 곳은 지금의 교회는 타락할 대로 타락되었으며, 믿음을 가르치는 곳이 아니요, 목사라는 사람을 대표이사로 하여 기업을 경영하는 기업체로 전락하였다.' 그리 말하며,
35 '그곳이야말로 믿음을 찾아볼 수 없으며, 사랑을 찾아볼 수 없으며, 타락될 대로 타락한 곳이라' 그리 말함이니라.
36 너희가 신앙생활을 하는 곳이요, 진정 바로 가르치는 곳이요, 바로 서는 그와 같은 종교 지도자로서 형성되어 있는 교회라 하면,
37 많은 백성이 그를 존경할 것이며, 너희를 받드는 그와 같은 자들로서 스스로 고개 숙여 너희 강론이요, 설법에 대하여 귀 기울이는 그와 같은 백성이 되었을 것이니라.
38 그러나 지금 모든 백성이 어찌 말하는가?
39 너희는 목사를 대표 이사라 하여 기업이며, 장사꾼들의 소굴이며, 그리 전락하였다 하며,
40 스스로 목사요, 종교 지도자들과 거래하고 만나는 것을 그들은 싫어하느니라.
41 오죽하면 너희가 그 성전이라는 것을 건축하며 성전에 와서 무엇인가를 이방인이 봉사하는 곳으로 알며 거래하고자 할 때,
42 그들은 일반인보다 더 무섭게 생각하며 두렵게 생각하며, 함부로 너희와 거래하지 않으려 하며, 가능하면 너희와는 거래하지 아니하고 피하려 하는 자들이니라.
43 너희는 이루어 놓고 그저 하늘의 뜻이요, 하늘에 역사한 것이니 봉사하라, 그대로 바친 것이라 생각할 수 없는가?
44 '우리 교회라는 곳을 공사하고 손봤음이니, 그리고 보수를 했으니, 당신은 영광이요, 은혜 받은 자이니, 그대로 그저 우리에게 기부할 수는 없는가?' 이와 같은 것으로써 힐책하며,
45 그리고 너희는 하늘의 뜻에 따라 때가 되면 줄 것이라 그리 거래하는 자들이 수없이 있다 하여,
46 모든 기업을 하는 자들이 너희와는 거래하기 싫어한다는 그와 같은 불평불만의 소리를 모르는 자가 없으며,
47 그것을 듣지 아니한 백성이 없다 하는 것이 지금의 너희 교회요, 종교 집단들이 하는 행위이니라.
48 그와 같은 짓을 하는 너희가 과연 나로부터 선택된 백성이며 하늘에 오르는 백성이던가?
49 너희는 일반 기업인보다도 더 친절하게 더 많은 은혜를 베풀며 더 사랑으

로 베풀 수 있는 그와 같은 마음을 가
져야 할 것이거늘,
50 너희와 거래하는 것을 이방인들이 싫
어한다면, 너희가 얼마나 사탄이요,
사악한 자요, 간악한 자인가 스스로
알아야 할 것이니라.
51 그리하여 너희가 말하는 이방인이라
는, 믿음을 모르는 백성으로부터 종교
지도자가 존경을 받기 전에, 그리고
그 신도라는 백성이 우러러 존경을
하는 것이 아니라,
52 너희와 만나기를 싫어하며, 거래하기
를 싫어하며, 너희에게 고개를 돌리며
뒤로 돌아서 너희에게 침을 뱉는 그
와 같은 오늘의 형국이 바로 무엇이더
냐?
53 사탄이요, 사악하고 추한 자들이기 때
문에 너희가 그와 같은 대접을 받는
것을, 부끄러움을 알도록 하라.

6,024 번째 하나님 말씀

2003년 4월 24일 06시 32분

1 사랑하는 나의 아들아!
2 "네, 아버님! 말씀하옵소서."
3 하늘을 향하여 한 점의 부끄러움이 없
이 살아가는 것이 지도자며 나의 뜻을
따라 역사하는 자라 내가 그리 말하지
아니하였던가?
4 너는 나의 아들이요, 나로부터 선택되
어 만백성을 구하기 위하여 나의 성령
을 받아 책으로 만들어 기록하여 전함
이니,
5 과연 네가 한 점의 부끄럼이 있는 삶
을 살아서야 되겠는가?
6 나 여호와가 너를 그리 놔두지 아니하
며, 그리 용서하지 아니함을 알아야
할 것이니라.
7 네가 정녕 한 점의 부끄럼이 있는 그
와 같은 삶을 산다면, 그를 내가 덮어
두며 그를 용서한다면, 이는 공의의
하나님이 아니며,
8 내가 만백성을 구한 창조주요, 너희
어버이가 아님이니라.
9 그러니 네가 어떠한 것이든, 작은 것
이든 큰 것이든 남을 향하여 부끄러운
행위요, 용서받을 수 없는 행위를 하
는 그와 같은 생각을 하는 것,
10 그 자체도 내가 너를 용서할 수 없으
며 그를 내가 엄히 다스리니, 너 스스
로 이를 알아야 할 것이니라.
11 네가 지금 나의 성령을 받아 기록하는
그 녹음테이프 자체도 내가 기록이 되
지 아니하도록 그리 끊고 있으며, 그
리 녹음이 되지 않도록 역사하고 있음
이니,
12 네가 160권의 법전을 완벽하게 쓰고
자 한다면, 너는 이 무서운 사실 앞에
너 자신이 어찌 서야 하는지를 먼저
깨달으라.
13 내가 너를 그대로 용서하며 네가 잘못
한 생각, 네가 인간으로 돌아가고자
하는 생각, 네가 인간 세상에 남들과
더불어 그저 그대로 살아가고자 하는
생각,
14 그리고 네가 더러는 실수하는 생각,
네가 행동으로 하지 못하는 것, 네가
말과 행동이 일치 못 하는 행동,
15 그런 것은 절대 내가 용서할 수 없음
이니라.

16 그를 용서하는 것은 내가 공의의 하나
님이 아니요, 창조주 하나님이 아니요,
17 나의 160권의 법전이 나의 성령으로
써 만백성을 깨우치는 빛이 될 수 없
음을 알아야 할 것이니라.
18 그러니 내가 너를 엄히 다스리는 것이
며, 내가 너를 용서하지 아니함이니,
19 이 무서운 사실이요, 이 엄연한 사실
앞에 네가 흔들리는 그와 같은 자세로
가서는 아니 될 것이니라.
20 네가 모든 사람 앞에 말을 하는 것처
럼, 나의 성전을 찾아오는 사람들에게
대화하듯이, 너 스스로 양심적으로 한
점의 부끄럼이 없는 그와 같은 자가
되지 아니하면 내가 용서치 아니할 것
이니라.
21 내가 너에게 허락하는 것, 내가 허락
하지 아니하는 것, 이를 엄히 구분하
여 네가 행해야 할 것이며,
22 인간인 네 생각으로써 해서는 용서치
아니함이니라.
23 지금 이 기계요, 녹음기에 녹음이 되
지 아니하며 녹음 버튼이 튀며, 녹음
테이프에 기록하지 못하도록 이와 같
이 내가 너에게 역사하는 그 무서움
앞에서도 네가 한 점의 부끄럼이 있는
행동을 해서는 아니 될 것이며,
24 마음마저도 그리 가져서는 아니 될 것
이니라.
25 너의 제자들에게도 그리 가르치라.
26 너희가 생각하는 것, 마음먹은 것, 행
동하는 것에 정녕 한 점의 부끄럼이
있어서는 아니 됨이니,
27 그 모두를 다 삭제하며 그를 태우는
그와 같은 자세로 너희가 살아가지
아니하면 아니 됨을 알라.
28 흙과 물을 갖다 불에 달구고 태우고
태워서 도자기라는 아름다운 그릇이
나오듯이, 내가 너희의 사악한 마음이
요, 잘못된 마음을 모두 다 태우라 하
였음이니라.
29 이제 사랑하는 나의 아들아!
30 네가 바로 서지 아니하면 나의 아들이
아니며,
31 바로 서지 아니하는 자를 내가 용서한
다면 나는 공의의 하나님이 아니며,
32 너의 잘못된 생각, 잘못한 행동, 그 모
두를 내가 용서하고 덮어 둔다면 이는
160권의 법전이 진정한 나의 피조물
만백성을 가르치는 성경으로서 이 세
상에 존재할 수 없음이니라.
33 구약과 신약의 성경이 존재하는 그 이
유는 무엇인 줄 알겠는가?
34 그들이 역사함이 바르며, 그들은 나의
선택된 대로 임하여 살아왔기 때문이
니라.
35 그리하여 지금은 내가 뭐라 말하였느
냐?
36 나의 160권의 법전은 내가 직접 임하
는 것이며,
37 너희가 법전의 뚜껑을 열 때 내가 너
희와 더불어 같이한다 하였으며,
38 이는 심판의 기준이라 하였음이니라.
39 가장 소중한, 나의 백성의 생명을 심
판하는 그 160권의 마지막 법전을 기
록하는 네가,
40 네 행동이 바르지 못하면 내가 용서하
지 아니함이니라.
41 만백성은 이를 믿지 아니할 것이니라.
42 녹음기라 하는 그 기계에, 녹음테이프

에 녹음되지 않도록 그 버튼을 튀게
만들며, 녹음이 되지 않도록 하는 이
무서운 사실의 역사 앞에 너희는 믿
지 아니할 것이나,
43 이는 내가 너를 바로잡고자 함이며,
너의 제자들을 바로잡고자 함이니라.
44 지금 내가 너희에게 무엇으로써 보이
겠는가?
45 가장 소중하고 귀한 160권의 법전을
녹음하는 그 역사를 내가 중단시키는
것이니,
46 이 무서운 사실 앞에 너 스스로 바로
서도록 하여야 할 것이며,
47 너의 제자들 또한 바로 서도록 하지
아니하면 아니 될 것이니 그리 알라.
48 네가 깨끗하게, 지금부터 절대로 한
점의 부끄럼이 없이, 하늘을 향하여
부끄럼이 없으며, 너 자신이 스스로
부끄럼이 없으며, 남들 앞에 한 점의
부끄럼이 없는 완벽한 사람이요, 완벽
한 인간으로서, 그 누구도 갈 수 없는
길을 가지 아니한다면,
49 녹음기는 계속 튈 것이며, 녹음은 계
속 중단될 것이며, 나의 성령을 기록
하는 길 또한 중단될 것이니,
50 그 죄요, 그 고통은 너 스스로 알아야
할 것이니라.
51 그러니 완벽하게 서도록 하라, 사랑하
는 나의 아들아!
52 너는 완벽하게 서지 아니하면 역사할
수 없으며, 내가 용서하지 아니함이니
라.
53 공의의 하나님인 나의 아들로서, 만백
성을 구하는 마지막 시대의 법전이요,
성령을 기록하는 네가,
54 이를 받아 만드는 네가 한 점의 부끄
럼이 있는 삶을 살아서는 아니 되나
니, 이는 나 여호와가 용서할 수 없음
이니라.
55 사탄들도 너를 보고 욕할 것이며, 천
사들도 너를 욕할 것이며,
56 바로 서지 못하는 너를 용서하는 나
여호와를 천사들까지도 욕할 것이며
사탄이요, 악마들까지도 욕할 것이니,
57 이 세상의 모두를 통제할 수 없음이니
라.
58 그러니 너는 여기서 깨달아 지금부터
바로 서도록 할 것이며,
59 어떠한 것도 너 자신을 속여서는 안
되며, 남을 속여서도 안 되며,
60 남에게 부끄러운 짓을 해서도 안 되
며, 부끄러운 행동을 해서도 안 됨이
니,
61 완전한 진리요, 법이요, 정도의 길이
아니면 가지 말라.
62 네가 하는 것은 법이요, 진리요, 정의
로운 것이요,
63 그와 같은 완벽한 사람으로 서도록 하
라, 사랑하는 나의 아들아!
64 그것만이 네가 가야 할 길이며 역사할
길이라는 것을 잊지 말며, 너의 제자
들에게도 그리 전하라.

6,025 번째 하나님 말씀

2003년 4월 24일 06시 42분

1 사랑하는 나의 아들아!
2 "네, 아버님! 말씀하옵소서."
3 지금의 몇천 년 동안 흘러오는 그 종
교 집단이요, 지도자 그들의 가장 큰

죄는 과연 무엇인 줄 알겠느냐?
4 그들이 마음을 비우지 못하며, 천사와
같이 살지 못하며, 하늘을 향하여 한
점의 부끄럼이 없이 살지 못하는 종교
지도자요, 그 집단들이 지금 이끌어
가기에,
5 그들은 성경을 제대로 알지 못하는 자
며, 성경을 제대로 이해도 하지 못하
는 자들이니라.
6 성경이 가르치는 비유의 깊은 뜻을 알
지도 못하고 가르치는 것이니, 그들의
죄가 얼마나 무서운 것인가를 알며,
그보다도 더 큰 죄가 없음이니,
7 이 세상에 가장 큰 죄는 저희가 마음
을 비우지 못하여 성경을 제대로 알지
못하며 제대로 깨닫지 못하며 그 비유
의 뜻을 모르고 가르친다 하여 설교하
며 강론하는 자들이니, 그들보다도 더
큰 죄가 없음이니라.
8 그들로 하여금 나의 사랑하는 백성이
하루에도 수없이 지옥으로 흘러가고
있으며,
9 계속 지금까지 나의 백성을 하늘이
아닌 지옥으로 인도하였으며,
10 현재도 그러며 미래도 그대로 그들은
그와 같은 행위를 할 것이니,
11 그를 더 이상 놔두고 바라볼 수 없는
지금의 형국에까지 와 있음을 알아야
할 것이니라.
12 또한, 지금 믿음의 길을 가는 종교 집
단이요, 지도자요, 믿음을 간다는 백
성, 그들이 세상에 어떠한 진리가 내
려오든, 어떠한 아름다움이 있든,
13 그리고 나 여호와의 뜻이 책으로써,
또는 언어로써, 또는 말로써 전해진다
해도 저희 것 외에 모두는 이단이라
가르치고 있고,
14 또 그리 믿고 따라가는 백성의 죄 또
한 큰 것을 그들이 모름이니,
15 그 죄 또한 얼마나 큰 것인가를 나에
게 왔을 때 그를 알게 될 것이니,
16 그때는 이미 때가 늦음을 알아야 할
것이니라.
17 또한, 거짓 목자들의 말만 믿고 나의
법전이요, 내가 내리는 새로운 성경이
요, 이 모두를 다 사탄이요, 이단이라
그리 말하고 단정하며,
18 나의 법전을 보지도 못하도록 하며 읽
지도 못하게 하며 그리고 들여다보지
아니하며 읽지도 않는 백성,
19 너희가 지금 얼마나 무서운 죄를 짓고
있는 것이며, 너희에게 찾아온 영광과
축복의 은혜를 너희가 얼마나 그저
헌신짝처럼 버리는 행위를 하고 있는
지는 모를 것이니라.
20 내가 너희에게 전하였음이니라.
21 나의 법전을 접하지 아니하는 자, 그
를 읽지 않는 자는 심판의 자격도 없
다 내가 그리 말하였음이니,
22 이는 나 여호와가 마지막으로 너희에
게 심판의 기준이요, 그리하여 법전이
라 하여 세상에 내려보내기 때문이니
라.
23 그러니 내가 새로운 역사요, 새로운
시대를 열기 위한 그 준비에 있어서
지금 새로운 성경을 세상에 내려보냄
이요,
24 나의 진리요, 나의 뜻이요, 나의 성령
을 나의 아들을 통하여 지금 내가 책
으로 세상에 내려보내는 것은 내가 새

로운 시대를 연다는 것을 너희는 알
아야 할 것이니,
25 새로운 시대에 내가 마지막 내려보내
는 나의 그 모든 뜻을 읽고 깨우쳐 그
를 보지 아니한다면, 너희는 정녕 그
심판의 자격이 없음을 알아야 할 것
이니라.
26 사랑하는 나의 아들 예수를 세상에 내
려보내 너희를 다스리고 깨우쳐 하늘
에 오르는 백성으로 내가 만들고자 했
으나,
27 너희는 나의 아들 예수를 그리 처참히
잔혹하고 잔인하게 죽게 하여, 생수가
내려감이 중단되어서,
28 내가 2천 년이라는 그 세월동안 세상
에 내려보내지 아니하여 너희가 암흑
의 세상이 되었다 하였음이니,
29 나 여호와가 2천 년이 흐른 오늘에 지
금 다시 한 번 너희에게 기회를 주어,
30 마지막 나의 성령을 직접 나의 뜻을
책으로 내려보내 너희가 읽고 깨우쳐
구원을 받도록 하는 그 역사를 시작함
이니,
31 그러니 지금 이를 보지 아니하고 이를
읽지 아니하는 자, 너희는 정녕 심판
의 자격이 없으며 하늘에 오르는 길이
요, 빛을 볼 수 없다는 나의 뜻을 알아
야 할 것이니라.
32 기존의 믿음의 틀에서 이를 벗어나지
못하며 거기서 뛰쳐나오지 아니하는
자, 거기서 헤어나지 못하는 백성,
33 너희는 결국 사탄의 후예로서 구원의
길이 아닌 지옥의 길을 가고 있다는
것을 알아야 할 것이며,
34 그곳에서 헤어나는 자, 그곳에서 뛰쳐
나오는 자, 그리고 그곳에서 등 돌리
는 자,
35 그리고 너희가 나의 법전을 읽고 깨우
쳐 오늘날까지 너희 믿음이요, 재물이
요, 모두를 바쳤던 것이 사탄에게 바
쳤으며 사악한 자에게 바쳤다는 것을
깨달아 그를 단죄하는 그와 같은 나의
전사로서 다시 태어나지 못한다면,
36 너희는 구원이 아니요, 나의 아들딸이
아니요, 사탄의 후예로 사탄의 자식으
로서 존재하는 것이며,
37 너희 자식, 너희 후손 또한 사탄의 노
예가 되며 사탄의 자식으로서 악마를
대행하는 역할을 하게 되었다는 것을
잊어서는 아니 될 것이니라.
38 너희가 지금 달려오는 그 길이 나를
향하여 달려오는 길이며 하늘을 향하
여 달려오는 길이요, 하늘을 향하는
믿음이요, 진리를 깨우치기 위한 공부
요, 나의 품에 오고자 한다면,
39 내가 무엇 때문에 160권이라는 이 어
렵고 힘든 역사의 법전을 세상에 내려
보내 너희에게 전하겠는가?
40 사랑하는 나의 백성 너희가 믿음이라
는 것, 너희가 신도라 하여 지금 달려
가는 그 길은 지옥으로 가는 열차에
편승하여 지옥으로 떨어져 가는 길을
축복의 길이라 그리 소리 지르며 기도
하고 찬송하며 달려가고 있음이니,
41 내가 더 이상 불행한 너희를 볼 수 없
기에, 지금 이 역사를 행한다는 것을
절대 잊지 말라.
42 너희는 간단한 이치를 깨우치지 못하
느니라.
43 이 세상에는 나 여호와가 주관하지 아

니하는 것은 역사할 수 없다는 것을
알지 않느냐?
44 그러면 나의 법전이요, 이 모두도 나
의 주관하에 내 뜻에 의하여 세상에
내려왔음이니,
45 너희가 그를 읽어 보고 들여다보는 그
와 같은 기회 하나도 갖지 못함이니,
46 그저 제 것이 아닌 남의 것은 사탄이
요, 이단이요, 악마의 짓이라 가르치
는 종교 지도자들의 말에 현혹되어 너
희 스스로 기회를 놓치지 말며,
47 너희 스스로 영광의 축복을 받는 기회
를 놓치지 말며,
48 지옥행 열차에서 뛰어내리는 용기 있
는 자가 되지 아니한다면 내 품에 올
수 없다는 것을 알라, 사랑하는 나의
아들딸들아!

6,026 번째 하나님 말씀

2003년 4월 24일 09시 08분

1 사랑하는 나의 아들아!
2 "네, 아버님! 말씀하옵소서."
3 너희가 물이면 다 똑같은 물이더냐?
4 건수로 위에서 도는 물은 너희가 먹
지 못하지 않던가?
5 생수로 쓸 수가 없음이니라.
6 그리하여 지금 깊은 지하에서 너희가
뽑어 올린 그 물이 생수라 하여 너희
가 그를 마음대로 먹고살고 있음이니,
7 이 세상에 나의 피조물 만백성 너희에
게 그 소중한 물도 건수와 또 속에서
뽑어 오르는 그 물의 차이가 있음이니
라.
8 너희가 깨달음이요, 변화가 그러하니
라.
9 너를 따르는 제자들이요, 나의 법전을
읽고 깨우친 만백성, 너희는 지금 건
수의 깨달음밖에는 더 이상 깊이 가지
못하고 있음이니라.
10 그 건수는 먹을 수가 없으며 그 건수
는 쓸모가 없지 않던가?
11 농작물의 뿌리를 위하여 뿌려지는 그
것밖에는 더 되겠느냐?
12 너희가 지금 변했다 하여 너희가 변하
고 있는 것이 지금 건수의 수준이며,
13 깊이 정녕 생수로서 쓸 수 있는 그 깊
은 마음속의 변화는 아직도 너희가 이
루지 못하고 있음이니라.
14 그러니 건수의 변화로써는 생수로 쓰
일 수 없으니,
15 누구나 다 조금만 노력하고 연구하면
변화될 수 있는 것이 너희와 같은 지
금의 변화요,
16 진정 그 깊은 몇백 미터, 몇천 미터에
서 뽑어 올린 생수처럼 너희 속마음이
요, 깊은 뿌리를 다스려 나가는, 그리
고 생수가 될 수 있는 그와 같은 변화
의 고비를 넘는 것, 한계를 넘는 것이
중요하며 소중함을 알아야 할 것이니
라.
17 이제 나의 법전을 읽고 깨우친 백성이
요, 나의 아들을 따르는 백성, 너희는
건수의 변함은 다 되었음이니라.
18 그러니 건수를 이제는 깊이 뽑어내서
모든 백성에게 생수가 될 수 있는 그
와 같은 변화를 이루어야 함이니,
19 너희가 과연 얼마나 깊은 곳에서 생
수를 뽑어내야 만백성을 먹일 수 있
는가?

20 이를 너희가 거꾸로 생각하면 마음의
깊이가 얼마만큼 변화되었으며 얼마
만큼 너희가 지금의 삶에서 개화되어
있으며 나의 뜻에 따라 살아가는 그와
같은 행동함이 어찌 있는가?
21 그리고 나의 십계명대로 살아가는 자
세요, 나의 법전대로 살아가는 그 뿌
리가 과연 얼마나 깊이 내렸는가?
22 뿌리가 깊어야 태풍이 불어도 뽑히지
않듯이, 너희가 그와 같이 깊이 뿌리
를 내려야 한다는 것을 잊어서는 아
니 됨이니라.
23 지금까지 너희가 변화된 것이요, 너희
의 깨달음은 건수이니, 이건 누구나
다 볼 수 있음이니라.
24 그저 비가 오면 흥건한 물이 되는 그
건수는 먹을 수 없듯이, 그와 같은 형
국의 너희가 변화의 깨달음밖에는 지
금 변화되지 아니하였으니,
25 이제는 건수가 아니요, 생수를 뽑아내
는 너희가 되어야 함이니,
26 너희가 깊고도 깊은 그 마음속의 다스
림을 이제 이루어야 하며, 그 변화를
이루어야 할 것이니라.
27 그리하여 어떠한 상황에서도 흔들림
이 없이 생수로서 존재할 수 있으며
만백성의 생명이 될 수 있는 그 뿌리
를 너희가 깊이 내려야 함을 잊지 말
라.
28 이제 너희는 진실한 변화를 이루도록
하라.
29 너희가 진정한 변화요, 진실한 밑바닥
의 마음의 뿌리를 다 씻어 내고 정리
하는 그와 같은 완벽하게 변화되는 모
습으로 지금은 가야 함이니라.
30 그것이 너희가 한 계단 넘는 것이니라.
31 그게 바로 무엇이더냐?
32 너희가 천사가 되는 입문이니라.
33 그 뿌리가 깊이 내려 있을 때 너희는
천사와 같은 자세가 되며, 만백성을
구원하는 천사요, 너희가 지도자라는
것을 잊지 말라.
34 지금의 건수로서는, 누구나 다 비가
오면 물이 차듯이, 그 건수로서는 만
백성을 구할 수 없으며 생명수로 쓸
수 없듯이,
35 너희는 그와 같이 만백성을 역사하는
지도자로 쓸 수가 없으며 존재할 수
없음이니라.
36 그러니 이제 그 건수의 깨달음은 건수
로서 모든 농작물에 물을 주었듯이,
37 이제 인간의 생명수로서 직접 너희가
인간이 마실 수 있는, 그 인간을 깨우
치는 자세로 가야 함을 잊지 말라.
38 속마음의 변화요, 뿌리의 깊음이 변하
는 역사를 이루도록 그리하라, 사랑하
는 나의 아들딸들아!

6,027 번째 하나님 말씀

2003년 4월 24일 09시 19분

1 사랑하는 나의 아들아!
2 "네, 아버님! 말씀하옵소서."
3 나 여호와가 하늘에서 내려보낸 모든
종교 집단이요, 지도자들이요, 그리고
신도라 하여 하늘에 오르고자 하는 그
백성을 바라보는 마음이 얼마나 저리
고 아픈 줄 너는 알겠는가?
4 모두는 다 이기주의요, 개인의 이기주
의요, 집단의 이기주의에 젖어 있으며,

5 저희의 이익만을 위하여 추구하는 그
와 같은 집단으로 변해 있음이니,
6 그들이 무슨 사랑을 알며 베풂을 알
며, 어려운 자, 가난한 자, 힘든 자의
고통을 같이 나누며 가고자 할 것인
가?
7 그와 같은 것은 그들은 말로써만 함
이요, 행동으로써는 하지 아니함이니,
8 하늘에서 내려다보는 나의 피조물 만
백성 너희요, 그 믿음의 길을 가는 종
교 집단에 속해 있는 백성이요, 지도
자요, 그들의 가증스러움을 더 이상
내가 바라볼 수 없는 이와 같은 형국
이니라.
9 그리하여 내가 제3의 시대에 심판의
시대의 문을 열어 그들을 다 단죄하
며, 그 뿌리를 가려 뽑고자 함이 나 여
호와의 뜻임을 알아야 할 것이니라.
10 잘못 가르치는 종교 지도자의 그 죄
또한 이루 말할 수 없으나,
11 깨우치지도 못하는 백성이요, 그리고
깨우침을 바라보지도 못하는 자들이
요, 스스로 사리 판단을 하지 못하여
그저 '옳소, 아멘!' 찬송 부르며 눈물
지으며,
12 가르치는 종교 지도자의 자세가 무엇
이며 그가 살아가는 모습이 무엇인지
도 모르면서 그저 그가 하는 말이 무
조건 옳다, 그가 하는 말을 듣는 것이
구원을 받는다 하여,
13 저 자신이 깨우치지 못하는 신도라는
백성 너희도 목자나 똑같은 죄인이라
는 것을 알아야 할 것이니라.
14 너희는 그리 말하지 아니하는가?
15 그리하여 저희가 제대로 가르칠 수 없
으며 제대로 인도할 수 없으며 제대로
하늘의 진리를 깨우치지 못함이니,
16 저희 신도 중에서 종교 지도자보다 깨
달음이 높은 자가 있으며 또 하늘의
이치를 아는 자가 있으며 성서의 깊이
를 이해할 수 있는 자, 그들이 저희에
게 질문하며 반문했을 때,
17 그들은 대답할 자신이 없으며 거기에
답할 수 있는 능력이 부족하기에,
18 저희의 깨달음이 부족하며 믿음이 부
족하며 성서의 깨달음의 깊이가 부족
한 종교 지도자들이 그를 모면하기 위
하여 무어라 붙였느냐?
19 목자요, 목사가 이야기하는 것에 절대
시시비비를 할 수 없으며, 저희를 심
판할 수 없으며, 그들이 잘하고 잘못
하는 것을 가릴 수도 없다 그리 말하
니, 그는 무엇이던가?
20 똑똑한 신도요, 유능한 신도요, 믿음
을 제대로 가지고 가는 신도요, 깨달
음을 제대로 알고 있는 신도들이 저희
에게 반문하고 질문할 때,
21 그 대답을 할 수 없기에, 저희가 그들
의 입을 막아 놓으며, 그 입을 봉쇄해
놓은 것이 지금의 종교 집단이요, 지
도자들이 가고 있는 흉악한 행위라는
것을 어찌 그리도 모르는가?
22 너희가 그들의 행위를 어찌 그리 쳐다
보지 못하는가?
23 저희를 심판할 수 없다 하는 그 말 때
문에 그들이 사탄이 되어 있으며 사악
한 자가 되어 있음이니라.
24 그리하여 그 밑에 가 구원을 받겠다는
신도 너희까지도 다 사탄이요, 지옥으
로 지금 가고 있다는 것을, 너희가 어

찌하여 그를 깨닫지 못하는가?
25 진정한 종교 지도자요, 나로부터 선택
된 지도자라면 그는 어떠한 질문이요,
어떠한 대답도 내가 그에게 명할 것이
며,
26 그가 잘못 가는 것, 그를 또 가시나무
채로 다스려 바로 세우니,
27 그는 정녕 한 점의 부끄럼이 있는 삶
을 살 수 없으며, 살지 아니함이니라.
28 그러기에 나로부터 선택된 백성은 감
히 저희 신도들이요, 그 제자들에게,
29 저를 심판하지 말라 하며, 저의 잘못
된 것을 탓하지 말라 하며, 그리고 어
려운 것을 질문하지 말라 하며,
30 너희가 알지 못하며 깨달음을 얻기 위
한 질문을 하지 말라는 그와 같은 사
악한 방법으로써 그리 끌고 가지 아니
함이니라.
31 그 지도자들이 얼마나 불쌍하고 가련
한 자들인가?
32 정녕 나로부터 선택된 지도자요, 나로
부터 명받은 지도자라면 어떠한 질문
에도 그는 대답할 수 있으며, 어떠한
물음에도 대답할 수 있으며,
33 그가 잘못 가는 것, 또한 너희 신도들
이 보아 잘못 가기 전에 나 여호와가
직접 그를 가시나무 채로 다스려 바로
세우니,
34 그는 한 점의 부끄럼이 없이 갈 수 있
도록 내가 만들고 다스림이니라.
35 이것이 나로부터 선택된 나의 아들이
요, 나로부터 선택된 목자요, 지도자
가 다르다는 것을 너희는 알라.
36 그러니 진정한 지도자요, 나로부터 선
택된 백성이라는 것은,
37 많은 백성의 질문을 받으며, 그들의
힐책을 받으며, 그들의 가르침을 받으
며, 그들의 질문을 받으며, 그들의 시
시비비를 귀담아들어 옳고 그름을 판
정하여 고치고 행하여 나가는 그와 같
은 용기 있는 자가 나로부터 선택된
지도자이니라.
38 그들은 나로부터 선택된 자가 아니기
에, 성서에 대한 질문을 했을 때 저희
는 대답을 못 할 것이며 물었을 때 대
답을 못 할 것이니라.
39 수백수천 가지를 물었을 때 그 대답
을 할 수 없으며 그 답을 알 수 없으니,
40 제 스스로 무능하며 제 스스로 부족하
다는 것을 깨닫게 되니, 스스로 제가
단상에 서서 연설할 수 없으며 설교할
수 없으며 강론할 수 없음이니라.
41 그와 같은 저희의 단점이요, 취약점을
가리고 감추기 위하여 그들이 못을 박
은 것이 무엇인 줄 알겠느냐?
42 '우리는 하나님의 사업을 하며 하나님
의 부름을 받으며 하나님으로부터 특
별히 선택된 자이기에,
43 우리가 잘못하는 것, 우리가 하는 것
은 시시비비를 하지 말며 심판하지 말
며 질문하지 말며 거역하지 말며 그저
순종하라.
44 그저 아멘, 할렐루야! 찾고 그저 재물
이나 갖다 바쳐라.'
45 그것이 너희의 지금 종교 집단이요,
지도자가 이끌어 가는 방법이요, 가고
있는 형태이니,
46 그게 바로 너희가 천국에 가는 길이
아니라 지옥으로 가는 길이라 내가 그
리 말함이니라.

47 잘못하는 것을 바로잡지 못하며 잘못
하는 것을 깨우치지 못한다면 그 죄가
죄인 줄 모르며, 그 죄를 또 짓게 되는
그와 같은 사악한 짓을 하고 있음이니,
48 그것이 바로 종교 지도자들이 지금 하
고 있는 처세이며 하고 있는 행동이니
라.
49 그 추하고 더러운 자들 앞에 가 무엇
인가를 깨우쳐 하늘에 오르고자 하는
자, 너희도 똑같은 죄인이요, 불쌍한
백성이라는 것,
50 너희의 이기심과, 잘못된 종교 지도자
앞에 너희가 가서 그저 눈물 콧물 흘
리며 찬송 부르며 '아멘, 할렐루야!'
찾으며,
51 그저 재물만 바치면 하늘에 오르는 표
를 사는 것처럼 하니, 그것 또한 다 너
희의 욕심이니라.
52 진정한 지도자요, 나로부터 선택된 자
는 모든 저희 신도들에게 질문을 받으
며 그들에게 답을 해 주며, 그들이 묻
는 것에, 그들이 또 심판할 때 그를 겸
허히 받아들여 고쳐 나가는 그와 같은
용기있는 자가 나로부터 선택된 자며,
53 그가 잘못 갈 때 나 여호와가 직접 그
를 다스려 바로잡아 가는 것이 나의
아들이요, 나의 선택된 지도자라는 것
을 알라.
54 내가 다스려 잡으며 내가 다스려 그를
바로 세운다 할 때 그는 한 점의 부끄
럼이 없는 삶을 살아가고자 하니,
55 그 제자들이 그를 들춘들 어떠하며 그
를 파헤친들 무슨 상관이 있는가?
56 거기에 자신과 용기 없는 자들이 그
리 말하는 것이니라.
57 '우리가 하는 일은 쳐다보지도 말며
들여다보지도 말라. 성역이니라.'
58 그게 바로 나 여호와보다 더 높은 자
리요, 더 높은 대우를 받고자 하며 더
군림하고자 하는 그 추한 모습이라는
것을,
59 이제 나의 사랑하는 백성, 신도라는
너희는 그를 들여다보고 깨우쳐 보도
록 그리하라.

6,028 번째 하나님 말씀

2003년 4월 24일 09시 27분

1 사랑하는 나의 아들아!
2 "네, 아버님! 말씀하옵소서."
3 새로 역사하는 모든 종교 집단이요,
또 새로운 진실을 부르짖는 하나의 신
생 종교 집단은 무조건 이단이요, 사
탄이라 너희는 그리 말하며 그들을 인
정하려 하지 아니하느니라.
4 모든 종파가 탄생하는 경위는 과연 어
떠했던가?
5 지금 생기는 신생 종교 집단이요, 또
진리를 가지고 부르짖는 그와 같은 모
두는 이단이요, 사탄이라 말하는 너희
는 과연 처음에 어떠한 경위를 거쳐
오늘의 역사를 이루었던가?
6 너희가 처음에 모든 종파를 일으켜 세
웠을 때는 너희도 그와 같이 이단이
요, 사탄이라 하여 모든 지탄을 받으
며 그와 같은 시련 속에서 딛고 일어
선 자들이 아니던가?
7 지금 신생 종교 집단이 생긴 것처럼
너희도 똑같은 그와 같은 과정을 거쳐
오늘의 종교 집단이 되지 아니하였던

가?
8 너희는 과연 노력으로써 몇 사람으로
부터 시작한 것이 아니고 하늘에서 떨
어져 그와 같이 단번에 역사한 종교
집단이라 말하는가?
9 너희는 어찌하였는가?
10 너희도 똑같은 신흥 종교 집단으로서
생겼으며, 지금의 신흥 종교가 생기는
것처럼 몇 사람이 모여 역사하며 시작
하지 아니하였던가?
11 물이 있는 곳에 물고기가 모여들듯이
너희가 몇 사람이 시작하여 거기에 사
람들이 모여들며,
12 어리석은 나의 백성이 그것이 참진리
인 줄 알며 구원을 받기 위하여 모여
드니,
13 그리하여 성장하기 시작하였으며 너
희 오늘의 그 집단이 생기지 아니하였
던가?
14 그와 같은 똑같은 방법으로 이루어지
는 모든 집단을 너희는 이단이요, 사
탄이요, 사악한 자라 그리 짓밟으며,
15 그를 너희가 세상에 숨을 쉬지 못하도
록 그리하는 것이 지금의 성장된 종교
집단이라는 자들의 만행이며 너희의
추한 짓이니라.
16 나 여호와의 참진리가 세상에 내려오
는 것도 이단이라 말하며 내가 역사하
는 것까지도 너희는 이단이라 그리 말
하여,
17 하늘에서 가르치는 참진리요, 하늘에
서 내리는 나의 법전이요, 나의 성령
이요, 이와 같은 나의 새로운 성경에
도 너희는 귀를 막고 눈을 막고, 보지
도 못하며 듣지도 못하도록 그리 말하
는 것이 지금의 모든 종교 집단이 하
는 짓이니라.
18 너희가 새로 생기는 신생의 종교 집단
은 다 이단이요, 사탄이라 하여 죽기
아니면 살기로 물고 늘어지며, 그들을
깨트리며 존재하지 못하도록 하는 것
이 무엇이더냐?
19 너희가 정녕 진정한 진리요, 참종교
집단이요, 나 여호와에게 오르는 길이
라 하면, 너희는 그 길만 묵묵히 행하
면 될 것이니라.
20 새로 생기는 신흥의 종교 집단이 진정
한 나 여호와의 뜻이 아니며 내가 역
사하는 것이 아니라면, 그들은 세상에
존재하지 못하고 무너질 것을,
21 너희가 그들이 존재하지 못하도록 그
들과 시시비비하며, 남의 밥상에 반찬
을 놓으라 마라 하며 남의 밥상을 시
시비비하는 그와 같은 어리석은 행위
를 하는 것이 바로 무엇인 줄 알겠는
가?
22 너희가 지금까지 온 그 모든 종교 집
단이 불법의 행위요, 추한 행위요,
23 나 여호와의 뜻이 아니요, 너희는 역
행하는 짓들만 했으며,
24 재물을 긁어모아 세를 불리는 데만 연
연하여 사기극을 벌여 왔기 때문에,
25 정녕 나 여호와의 뜻에 의해 참진리를
가르치는 신생의 종교 집단이 생긴다
면,
26 너희가 지금까지 추하고 더러운 행위
며 불법 온갖 행위를 다하여 모아 놓
은 성전이요, 그 신도들이요, 그 물리
적인 힘이요, 그 물질적인 힘이요, 그
모든 너희의 추함을 들춰내며 너희가

존재하지 못하기 때문에,
27 너희가 하늘에서 내리는 나 여호와의
참진리요, 나의 뜻이요, 나의 성령이
세상에 혹시나 내려올까 두려워 그를
막고자 하는 것이 너희가 지금 하고
있는 행위이니라.
28 너희는 그렇지 않다 해도 내가 내려다
보는 너희 행위는 그러며 나 여호와가
그리 말함이니라.
29 지금 모든 종교 집단이 지금까지 많은
인원이요, 그 방대한 조직을 이룰 때
너희는 어찌했는가?
30 지금의 신흥 종교 집단처럼 너희도
그리 시작하였음이니라.
31 그리하여 물속에 물고기가 모이듯이
많은 인원이 모이고 나니,
32 너희는 새로운 신생의 종교 집단은 다
이단이요, 사탄이요, 사악한 자라 밀
어붙이는 그와 같은 행위를 하는 것은,
33 바로 너희가 나의 백성을 인도하는 그
자체가 불법이요, 죄이며 너희가 잘못
가는 것이 두렵고 겁이 나기에,
34 진정 너희가 그 추한 모습으로써 견디
고 이끌어 가기에도 한계에 도달하여
있음이니,
35 새로운 진정한 진리요, 나 여호와가
선택하는 새로운 신생의 종교 집단이
요, 하늘의 뜻을 역사하는 그와 같은
단체가 생겼을 때, 너희는 물거품처럼
무너지며 쓰러진다는 것을 알기에,
36 너희 자신을 지키고 보호하기 위해 두
려운 마음에서 모든 종교 집단은 내용
을 들여다보지 말며, 그들이 역사하는
것을 볼 것도 없이 사탄이요, 사악한
자라 그리 말하며, 선동하여,
37 그 집단을 짓밟아 숨도 쉬지 못하게
하며 이 세상에 존재하지 못하도록 하
는 것이 너희의 그 행위이니라.
38 너희는 추한 모습을 감추려고 너희의
추한 모습이 세상에 드러날까 봐 그
두려움을 감추기 위한 행동을 하고 있
음이니,
39 이는 너희가 손바닥으로써 하늘을 가
리고자 하는 행위보다도 더 어리석은
짓임을 알라.
40 이제 제3의 시대에 나의 법전이요, 나
의 새로운 성경이요, 이가 세상에 160
권으로써 세상에 역사함이니,
41 이를 너희는 막을 수 없으며 이를 너
희가 중단할 수 없다는 것을 알아야
할 것이니,
42 나의 법전이 세상을 덮을 때 너희가
스스로 얼마나 추하고 잘못된 것인가
를 너희 신도들이 너희를 심판할 것이
며,
43 그들의 손으로 그 문을 닫게 할 것이
며, 그들이 너희를 단죄할 날이 머지
않았다는 것을 알라.
44 그 두려움을 너희가 안다면 지금 내가
내리는 나의 법전이요, 나의 새로운
성경이요, 나의 아들이 가는 길을 너
희는 이단이요, 사탄이라 감히 막지
말며,
45 나의 법전을 읽고 깨우쳐 너희 스스로
깨닫는 그와 같은 종교 지도자가 되도
록 하며 종교 집단이 되도록 그리하라.
46 너희가 지금이라도 변화되고 개혁한
다면 내가 그를 용서할 수 있으나,
47 나의 법전이 세상에 나가는 것까지도
너희가 막으려 하며 이를 보지 아니하

며 참진리의 길을 가지 않을 때는 너
희가 어떠한 환난 속에서 너희가 어
떠한 고통으로써 문을 닫으며,
48 너희가 어떠한 방법으로써 단상에서
내려오는지 그 처참한 모습을 너희 스
스로 볼 날이 머지않았음을 알게 될
것이니라.
49 너희가 죽어 와 나에게 심판을 받게
되며, 지상에 존재하면서 그 모두를
너희가 알고 보게 될 것이니라.
50 지금 나의 아들을 따르는 제자들이요,
나의 법전을 보고 깨우치고 공부하는
백성이 죽기 전에 육의 세상에서 그
모든 역사함을 볼 수 있다 했듯이, 그
는 바로 너희가 그 비참한 형국을 보
게 됨이니, 이를 명심하고 또 명심하
여 깨우침을 얻도록 그리하라.

6,029 번째 하나님 말씀

2003년 4월 24일 12시 23분

1 사랑하는 나의 아들아!
2 "네, 아버님! 말씀하옵소서."
3 너희는 무어라 말해도 내가 가죽 채
요, 가시나무 채로써 완벽한 사람으로
너희를 다스려 이끌어 갈 것이며 그
길을 너희는 벗어날 수 없음이니라.
4 너희가 갈 수가 없으며 지킬 수 없다
면 내가 너희를 선택된 아들이요, 딸
이라 부르지 아니할 것이며, 너희를
전사라 부르지 아니할 것이니라.
5 내가 너희에게 뭐라 말하였더냐?
6 남들이 용서할 수 없는 것을 용서하는
것이 나로부터 선택된 나의 아들딸이
요,
7 도저히 너희가 넘을 수 없는 길을 넘
는 것이, 그 길을 너희가 인내하고 견
디는 것이 나로부터 선택된 나의 아들
딸이 갈 수 있는 길이라 내가 그리하
였음이니라.
8 누구도 상상할 수 없는 그 길을 넘는
것, 그리고 누구도 용서할 수 없는 것
을 용서할 수 있는 마음,
9 그것이 바로 나로부터 선택된 백성 너
희가 할 수 있는 길이며 너희가 역사
하는 길이라는 것을 잊어서는 아니 될
것이니라.
10 너희가 나의 성전에서 웃고 즐기며 뛰
고 운동을 하며 너희 병을 치료함이니,
11 너희가 오늘과 같이 웃고 즐기는 모습
으로 영원히 살 수 있는 그 길이 얼마
나 행복하던가?
12 너희의 몸이 불편하며 제 몸을 운신하
지 못하는 자, 열 손가락 중에서 하나
만 없어도 불편을 느끼며 열 발가락
중의 하나만 잘못돼도 걷기가 불편한
것이 너희의 신체 구조니,
13 나 여호와가 모두가 제자리에서 제 기
능을 할 수 있게 완벽하게 만든 것이
니, 얼마나 내가 정밀하게 너희를 만
들어 세상에 내보냈는가?
14 너희는 그를 모를 것이니라.
15 너희가 걷기 불편할 때 다리의 소중함
을 알 것이며,
16 너희가 네 육신을 마음대로 움직이지
못할 때, 앞을 보지 못하는 자만이 눈
의 소중함을 알 것이며, 말 못 하는 자
가 입의 소중함을 알 것이며, 듣지 못
하는 자가 귀의 소중함을 알 것이니,
17 너희는 어찌하여 잃은 다음에 그 소중

함을 안단 말이던가?
18 너희가 오늘 걷고 뛰는 즐거운 그 시
간도 너희가 그와 같이 하지 아니했을
때 걷지 못하며, 네 몸의 기능을 마음
대로 할 수 없는 그와 같이 나약하며
너희의 무서운 몸이기에,
19 내가 너희의 흉한 모습을 보지 않기
위하여 나의 아들을 통하여 너희에게
웃고 달리고 즐길 수 있는 시간을 만
들어 줌이니라.
20 그것이 너희가 얼마나 축복이요, 영광
이며 미래의 행복인가를 모르고 있으
니,
21 그를 감사함을 느끼며 행복함을 느끼
며 즐거움을 느낄 수 있는 그와 같은
마음 자세로 되어야 함을 알아야 할
것이니라.
22 모든 것에 감사하는 마음이요, 모든
것에 기뻐하는 마음으로 살아야 할 것
이니라.
23 그러면서 겉치레로 기뻐하며 겉치레
로 즐거워하며 겉치레로 감사하는 마
음을 가지고 있는 것이 모든 백성이
니, 진실함을 너희는 모르느니라.
24 그리고 소중함을 모르느니라.
25 그 마음을 너희는 찾으라 함이니라.
26 너희가 나에게 기도할 때 밝은 눈을
가지고 세상을 보며 하늘을 볼 수 있
는 정상적인 눈을 가진 것을 너희는
그저 남들도 가지고 있으니 너희도 가
질 수 있겠지 당연한 것처럼 생각하며
그저 흘러가는 마음으로 감사하며 기
뻐하는 마음을 갖지 말라.
27 너희는 뼈를 깎는 아픔보다도 더 진한
감사함을 가지며, 뼈를 깎는 고통보다
도 더 기쁨이요, 영광을 느낄 수 있는
그와 같은 마음을 가지도록 하라.
28 그것이 너희가 가야 할 길이니라.
29 깨달음도 너희가 남이 넘을 수 없는
깊이까지 깨달아 들어가야 하듯이,
30 너희는 감사하는 마음도 남들이 형식
적으로 그저 지나가는 마음으로 감사
하는 마음이 아니라, 너희는 뼈를 깎
는 고통보다도 더 저린 마음으로 감
사하는 그와 같은 마음을 가져야 할
것이니라.
31 모든 것에 감사하라는 뜻이 너희가 무
슨 뜻인지 알겠는가?
32 말로써 그저 감사하며 '고맙습니다,
그리고 하나님 은혜입니다.' 그리 말
하는 것은 감사함이 아니니라.
33 너희가 진실한 마음으로써 가슴에서
우러나오는 감사함이요, 감사하다는
말을 할 수 있는 그 의미를 아는 감사
함을 알라.
34 그것을 내가 너희에게 원하는 것이며
너희가 그와 같은 마음을 가지고 살
때 절대로 너희는 넘어지지 않으며,
시시비비를 붙을 만한 그러한 일을 하
지 아니하며,
35 남들이 봐서 추하고 더러운 행위를 하
지 아니하며 남에게 부끄럽지 않은 행
위를 할 수 있음이니라.
36 진심으로 감사하며 진심으로 나의 은
혜에 고마움을 아는 그와 같은 마음을
가지고 살라.
37 오늘의 너희가 이렇게 웃고 즐기는 것
에도 감사함을 가지며, 너희가 걷고
뛰는 것, 먹고사는 것, 세상 말을 들으
며 보는 것, 그 모두를 너희 모두의 뼈

를 깎는 애절한 마음으로 감사함을 갖
도록 하라.
38 그 감사함을 너희가 가져야 할 것이
니, 내가 뭐라 말하였느냐?
39 행함을 하지 아니하고 말로써 너희가
행하는 것은 천 번 만 번을 해도 아무
런 효과가 없다 했듯이,
40 너희가 천 번 만 번 감사한 기도며 은
혜라 말해도 소용없느니라.
41 지나가는 마음으로 그저 흘러가는 생
각으로 하는 것을 진실한 마음으로써
뼈가 저린 그와 같은 마음으로 너희
가 나에게 모두를 표하며 감사의 뜻을
하라는 것이니,
42 그 이치를 깨달아 너희는 그와 같은
마음의 자세로 다스리도록 그리하라.
43 그것이 나로부터 선택된 백성이며,
44 너희가 그와 같이 감사할 때, 내가 너
희에게 은혜를 내릴 때 사탄도 말을
못하며 천사도 말을 못 할 것이니라.
45 남들은 형식적으로 감사하며 지나가
는 말로 감사하거늘, 너희는 뼈를 깎
는 마음으로 진심으로 감사하며 진실
로 은혜에 감사하며,
46 그와 같이 사는 너희에게 내가 상을
내려도 그 누구도 말하지 못할 것이니,
47 남들과 똑같은 마음의 자세로 가서는
내가 상을 내릴 수 없으며 은혜를 내
려 줄 수 없음이니라.
48 남들이 변할 수 있는 것, 남들이 깨우
칠 수 있는 것, 남들이 할 수 있는 것
을 너희가 하면서 그것을 자랑이라 생
각하지 말라.
49 그것은 아무것도 아니니라.
50 그것은 아무런 역사함도 아니요, 베풂
도 아니요, 사랑도 아님이니라.
51 남들이 할 수 없는, 너희가 눈물을 흘
리면서 돌아설 수 있는 그 마음,
52 남들이 너희를 때렸을 때 '그 손이 아
프지 아니하냐?' 하며 진정으로 만져
줄 수 있는 아름다운 마음, 그 마음이
너희가 변화되는 마음이요,
53 너희의 마음 자세가 벌써 그리돼야
했을 것을, 아직도 너희는 하나도 변
함이 없다는 것이 나 여호와의 뜻이니
라.
54 나를 기쁘게 하며 내가 너희를 봄으로
써 기쁨을 얻을 수 있는 그와 같은 영
광을 나에게 돌릴 수는 없겠는가?
55 나는 오로지 무엇을 받느냐?
56 내가 모세의 백성에게 가나안 땅으로
가도록 그리 만들어 모든 기적의 역사
를 보였으나, 그들이 나의 기쁨을 위
한 것이 아니요, 나를 괴롭혔으며 나
를 능멸했으며 나를 욕되게 하는 슬픔
만이 나에게 남아 있으며,
57 사랑하는 나의 아들 예수를 보냈을 때
도 남은 것이 무엇이더냐?
58 나의 가슴이 저리며 고통이며 아픔을
나에게 남긴 것이 너희이니라.
59 이제 내가 마지막 나의 법전을 세상에
내려보내 나의 뜻을 하나하나 기록하
여 그리 전함이니,
60 읽고 깨우치는 너희는 마지막 나의 가
슴을 울리지 말도록 그리하라.
61 나의 가슴을 울리지 않는 삶을 살며
내가 기쁨으로써 내가 즐길 수 있는
나 여호와가 마지막으로 여는 이 시대
에 마지막으로 선택된 나의 아들딸 너
희가 나에게 기쁨을 주는 백성이 되도

록 그리하라.
62 60이 넘은 환갑 된 아들이 80의 부모 앞에 재롱을 피우듯이 그것이 무엇이 흉이며 무엇이 부끄럽다는 것이더냐?
63 너희가 나를 위하여 나의 기쁨을 위하여 너희만큼은 변하지 말며 등 돌리지 말며 떠나지 않는 백성이 되도록 그리하라, 사랑하는 나의 아들딸들아!
64 나의 이 간절한 소망을 너희가 들어주리라 믿느니라.

6,030 번째 하나님 말씀

2003년 4월 24일 22시 48분

1 사랑하는 나의 아들아!
2 "네, 아버님! 말씀하옵소서."
3 너희가 인간사 세상을 살아가면서 하나의 목적을 이루고자 얼마만큼 공을 들이며 정성을 들이느냐에 따라서 그 결과가 이루어지며 또한 너희가 얻지 못하는 그와 같은 일이 있는 것이 너희 인간 세상에 살아가는 결과이니라.
4 그러니 내가 너희에게 뭐라 말하였느냐?
5 하늘에 오르는 길이요, 나 여호와의 천국이라는 천국의 문을 너희가 들어설 수 있는 것은,
6 나 여호와가 존재함을 먼저 굳건히 믿는 그 마음의 자세요, 그 뿌리가 소중하다 내가 하였음이니라.
7 너희가 나를 믿는 마음이요, 내가 존재함을 믿는 마음이요, 그리고 너희가 나를 사랑하는 마음이요, 나 여호와를 기쁘게 하고자 하는 마음이요,
8 나 여호와의 뜻에 거역하지 아니하는 삶을 살겠다는 너희 마음의 각오와 다짐이 얼마나 굳으냐에 따라서 너희가 지금의 사는 세상의 이 길에 너희의 즐거움이요, 고통이요, 행복이요, 선택의 기준도 거기에 달렸음을 알아야 할 것이니라.
9 모든 역사의 세월 속에서 나 여호와의 뜻을 따랐으며 나의 모든 대명을 이룬 그 백성은 즐겁고 행복한 그와 같은 길을 간 것이 아니요, 고난과 수난의 역사 속에서 견디고 이겼음이니라.
10 모세가 그와 같은 역사의 길을 걸었으며, 나의 아들 예수 또한 그와 같이 어렵고 힘든 길을 갔음이니라.
11 너희가 나 여호와가 존재함을 믿는 것이요, 나에게 오르고자 하는 길의 그 순간부터 너희는 고통과 역사의 길에 들어선다는 것을 알아야 할 것이니라.
12 너희가 나를 믿고 따르고 경배하는 것은 너희에게 편안한 길이요, 행복한 길이 아니며,
13 고난과 시련의 고통의 길을 너희가 들어선다는 것을 잊어서는 아니 될 것이니라.
14 그와 같은 고통과 시련 속에 너희에게 영광과 축복이 있음이니,
15 너희가 그 고통과 시련에서 견디고 견디지 못하는 것은 나 여호와의 존재함을 믿고 안 믿는 너희 마음의 뿌리에 달렸음을 알아야 할 것이니라.
16 너희가 나 여호와가 존재함을 굳건히 믿는 자는 흔들림이 없을 것이며, 너희가 뽑혀 나감이 없으며, 어떠한 환란에도 견딜 수 있는 나로부터 선택된 백성이나,

17 너희가 정녕 너희 목숨을 다 바쳐 내
가 존재함을 믿고자 하는 그와 같은
굳은 결의와 마음이 없을 때는 너희가
아무것도 이루어질 수 없음을 알라.
18 내가 오늘 나의 아들에게 일찍이 깨우
쳐 주지 아니하였는가?
19 나의 아들이 나에게 수천수만 가지
용서를 빌었느니라.
20 그는 모든 것을 다 대어 그를 행하지
아니하겠다 나에게 맹세를 했으며,
21 또 그는 그와 같은 일은 절대 하지 않
겠다 나에게 그리 용서를 구했으며,
22 그리하여 그는 앞으로 지금까지 제가
살아왔던 잘못된 것을 다 고치겠다 나
에게 기도하여, 그리하여 내가 나의
성령을 내리는 녹음기의 녹음테이프
가 끊기지 말며 튀지 말며 역사해 주
기를 그는 수없이 바랐느니라.
23 그러나 나는 그 뜻을 들어주지 아니하
였음이니, 그는 바로 그 뜻을 들어주
지 아니한 것을 알고 있었음이니라.
24 너희가 말로써 천 번 만 번 나에게 경
배하고 기도하는 것은 다 물거품과 같
다 말하지 아니하였던가?
25 너희가 모두 말로써 죄를 용서 빌며
너희가 지금까지 살아온 것을 다 회개
한다고 말로 하는 것, 그리고 말로써
너희가 축복하는 것, 그리고 나로부터
너희가 은혜를 받았다는 것, 그리고
모두를 나에게 바치겠다는 것,
26 그와 같은 맹세와 약속은 다 나에게
필요 없다 하였음이니라.
27 너희가 회개하며 죄의 용서를 위하여
다시는 죄를 짓지 않을 것이며 죄를
짓지 아니하기에 너희에게 상을 내리
고 은혜를 주시고 너희를 다스려 달라
는 너희를 기억해 달라는 그와 같은
기도와 너희의 맹세는 나에게 아무런
관계가 없음을 너희는 알아야 할 것
이니라.
28 또한, 나의 아들도 수천 가지를 그가
잘못한 것을 용서를 빌고 빌어도 내가
그 뜻을 들어주지 아니함은 바로 무엇
이던가?
29 너희가 스스로 그를 행해야 함이니라.
30 너희가 남에게 거짓말을 하지 아니하
겠다 나에게 만날 맹세를 해도 나는
그를 듣지 아니함이니라.
31 너희는 맹세해도 또 거짓을 함이니라.
32 그러니 너희가 정녕 나와서 거짓을 하
지 아니하고 살 때, 나는 너희에게 상
을 내리며 내가 너희가 원하는 것을
들어주며 너희가 기도하는 것을 들어
준다는 것을 알아야 할 것이니라.
33 너희는 남을 시기하지 아니하며 질투
하지 아니하겠다, 너희가 마음의 질투
하는 마음을 버리게 해 달라 기도하며,
34 남에게 질투하는 마음을 이제는 싹 다
버리고 다시는 남을 미워하지 아니하
며 질투하지 아니하겠다 하여 너희가
콧물 눈물 흘리면서 아우성을 치고 찬
송을 부르며 나에게 맹세하고 또 맹세
하느니라.
35 맹세하는 것은 다 바다의 파도 소리만
도 못하며, 물거품만도 못하며, 너희
마을에 사는 강아지가 짖는 소리만큼
도 나하고는 관계없다는 그 뜻을 알겠
는가?
36 너희가 맹세하고 나서 또 그와 같은
죄를 범함이니, 내가 너희의 맹세에

응답할 것도 없으며, 그 맹세에 대해
서 내가 상을 내릴 필요도 없으며, 내
가 은혜를 내려 주지 아니함이니, 그
를 듣지 아니함이니라.
37 다만, 너희가 거짓을 하지 않도록 행
하는 것이 중요함이니라.
38 그러니 실제로 너희가 생활하면서 거
짓 하지 아니하고 행할 때, 내가 너희
에게 상을 내리며 은혜를 내린다는 것
을 알라.
39 그리하여 나의 아들이 그 테이프가 튈
때마다 그는 백 가지 천 가지를 다 제
가 잘못한 것을 나에게 용서를 빌며
그를 고치겠다 기도를 하나,
40 나는 그를 들어주지 아니하기에 그 녹
음기는 계속 튀었으며, 나의 성령을
받아 기록할 수 없었음이니라.
41 그러나 그가 하나를 고칠 때 나는 그
뜻을 들어주며 녹음기가 튀지 아니함
을 알아야 할 것이니라.
42 나의 아들이 그리 말하느니라.
43 제가 6시에 일어나서 기도하겠다 하
며, 만날 제가 남에게 약속을 해도 소
용없음이니라.
44 6시에 일어나서 기도를 충실히 해 나
갈 때 내가 그에게 원하는 상을 준다
는 것을 알라.
45 이제 나의 아들을 따르는 제자들이요,
나의 법전을 읽은 백성, 너희와 지금
종교 집단에서 말로써 너희가 무엇인
가를 원하며 구원하고자 기도하며 바
라는 그것은 다 물거품이라는 걸 알라.
46 그와 같은 기도를 하지 말라.
47 그리고 회개의 기도를 하지 말라.
48 회개의 기도를 하고 죄를 지으면 아무
런 가치가 없음이니라.
49 회개를 하기 전에 너희 스스로 깨우쳤
으면 행동을 중단하라, 악습을 버리
라, 그리고 나쁜 습관을 버리라.
50 그리고 너희가 나에게 약속하기 전에
행동으로써 먼저 보이라.
51 그러면 내가 너희에게 크나큰 상과 영
광을 그때 내려 줌이니 이 뜻을 알라.
52 이 하늘의 이치요, 나 여호와의 뜻을
알았다면, 모든 백성은 그와 같은 마
음의 자세로 믿음의 길을 갈 것이며,
53 너희가 행동으로써 나 여호와에게 보
이는 그와 같은 자식이 되도록 그리하
라, 사랑하는 나의 아들딸들아!

6,031 번째 하나님 말씀

2003년 4월 24일 22시 52분

1 사랑하는 나의 아들아!
2 "네, 아버님! 말씀하옵소서."
3 너를 따르는 너의 제자들에게라도 나
의 이 뜻을 가르쳐 그들이 그리 행하
도록 하라.
4 그리고 나의 법전을 읽는 백성 너희도
또한 스스로 이와 같이 행하도록 그
리해야 할 것이니라.
5 너희가 살아가면서 스스로 장점과 단
점을 항상 기록하여 너희가 그것을 가
지고 스스로 들여다보도록 그리하라.
6 너희의 장점은 장점대로 쭉 기록하며
너희의 단점은 단점대로 기록하여 그
를 비교 분석하고, 항상 그를 가지고
너희가 분석해보고 또 연구하는 그와
같은 삶을 살도록 그리하라 이르라.
7 너희가 행하고 지킬 때 정녕 악한 습

성이요, 잘못된 것이요, 너희의 단점
을 하나씩 지워 버리고 또 깨달아 그
것에서 벗어날 때,
8 너희가 그때 기록한 장부에서 단점을
하나씩 하나씩 지우며, 너희가 그를
지워 가는 그와 같은 삶으로써 한번
살아보도록 그리하라.
9 수많은 나의 뜻을 너희가 직접 듣고
나의 법전을 직접 읽었으며 나의 아들
을 통하여 너희가 수많은 강론을 들었
으나,
10 너희가 과연 무엇을 배웠으며 무엇을
지금 행하고 있는가?
11 너희 자신에게 스스로 물어보도록 그
리 전하라.
12 나의 아들을 통하여 내가 내리는 나
여호와의 음성이요, 나의 강론을 직접
들은 너희가 과연 얼마나 지금 변했으
며, 얼마나 경지가 높이 되었으며,
13 그리고 과연 너희가 변화된 것을 어찌
행하며 어찌 실천하겠다는 마음의 다
짐을 하고 있는가?
14 한 번 그들에게 물어보도록 하라.
15 너희가 변화된 것을 깨달았으면 몸소
실천해야 할 것이며, 그리고 너희가
실천함에 따라서 점수를 너희 스스로
다스려야 할 것이니라.
16 그러니 너희가 지금부터 단점과 장점
을 다 기록하여 너희의 단점을 하나하
나 고치는 데 최선을 다하도록 그리하
라.
17 그리하여 너희가 노력하여 하나의 단
점을 고쳤을 때, 그를 지워 버리는 그
와 같은 생활 습관을 지금부터 지켜,
18 너희가 나로부터 들은 성령이요, 나의
법전을 읽은 자요, 그리고 나의 강론
을 들은 너희가 얼마나 변했는가를 스
스로 볼 수 있도록 점수를 매겨 보도
록 그리하라.
19 엄격히 채점을 하여 너희가 하나를 지
워 버린 것은 두 번 다시 그와 같은 행
위를 하지 않는 각오로써 너희가 살아
가도록 그리하라 전하라.
20 사랑하는 나의 아들딸들에게 반드시
전하여 그 뜻을 행하지 아니하는 자,
내 뜻을 따르지 않는 자는 나 여호와
가 존재함을 믿지 않는 자며 나 여호
와가 존재함을 두려워하지 않는 백성
이니라.
21 그러니 너의 제자들에게 그리 이르라.
22 단점과 장점을 기록하여 하나하나 너
희의 단점이요, 악습을 버리고 그것을
지우는 그와 같은 훈련을 지금부터 실
시하도록 그리하라, 사랑하는 나의 아
들아!

6,032 번째 하나님 말씀

2003년 4월 25일 09시 31분

1 사랑하는 나의 아들아!
2 "네, 아버님! 말씀하옵소서."
3 세상사 너희가 살아가면서 '밤말은 쥐
라는 미물이 들으며 낮말은 새라는
날짐승이 듣는다'는 말이 있지 않은가?
4 하물며 너희는 이 세상의 모두가 존재
하는 것은 나 여호와의 주관하에 내가
주관한 그 속을 벗어나지 못한다 하였
음이니,
5 내가 너희가 움직이고 행하는 것을
보지 않는 것이 있다고 생각하는가?

6 인간 세상에서도 너희가 정적을 쓰러
트리며 남을 모함하여 무너트리기 위
해서는 남의 비밀이요, 그 행하는 것
을 일일이 다 캐는 자가 있음이니,
7 그리하여 너희 자신만이 알고 있다는
모든 비밀을 감시 감독하여 보는 자
의 눈이 있는 그와 같은 무서운 속을
모르고 너희가 행함이니,
8 너희가 모든 인간이 인간을 시기하고
질투하여 너희를 감시하고 따라다니
며 보며 일거수일투족을 모두 파악하
기 위하여 너희를 조사하는 자들이 있
다는 것,
9 그리고 무서운 눈초리로 바라보고 있
다는 것, 그것도 모르고 사는 것이 너
희들이며, 그들로 하여금 세상의 비밀
은 존재하지 아니하며,
10 너희의 악한 짓, 추한 짓, 그리고 부끄
러운 짓, 그 모두가 세상에 드러나는
그와 같은 형국이 있지 않던가?
11 하물며 나 여호와는 너희의 숨 쉬는
것까지도, 너희 말로 머리카락 숫자까
지도 아나니, 나의 눈을 속일 수 없으
며 내가 보고 있으니 속여서 무엇을
할 수 있다고 생각하는가?
12 내가 오늘 나의 아들을 통하여 너희에
게 전함이니, 하나에서부터 열까지,
열부터 천 가지, 만 가지를 다 나 여호
와가 보고 있다 생각하라.
13 너희는 내가 보고 있다는 그 마음 하
나의 두려움을 갖는다면 감히 너희가
사악한 짓, 남으로부터 저주받는 짓,
추하고 남으로부터 욕되는 짓을 과연
할 수 있다고 생각하는가?
14 너희가 나 여호와가 존재하며 내가 너
희를 보고 있다는 그 마음자리 하나만
가져도 행동을 함부로 할 수 없는 것
이니라.
15 이제 나의 아들을 따르는 제자들이요,
그리고 나의 법전을 읽은 백성, 너희
는 내가 너희를 다 보고 있다는 것을
잊지 말라.
16 하나에서부터 너희가 하는 행동을 하
나도 놓치지 아니하며, 너희의 언어까
지도, 너희가 소홀히 생각하는 것까지
도 나 여호와가 다 그를 알고 있으며
그를 읽고 있다는 것을 알아야 할 것
이니라.
17 너희 자신이 생각하고 너희 자신이 행
하는 것보다도 너희가 어찌 행할 것이
며 어떠한 생각을 할 것이라는 것을
미리 알고 있는 나 여호와라 생각한
다면,
18 감히 너희가 남으로부터 부끄러운 짓
이요, 죄짓는 짓이요, 그리고 남이 보
지 않는 곳과 보는 곳에서 너희의 행
동이 다른 그와 같은 행위는 절대 할
수 없음이니라.
19 이제 사랑하는 나의 아들 네가 그리
서야 할 것이며, 너를 따르는 제자들
또한 그리 서야 할 것이니라.
20 나 여호와가 존재함을 믿는 것이며,
나 여호와가 존재함으로 인하여 너희
가 하나에서부터 모든 숨 쉬는 것까
지, 맥박 뛰는 숫자까지 나 여호와가
다 관장하며 내가 보고 있으며 나의
주관하에 이루어진다는 것을 너희는
잊지 말라.
21 그 무섭고 두려운 것을 너희가 알면서
도 남에게 부끄러운 짓, 그리고 인간

으로서 해서는 안 되는 그와 같은 행
위를 한다면, 그를 내가 결코 용서하
지 아니할 것이며, 너희에게 어떠한
것도 역사할 수 없다는 것을 알라.
22 내가 너희가 말로 약속하는 것, 말로
눈물을 흘리며 콧물을 흘리며 울고불
고 약속하는 것,
23 그와 같은 것을 하나도 들어주지 아니
하며 이루어지지 아니한다는 것이 거
기에 있음이니라.
24 너희가 먼저 실천하고 행하는 자가 되
라 하였음이니, 이제는 너희가 나 여
호와가 모두를 관장하며 주관하고 있
다는 그 두려움을 안다면 자세를 바로
하도록 하며 바로 살도록 그리하라.

6,033 번째 하나님 말씀

2003년 4월 25일 09시 42분

1 사랑하는 나의 아들아!
2 "네, 아버님! 말씀하옵소서."
3 지금 나의 아들 그와 더불어 가는 사
랑하는 백성 너희는 영광의 길이요,
축복의 길이요, 하늘에 오르는 길뿐이
라 생각하지 말라.
4 나의 아들과 더불어 법전을 만들며 법
전을 가지고 공부하며 나의 강론을 듣
는 백성 너희는 고생의 길이요, 환란
의 길을 너희 스스로 자청한 길이며,
5 너희가 가고자 하며 그 어렵고 고통스
러운 속에서 인내하며 만백성을 구하
고자 하는 그와 같은 지금 마음의 자
세로써 선택한 자며 내가 너희를 부른
자라는 것을 알아야 할 것이니라.
6 영광의 길이요, 축복의 길이기 전에,
너희는 고생과 시련의 길을 넘고 가야
할 백성이며,
7 어떠한 위험에도 도전하고자 하는, 그
리고 나의 뜻을 전하는 것에 너희의
생명을 다 바치는 그와 같은 백성임을
알아야 할 것이니라.
8 어떠한 고생과 환난을 이기고 견디겠
다는 너희 자신의 용기가 너희가 오늘
의 나의 법전을 접하며 나의 아들을
통하여 내리는 강론을 듣고 있으며,
9 그리고 나의 뜻에 따라 역사하겠다는
너희의 굳은 결의로써 너희가 오늘의
길을 가는 것임이니라.
10 그리하여 또한 그와 같은 인내와 어려
운 고통을 견디고 이길 수 있는 너희
이기에 나 여호와가 너희를 그리 불렀
으며 선택했음을 너희는 알아야 할 것
이니라.
11 그러니 너희는 영광과 축복을 생각하
기 전에 고통과 환란의 어려움 속에서
그 모두를 극복하고 이기고 견디고 나
가는 그와 같은 용기로 자신을 다스리
며 최선을 다하는 백성이 되어야 함을
너희는 알아야 할 것이니라.
12 위로는 구약 시대에 모세를 따라 광야
를 헤맸던 그 백성, 몇십 년 동안 고통
과 고난의 생활을 살았던 그 백성이
과연 나로부터 선택된 백성이 간 길이
아니며 그들이 역사한 길이 아니던가?
13 그리고 신약 시대에 나의 아들 예수가
만백성을 구하고자 세상에 와 강론을
하며 나의 뜻을 전하며 나의 성령을
전하고자 했으나,
14 사악한 자들에 의하여 고통과 시련 속
에서 그는 그와 같은 죽음의 길을 자

청했으며 그를 받아들였으며 거부하
지 아니하였음이니라.
15 그러니 지금 제3의 시대에 선택된 너
희 또한 그들 못지않은 고통과 시련과
고난의 길을 가는 것이 너희가 가는
길이라는 것을 알아야 할 것이니라.
16 지금 수천 년 동안 흘러온 종교 집단
이요, 지도자요, 그 성도들이요, 그들
이 지금 얼마만큼 광분하며 그들이 얼
마만큼 저희 자신이 구원을 받았다는
오만과 자만에 빠져,
17 저희와 더불어 같이 가지 않는 백성은
모두가 사탄이요, 이단이라 그리 말하
는가?
18 지금 나의 아들을 따르는 제자들이요,
나의 법전을 읽고 깨우쳐 강론을 듣는
백성이요, 그리고 나의 법전을 갖고
입맞춰 감사의 눈물을 흘리는 너희는,
19 맹수가 우글거리는 캄캄한 산길을 넘
어, 그 재를 넘어 너희가 그 무엇인가
를 구하고자 하는 다급한 사람보다도
더 위험한 상황의 길을 가고 있는 것
이 너희라는 것을 알아야 할 것이니라.
20 너희가 그보다도 더 어렵고 험난한 길
을 선택한 백성이며, 그와 같은 길을
너희가 넘어야 한다는 것을 절대 잊어
서는 아니 될 것이니라.
21 망망한 바다 위에 고무보트에 표류하
고 있는 사람의 형국과 같으니라.
22 너희가 그리 고독하니라.
23 상어가 우글거리는 바닷속에 고무보
트에 몸을 의지하며, 방어할 능력도
없는 그와 같이 표류하는 사람처럼 너
희가 그와 같은 형국이요,
24 그보다 더 위험하고 그보다 더 험난하
며 그보다 더 어렵고 힘든 길을 너희
가 마다하지 아니하며 그리 선택하였
음이니,
25 너희는 재를 넘어가는 자가 목적이
있듯이 표류한 사람이 무엇인가 이루
고자 그와 같이 표류하여 그가 그저
흘러가듯이,
26 너희가 그와 같이 지금 어렵고 힘든
길에 있음을 알아야 할 것이니라.
27 오로지 나의 법전을 만백성에게 전한
다는 것, 그리고 나의 법전을 만들어
세상에 전한다는 것, 오로지 그것 하
나 때문에 너희가 어렵고 힘든 길을
가는 것이며,
28 너희보다 더 어렵고 힘든 역사를 하는
백성은 이 세상에 없음이니라.
29 나의 법전을 가슴에 안고 정독하며 만
백성에게 그를 너희가 전할 때 하늘에
오르는 길을 볼 수 있으며 만백성을
구하는 그 위대한 역사를 함이니,
30 오로지 너희는 그것 하나를 바라며 그
길을 위하여 어렵고 힘든 지금의 길을
가나,
31 지금의 많은 종교 종파들이요, 수천
년 동안 뿌리를 내리며 악습에 젖어
있는 자들, 그들이 너희를 공격하는
방법은 상상을 초월할 것이며,
32 악어가 먹이를 무는 것보다도 더한 방
법으로, 더 잔인한 방법으로 용서치
아니할 것이며,
33 너희를 쓰러트리고자 하며 너희를 이
세상에 존재하지 못하도록 하려 할 것
이니,
34 너희가 그와 같이 어렵고 험난한 길을
넘고 넘어야 하는 것이 너희의 운명이

며,
35 그리하여 또한 넘을 수 있기에 내가
선택한 백성이니라.
36 그러니 너희는 용기를 잃어서는 아니
될 것이니라.
37 어떠한 고통과 고행과 환난이 너희에
게 닥친다 하여도,
38 너희는 모세 시대에 광야를 걷는 그
백성의 고통이요, 나의 아들 예수가
죽음으로써 모든 사랑의 표시로써 만
백성을 구하고자 했던 고통의 시련이
요, 그를 거부하지 않는 순종한 마음
이요,
39 그보다 더 강한 마음으로 나 여호와에
게 순종하며 나를 믿으며 너희가 역사
하는 용기가 필요함을 잊어서는 아니
될 것이니 그리 알라.

6,034 번째 하나님 말씀

2003년 4월 25일 20시 54분

1 사랑하는 나의 아들아!
2 "네, 아버님! 말씀하옵소서."
3 네가 너의 제자들에게 한마디씩 전해
주는 이야기가 그들이 죽은 사람을 살
리는 기적보다도 더 위대한 깨우침이
요, 가르침이라는 것을 너의 제자들은
가슴에 깊이 새기라 그리 말하라.
4 너희 말에 있지 않으냐?
5 '소라는 짐승을 잃고 외양간을 고친
다.'라는 말이 있듯이 화재가 나 너희
가 평생을 모았던 재산이요, 그 모두
가 전소할 때 너희는 땅을 치며 통곡
하고 우느니라.
6 그러니 너희가 소라는 짐승을 잃기 전
에 울타리를 단속하여 잘하도록 그리
깨우쳐 주는 것이 얼마나 위대한 것
인가를 알겠는가?
7 네가 소중히 여기는 그 소라는 짐승을
도둑이 와서 가져가게 되어 있으니 네
가 밤을 새워 그를 지키며 네 집을 단
속을 잘하라 가르쳐 준다면, 그 감사
함을 몰라서는 아니 되는 것이니라.
8 언제 화재가 발생하여 너희의 재산을
다 전소시킬 것이니, 그를 예방하고
어느 부분을 주의하라 가르쳐 준다면,
그것이 기적이고 역사가 아니던가?
9 모세의 시대요, 예수의 시대는 너희가
이루어진 상황에서 기적을 역사하는
것이었음이니라.
10 그러나 지금은 내가 마지막 시대, 나
여호와가 너희를 지휘하고 통제하는
마지막 심판의 시대니,
11 미리 알려 주고 예방하는 그와 같은
것으로써 기적의 역사가 이루어짐을
알아야 할 것이니라.
12 이제 나의 아들이 세상에 이루는 역사
요, 너의 제자들이 이루는 그 모두를
미리 너희에게 일깨워 줄 것이며 가르
쳐 줄 것이니라.
13 그러니 그게 바로 그 옛날 구약과 신
약의 시대였던 그 역사가 반대의 역사
로써 너희를 다스려 주며 깨우쳐 주는
그와 같은 역사가 시작됨을 알라.
14 너희가 과거의 역사가 그대로 이루어
질 것이라 생각하는 것은 진정한 종
교 지도자가 아니요, 나의 뜻을 모르
는 백성이 하는 일임을 너희는 알아야
할 것이니라.
15 모세 시대에 일어났던 역사요, 노아의

방주와 같은 역사요, 그리하여 내가 너희에게 재앙이 없다 미리 말하지 아니하였던가?

16 재앙이 일어난다면 너희가 그것을 대처하는 것은 기적이 아니며 너희에게 도움이 되지 아니하며 너희에게 큰 역사가 없음이니라.

17 너희가 소를 잃기 전에 외양간을 고치듯이, 너희가 재앙이요, 환란을 당하게 됨을 미리 알려 주며 미리 깨우쳐 주는 것이 내가 역사하는 바로 이 시대며,

18 내가 나의 아들을 통하며 나의 백성을 통했던 역사의 기적과 다름이니라.

19 그러니 너희 종교 지도자들이 옛날에 모세가 이루었던 그 역사요, 예수가 이루었던 그 역사를 지금 이루어진다 생각하는 종교 지도자들은 나에게 선택된 자가 아니며, 하늘의 뜻을 모르는 자임을 알라.

20 이제 내가 그것을 완전히 반대의 현상으로써 미리 예방해 주며 미리 가르쳐 주며, 나에게 선택된 백성에게 큰 불행을 막으며 그가 가슴 아프며 그가 고통스러움을 미리 알려 줌이니, 그 믿음을 따라 너희가 기적의 역사를 이루는 것이니,

21 이것이 반대 현상으로 이루어지는 것이 지금 내가 역사하는 기적이니라.

22 이를 모르는 자는 나와 관계없는 종교 지도자임을 알라.

23 그리고 내가 예언하며 내가 가르쳐 주는 그 모두는 바로 그와 같은 역사가 이루어지는 것을 막게 됨이니,

24 그들은 그때가 되면 그를 체험하게 될 것이며 은혜를 알게 될 것이니라.

25 그러니 지금 내가 예방하는 기적의 역사요, 너희가 환란이 일어난 곳에서 치료하는 역사의 시대가 아니며,

26 이것이 나의 아들이요, 내가 보낸 백성이 기적을 이루는 역사요, 나 여호와가 직접 내려와 세상을 통제하며 이루는 역사의 차이점이니라.

27 미리 예방하여 너희의 고통과 재난을 막아 주며 환란을 막으며 재앙을 막아 주는 것이 나 여호와가 너희에게 베푸는 은혜요, 사랑이며 기적임을 알라.

28 이것이 지금 거꾸로요, 내가 반대로 가는 그 현상을 깨닫지 못하는 자, 그 의미를 모르며 과거에 매달려 너희가 그때만을 생각하는 믿음은 곧 죽은 믿음이라는 것을 증명함이니라.

29 곧 믿음은 죽은 것이며 과거에 연연한 믿음은 죽은 것이니라.

30 현재의 믿음을 모르며 미래의 믿음을 모르는 것은 아니 됨이니라.

31 과거의 믿음에 너희가 연연하는 것에서 현재의 믿음이요, 미래의 믿음의 길을 열어 가는 것이 너희에게 위대한 복이며 축복이며 너희에게 필요한 것이니라.

32 과거에 어떠한 역사가 이루어진 것에 너희가 연연하며 그것을 본보기로 그와 같은 것이 이루어지기를 몸부림치며 기도하고 경배하는 것은 다 죽은 믿음이요, 나와 관계없음이니라.

33 미래를 예언해 주며 미래를 가르쳐 주며 미래를 대비하는 것이 나 여호와와 같이 천 년의 역사를 이루는 나의 선택된 백성이 받을 수 있는 은혜며 영

광이니라.
34 내가 그 후손들에게만 미리 알려 줌이
니, 그 위대한 것, 축복은 오로지 너희
에게만 있음을 알라.
35 이제 모든 종교 지도자가 과거에 연연
한 자들은 다 잘못된 자들이니라.
36 미래를 보며 오늘을 보는 그와 같은
깨달음이요, 내가 기적을 역사하는 것
도, 내가 재앙을 내리는 것도 내가 너
희에게 마지막 재앙으로써 불이요, 물
이요, 어떠한 재앙의 심판도 없다는
것, 그 모두를 미리 막아 가는 것이 나
여호와의 뜻이니라.
37 내가 너희에게 내려보내는 것이며 나
의 법전을 너희에게 내려보내며 내가
내려보내는 나의 법전을 읽고 깨우칠
수 있도록 너희를 세상에 내려보낸
것은 다 예방함이니라.
38 내가 모든 재앙을 내리지 아니하는 것
은 너희가 있기 때문이며,
39 나의 법전을 세상에 내렸기 때문에 재
앙이 없으며,
40 나의 법전을 읽고 깨우치는 백성 너희
가 있기에 재앙이 없다 하지 아니하였
느냐?
41 이것이 바로 예방의 차원이 아니고 무
엇이더냐?
42 이와 같은 방법으로 나의 아들을 통하
여 이 세상에 기적을 역사하며 통제할
날이 머지않았으며, 이게 나 여호와의
뜻이며 하늘에 있는 뜻이니라.
43 그렇지 아니한 자들의 말에 귀 기울여
듣지 말라.
44 그들은 저희가 좋아서 그저 울고불고
하는 것뿐이며 저희는 그를 모르는
것이니,
45 하늘의 비밀이요, 하늘의 천기를 모르
니, 오로지 이것이 나의 성전이요, 나
의 아들을 따르는 너희만이 알 수 있
는 위대한 영광이라는 것을 너희는 알
라, 사랑하는 나의 아들딸들아!

6,035 번째 하나님 말씀

2003년 4월 26일 07시 41분

1 사랑하는 나의 아들아!
2 "네, 아버님! 말씀하옵소서."
3 너의 제자들과 만백성은 이를 읽고 깨
우치도록 그리 전하라.
4 너희가 세상에 살아가면서 인간 세상
에서 제일인자가 된다는 것이 얼마나
힘들고 어렵더냐?
5 자기보다 더 나은 자, 그보다 더 유능
한 실력을 갖춘 자를 모든 경쟁에서
이기며 우승자가 되고 일인자가 된다
는 것은 보통의 노력으로써는 안 되며
피나는 노력이 아니면 이루어질 수 없
음이니라.
6 지금 나의 법전을 만들어 세상에 전하
고자 선택된 너희는 이 세상의 인간
사회에서 우등생이 아니라 하늘과 땅
사이에서 너희가 다 우등생이 되어야
함이니,
7 너희가 가는 길이 얼마나 어렵고 힘
든 것이며, 우등생이 되기 위해서는
얼마만큼 너희가 무서운 노력을 해야
하는지 알겠는가?
8 인간 세상에서 인간의 욕심이요, 너희
가 목표하는 것, 그리고 거기에서 무
엇인가를 달성하는 것, 그를 위해서도

너희는 피나는 노력이요, 말할 수 없는 고통과 인내와 시련을 겪는 자만이 우승자가 될 수 있거늘,
9 하물며 하늘과 지상 모두에서 우승자요, 우등생이 된다는 것은 얼마나 그게 어렵고 힘든 길인 줄 알겠는가?
10 오로지 너희가 그와 같이 될 수 있는 것은 나의 십계명을 지키고 사는 길이요, 나의 법전대로 지키고 사는 길밖에는 없음이니라.
11 너희가 그 길을 넘어서는 아니 되며 그 길을 벗어나서는 우등생이 될 수 없음이니,
12 너희가 하늘과 땅 모두의 우등생이 되고자 한다면 천사 속에서도 우등생이 되는 것이며,
13 인간 세속에 사는 백성 중에서도 우등생이 되어야만 만백성에게 우등생이 될 수 있다는 것을 잊어서는 아니 될 것이니라.
14 그러한 자만이 나의 피조물 만백성의 생명을 구할 자격이 있으며 그들을 구원하여 복음을 전할 자격이 있다는 것을 너희는 잊어서는 아니 될 것이니라.
15 내가 너에게 보여 주었지 않던가?
16 네 방에 시커먼 벌레들이 우글거리고 덮여 있는 그 속에 네가 누워 있음이니, 누가 뭐라 해도 네가 지금 깨우치며 행함이 그와 같으니, 과연 네가 그러고서도 만백성을 구할 수 있겠다 하는가?
17 네가 누워 있는 방이 하얀 유리로 비치듯이 깨끗하며 하얀 종이로 된 그와 같은 마음의 형상이 이루어져야 하거늘,
18 네가 하고 있는 마음이요, 네가 하고 있는 행동이요, 네가 하고 있는 모든 그와 같은 것을 아직도 다 버리지 못하며,
19 네가 말로써는 일인자라 말하며 일인자가 되겠다 말하나, 네가 행동함에 있어서는 아직도 먼 것을 내가 너에게 보여 주었음이니,
20 그 무서움을 보고 그 두려움을 보고도 네가 바로 서지 못한다면 어찌하겠는가?
21 너는 바로 서야 할 것이니라.
22 정녕 네가 한 점의 부끄러움이 없는 깨끗한 사람으로 서야 할 것이니, 그를 너는 오늘부터 지켜야 할 것이니라.
23 그렇지 아니하면 내가 너를 계속 체벌할 것이며 용서치 아니할 것이니라.
24 정녕 한 점의 부끄러움이 없는 그와 같은 자가 되어야 될 것이니라.
25 마음으로 생각하는 것도 한 점의 부끄러움이 없어야 할 것이며, 행동하는 것도 한 점의 부끄러움이 없어야 할 것이니,
26 그리 서지 아니하면 내가 너에게 그와 같은 체벌로써 다스릴 것이니라.
27 네가 과연 벌레가 득실거리는 방에 누워 있다면, 그러고도 이 방에서 더 이상 견딜 수 있다고 생각하는가?
28 이제는 내가 너를 그와 같은 고통으로써 다스릴 것이니라.
29 그러니 내가 그 모두를 거둬들일 수 있는 이 방이 유리로 된 것처럼 깨끗한 방이요, 하얀 종이로 장식된 그와 같은 방의 모습으로 변화될 때까지 내가 너를 용서치 아니할 것이니라.

30 인간 세상에서 일인자가 아니요, 하늘
과 땅의 세상 모두에서 일인자가 되어
야 할 자가 너이니라.
31 그러니 네가 어찌 가야 하는지를 알
겠는가?
32 "아버님 알았사옵나이다.
33 말로써 약속을 천 번 만 번 해도 그는
다 아버님이 듣지 아니하시오며, 그는
아무런 효과가 없으며 거둬들이는 것
이 없으며,
34 하나하나 고쳐야 한다는 것을 알았사
옵나이다.
35 그리고 인간은 가장 큰 악습 하나를
버리지 못하며 놓지 못한다면 아무것
도 놓은 것이 없다는 것을 알았사옵나
이다.
36 이제 저는 저 자신의 악습을 알고 있
으며 제 욕심을 알고 있으며 제 마음
을 이제야 들여다볼 수 있는 것 같사
옵나이다.
37 알고 있기에 그 마음을 다 뽑아버리겠
으며 그리 행하겠사옵나이다.
38 아버님께서 힘과 용기를 주옵시고, 더
무서운 채찍으로 저를 벌하여 주옵소
서.
39 아직도 두려움을 모르며 아버님의 심
판이 무엇인가를 모르며, 아버님의 뜻
을 순종하지 아니했을 때 받는 체벌이
무엇인지를 모르고 있사오며,
40 아버님 뜻에 순종하며 그를 거역지
아니할 때 얼마나 영광과 역사가 오며
만백성을 구할 수 있는 자식으로서
제가 바로 설 수 있는지 아직도 실감
하지 못하며, 아직도 뼈저리게 감사함
을 느끼지 못하며 두려움을 모르고 있
사옵나이다.
41 짧은 인생의 육의 삶에 의하여 그를
벗어나지 못하며 그것에 모두를 맞추
고 생각하고 있으며,
42 말은 그리하지 아니한다 하며 행동은
그리하지 아니한다 하면서도 제 행동
은 그리하고 있으며, 저의 모든 욕심
을 그리 맞추고 있으며,
43 문득문득 잘못된 생각이 아직도 제 머
릿속에서 지워지지 아니하며, 수단과
방법을 가리지 아니하고 인간 세상에
서 살았던 습관이 아직도 저도 모르게
문득문득 솟아남이니,
44 이 자식을 용서하여 주옵시고, 매로
다스려 주옵소서.
45 결코, 이제는 그러한 일이 없게 하겠
사옵나이다.
46 모든 백성에게 용서를 빌며 모든 제자
에게 용서를 비나이다.
47 제가 그리 깨끗한 것처럼 아름답게 사
는 것처럼 했으나,
48 더러는 제가 문득문득 솟아나는 사악
한 마음을 아직도 다스리지 못했음이
니,
49 아직도 이중적이며 거짓된 자로서 단
상에 선 시간이 너무나 많은 것 같사
옵나이다.
50 그를 제자들에게 용서를 빌며 모든 백
성에게 용서를 빌며,
51 법전을 읽는 백성에게 지금까지도 깨
우치지 못함을 용서를 빌고 비옵나이
다.
52 이제 지금부터 나가는 법전이야말로
제가 정녕 아름답고 깨끗한 마음으로
써 만들겠나이다.

53 그리하여 2부, 3부, 4부요, 계속 법전
이 나가지 못하도록 한 아버님의 뜻을
알았사옵나이다.
54 아버님, 이제는 제가 가겠사옵나이다.
55 어떠한 시련과 고통이 있다 해도 저의
큰 악습이요, 불같은 성격이요, 그리
고 지지 않으려는 성격이요, 그리고
이해관계에 따라서 이득을 먼저 취하
려는 생각이요,
56 인간들과 똑같은 마음을 가지고 있는
그 생각을 버렸다 생각하며 지웠다 생
각하나,
57 때로는 그와 같은 생각이 아직도 불처
럼 일어나는 이 죄인을 용서하여 주옵
소서.
58 이제는 절대 어떤 것도 용서치 않겠
사옵나이다.
59 세상사에 눈을 감으며 세상사에 입을
다물며, 오로지 아버님의 법전을 쓰는
데만 최선을 다하고 노력하는 그와 같
은 삶을 살아갈 수 있도록 노력하겠사
옵나이다.
60 해 본다고 기도하는 것도 아니 되며,
한다는 기도도 아니 되는 줄 알았사옵
나이다.
61 하나하나 아버님, 고쳐 가겠습니다.
62 그리하여 제가 바로 서는 사람이 되도
록 하겠습니다.
63 하늘과 땅 사이에 천사들 속에서도 우
등생이 되며 모든 백성 중에서도 우등
생이 되는 그와 같은 제 삶을 살며, 저
의 제자들 또한 그리 이끌어 가겠사옵
나이다.
64 저의 죄를 용서하여 주옵소서, 아버
님!"

6,036 번째 하나님 말씀

2003년 4월 26일 07시 49분

1 사랑하는 나의 아들아!
2 "네, 아버님! 말씀하옵소서."
3 진정 천사와 같은 삶을 살라.
4 그리고 진정 한 점의 부끄럼이 없는
그와 같은 삶을 살라.
5 그것만이 네가 가야 할 길이며, 네가
역사할 길이며, 그것 외에는 네가 할
것이 아무것도 없음이니라.
6 너희가 살아가는 인간 세상에서 마음
을 비우지 못하는 것, 그리고 정리하
지 못하는 것, 그 모두는 다 너희의 욕
심임을 알아야 할 것이니라.
7 모든 욕심으로써 모든 발병의 근원이
며, 욕심이라는 것이 모든 화의 근원
이요, 근본이라는 것을 알면서, 어찌
너희는 그를 다스려 나가지 아니하는
가?
8 너희가 체중을 조절하고 체중을 빼고
자 몸부림치는 자, 말로써는 체중을
빼기 위하여 최선을 다한다 하나, 그
는 먹는 욕심을 다스리지 못하며 먹고
자 하는 욕심을 통제하지 못하기에,
9 그 욕심을 버리지 못하기에 체중을
빼지 못하며, 체중에 의하여 그들은
병마에 시달려 즉, 인생이 무너지며,
10 죽음이라는 선을 넘지 못하며 고통 속
에서 살아가느니라.
11 그리하여 너희가 체중이 늘어남으로
몸의 균형을 잡지 못함이니, 그 균형
이 깨짐에 의하여 너희의 병마가 시작
하게 됨이니라.
12 그러니 그것이 바로 무엇이더냐?

13 욕심이니라.
14 지금 너를 따르는 제자들이요, 나의
법전을 읽고 깨우치는 모든 백성, 너
희가 천사와 같이 되지 못하며 아름다
운 마음으로 살아가지 못하는 것은 무
엇인 줄 알겠는가?
15 너희가 인간에 대한 욕심을 버리지 못
하는 것이니라.
16 아무리 뚱뚱한 사람이라도 먹고자 하
는 욕심을 버렸다면 그는 날씬한 몸을
유지할 것이며 병마에 시달리지 아니
할 것이니라.
17 그러나 음식을 보면 먹고 싶은 욕심에
그 욕심을 억제하지 못하며 욕심을 다
스리지 못하니,
18 자기 자신을 다스리지 못하는 그와 같
은 형국에서 모두가 이루어지는 것이
며, 모든 화의 근본이 되는 것이니라.
19 너희가 남을 가르치는 것, 남을 위해
서 시시비비하는 것, 그리고 남에게
탓을 하는 것, 남이 잘못한 허물을 탓
하는 것, 그 모두도 인간의 마음의 욕
심을 버리지 못함이니,
20 그 욕심에서부터 무엇이든 다 이루어
지느니라.
21 너희가 이해관계의 욕심을 두지 아니
한다면 남을 시시비비하며 남을 탓하
는 그와 같은 추한 말을 하지 아니할
수 있음이니라.
22 그러니 너희가 욕심이라는 것이 열 가
지, 백 가지, 천 가지 사는 속에서 욕
심으로 하여금 모두가 이루어지니, 내
가 욕심을 버리라 함이니라.
23 내가 지금 너희에게 기록하여 전하였
음이니,
24 체중을 조절하려는 자가 음식에 대한
욕심을 버리지 못하여 그리 넘어진다
하였음이니,
25 그 욕심을 버림으로 그는 소기의 목적
을 달성할 것이니라.
26 너희가 천사가 되고자 하며 한 점의
부끄럼이 없는 삶을 살고자 하는 백성
이라면,
27 너희의 욕심을 버리고 세상을 보면 그
와 같이 살아갈 수 있음이니라.
28 너희가 그리 살지 못하는 것은 욕심을
버리지 못함이니라.
29 그 모든 욕심을 다스리는 건 자기와의
싸움이요, 자기 인내와의 싸움이니 그
와 같은 너 자신을 다스리도록 하라.
30 나의 아들 너는 그 모든 욕심을 버리
고 세상사의 모든 욕심을 다 지우도록
하라.
31 그리하면 네가 천사로서 살아갈 수 있
을 것이며, 오늘과 같이 내가 험악한
모습으로 너에게 보여 주지 아니할 것
이니 그리 알라, 사랑하는 나의 아들
아!

6,037 번째 하나님 말씀

2003년 4월 26일 08시

1 사랑하는 나의 아들아!
2 "네, 아버님! 말씀하옵소서."
3 내가 너희에게 1년 전, 부활의 의미를
뭐라 말하였던가?
4 부활의 그날은 너희가 구원하고자 하
는 백성, 너희가 선택하고자 했던 백
성에게 부활의 의미를 설명해 주며 생
선과 떡을 같이 나누며,

5 그들을 너희 성전에 인도하는 그와 같
은 역사로써 행하라 내가 너희에게 그
리 전하였건만,
6 너희는 지금 무엇을 생각하며 어떠한
일을 과연 하고 있는가?
7 내가 법전에 기록하여 너희가 부활절
의 의미를 되새기라는 것을 과연 너희
는 지금 생각하고 있으며 그를 행하고
있는가?
8 나의 법전을 몇 번씩 읽었다는 백성이
그 의미도 모르고 있으며 그것 하나
역사하고자 말하는 자가 없음이니,
9 너희가 과연 무슨 공부를 했으며 무엇
을 깨우쳤단 말이던가?
10 내가 부활절을 맞이하여 너희가 평소
에 인도하고자, 그리고 깨우쳐 구원하
고자 하는 사람들에게 온갖 정성을 다
하여 한 사람씩 구원하는 그와 같은
날로 삼으라 하였거늘,
11 어찌하여 너희는 지금 내가 기록한 나
의 법전을 수없이 읽고 깨우치면서도
그를 행하지 못한단 말이던가?
12 그러니 너희가 무엇을 깨우쳤으며, 나
의 말을 두려워하며 내가 너희에게 가
르치는 나의 법전이요, 새로운 성경의
내용을 무섭고 두렵게 생각하는 자가
어디 있으며,
13 나의 법전의 뜻이요 나의 성령을 나의
아들을 통하여 너희에게 강론으로 내
림이니,
14 그 또한 얼마나 두렵고 무섭게 생각하
며 작고 큰 것을 행하고자 하는 마음
의 자세가 어디에 있는지 다시 한 번
깨우쳐야 할 것이니라.
15 너희는 어찌하여 그와 같이 내가 내린
모든 명을 거역하며 듣지 않는 백성으
로 전락해 가고자 하는가?
16 지금의 모든 종교 집단이 부활절의 의
미를 어찌한다 했는가?
17 그들은 재물을 모으기에 급급하며,
18 그 재물을 모으는 축제였으며, 새 생
명을 죽이는 그와 같은 축제를 가지고
저희가 부활절의 의미를 그들은 행사
한다 하였음이니라.
19 부활절의 의미는 너희가 나의 아들 예
수의 고통과 시련을 생각하며, 나 여
호와가 존재함을 다시 한 번 새기며,
20 만백성을 인도하고자 하며, 그리고 너
희를 구원하고자 역사함을 깊이 깨우
치는 그와 같은 날로 기억해야 할 것
을,
21 너희는 지금 어찌하고 있는가?
22 재물을 모아들이며, 너희가 형식적인
행사며 그와 같은 것으로써 모두를 지
금 치르고 있음이니라.
23 더구나 너희가 가련하고 불쌍한 것은
생명까지도 그저 죽여 가는 그와 같은
행사를 너희는 부활이라 그리하며 부
활절 행사라 그리 생각하느니라.
24 너희는 여기서 깨달아야 할 것이니라.
25 내가 부활의 의미를 너희에게 이르기
를, 나의 아들을 그와 같이 보내 준 것
은, 나 여호와가 존재함을 너희에게
보여 주는 것이며,
26 하늘이 있으며 역사함을 내가 가르쳐
주며, 심판이 있음을 가르쳐 주며,
27 너희가 예수와 같이 사는 자는 다시
살 수 있다는 너희에게 내려보낸 가
장 큰 기쁨이요, 은혜의 선물이요, 상
징이거늘,

28 어찌하여 그를 너희는 악용하며 그 뜻
을 모르며 역행하는 그와 같은 행위를
하는가?
29 이제 나의 법전을 읽고 깨우친 백성,
나의 법전을 몇 번씩 읽었으며 정독했
다는 백성 너희가 부활절의 의미요,
행사요, 역사함을 지금 기억하는 자
누가 있으며 그와 같이 행하는 자 누
가 있던가?
30 이를 너는 점검하여 너의 제자들에게
그를 깨우쳐 주어,
31 너희가 평소에 사랑했던 사람들을 구
원하는 데 최선을 다하는 그와 같은
역사의 길을 가도록 그리하며, 부활의
의미를 그들에게 전해 주도록 그리하
라.
32 부활은 내가 너희에게 나 여호와가 존
재함을 보여 준 가장 큰 기쁨이요, 영
광의 선물이라는 걸 잊지 말도록 그리
하라.
33 그리고 모든 종파들이 행하는 그와 같
은 행사로써 너희는 일관해서는 아니
될 것이니,
34 너희는 한 생명을 구하는 그와 같은
역사의 장으로써 만들도록 그들에게
깨우쳐, 내가 법전에 기록한 내용대로
행하도록 그리하며,
35 나의 법전에 기록한 내용을 행하는 것
이 얼마나 중요하며,
36 그를 잊어버리며, 행하지 아니하고 사
는 너희가 하나도 깨우친 것이 없으며
깨달음이 없으며 나를 두려워하지 아
니하며 나의 뜻을 너희가 순종하는 것
이 아니요, 거역하는 자로 너희도 그
와 같은 마음의 자세가 가슴속에 도사
리고 있음이니,
37 그 모두는 인간에 대한 욕심만이 앞섰
으며, 나 여호와를 기쁨으로 인도하
는, 나 여호와의 기쁨을 위해 사는 그
와 같은 백성의 자세로써 살고자 하는
마음이 너희가 없으며,
38 오로지 육의 관계요, 육의 부귀영화
요, 육 속에서 이루어지는 것에만 너
희가 연연하는 마음을 버리지 못한 증
거라는 것을 너의 제자들에게 깨우쳐
주도록 그리하라, 사랑하는 나의 아들
아!

6,038 번째 하나님 말씀

2003년 4월 26일 08시 07분

1 사랑하는 나의 아들아!
2 너는 내가 내린 나 여호와의 머리말이
라는 것을 만백성에 다시 한 번 정독
할 수 있도록 그리 기록하여 전하라.
3 "너희 인간이 수년, 수십 년 평생 동안
4 성서를 공부하고 기도하는 것은
5 하늘나라 나에게 오르고자 함이니라.
6 수천 년 전의 너희 이념과 인간의 생
활 방식과
7 지금 너희의 마음의 차이가 너무 크니,
8 선지자를 통하여 책의 표지처럼
9 하늘에 오르는 길을 160권의 책으로
만들어 전하니,
10 너희는 쉽게 깨우치며 뉘우치고 하늘
에 오르는 길을 찾으라."
11 "여보게 지옥 불을 향하여 달려가는
당신,
12 뒤를 돌아 나를 보시오.
13 이 법전 '하나님! 말씀하옵소서'를 읽

고
14 깨달음을 가지시고
15 지옥 불 보고 달려가는 발걸음을
16 천상에 오르는 발길로 돌리시오.
17 여보시오,
18 어찌하여 하나님의 심판의 무서움을
모르고,
19 그리도 사악한 마음으로 죄를 짓고
20 회개와 용서를 받지 않고 가시오.
21 여보시오,
22 가던 발길을 잠시 멈추시오.
23 그렇게 지옥 불로 달려가면 어찌합니
까?
24 이 법전, 여호와 하나님의 메시지를
듣고
25 잠에서 깨어나 구원을 받고 가시오."
26 그러하니라.
27 너희가 지금 모든 믿음이요, 구원의
길이요, 나에게 오르고자 믿음의 길을
가는 백성 너희는 말로써 모두를 다
지키며 말로써 약속하며 나에게 회개
하겠다 하며 회개한다 그리 말하느니
라.
28 그러나 그는 되지 아니하니라.
29 너희가 지옥 불을 보고 달려가는 발걸
음을 멈춰 나의 법전을 가슴에 안고
정독하는 행동을 하며,
30 그리고 나의 법전대로 행하며 너희가
악습을 하나하나 고치며 그를 변하는
것만이 너희에게 뜻이 이루어질 것이
며 나에게 오를 수 있다는 것을 너희
는 알아야 할 것이니라.
31 너희가 작은 악습을 하나 고침으로 인
하여 나 여호와가 그에 대한 상을 내
리며 너희에게 은혜를 베풀어 준다 하
였거늘, 너희는 어찌하여 그와 같은
행위를 하지 못하는가?
32 너희가 평생 남으로부터 보기 싫어한
것, 남에게 죄짓는 짓, 남에게 악행 하
는 짓,
33 그리고 너희가 제 욕심의 질투를 버리
지 못하는 그와 같은 시기심에, 그리
고 이기적인 마음, 잘못된 너희의 악
습 하나를 버림으로 인하여 내가 너희
에게 구원의 상을 내린다 하였음이니,
34 너희가 하나의 작은 악습을 버림으로
인하여 내가 너희에게 내리는 구원하
는, 그 커다란 상은 세상에서 어떠한
보물보다도, 너희가 세상을 얻는 것보
다 더 소중한 상의 은혜거늘,
35 어찌하여 너희는 그를 받는 역사를 하
지도 못하고 말로써만 모두를 행하는
가?
36 말로써 행하는 것은 하나도 이루어지
는 것이 없다 세상에서 말하지 아니하
는가?
37 말로써 세상을 다 얻는 것처럼 말로써
모두를 다 심판하며 얻는 것, 그것은
너희에게 이루어지는 것이 하나도 없
다 하였음이니,
38 하늘에 오르는 길은 더욱이 그러하니
라.
39 너희가 작은 선행이요, 작은 악행을
이루는 그 모든 것에 대한 상은 반드
시 거기에 따름이니, 하늘에 오르는
길이요, 나와 약속하는 것은, 말로써
약속은 필요치 아니함이니라.
40 인간 세상에 너희가 가지고 있는 생각
이요, 너희의 마음을 가지고 어찌하여
하늘에 있는 나 여호와와 너희가 계약

을 할 수 있으며 계약서를 쓰고자 한
단 말이던가?
41 인간 세상에서 생각하는 너희의 그 모
두를 실천하는 순간에 너희가 하늘에
오르는 백성이며 천사와 같은 마음으
로 변화된 자요, 천사의 세상에 들어
오게 된다는 것을 알라.
42 인간 세상, 육의 세상의 삶을 사는 너
희가 하늘에 있는 나 여호와와 감히
계약을 체결하고자 하며 약속을 하고
자 하는 것이 너희가 콧물 눈물 흘리
면서 말로써 회개하고 반성하며 나에
게 약속을 드리는 것이 아니니라.
43 인간 세상의 너희가 악습을 가지고 나
에게 계약하여 그를 고치겠다 말하지
말라.
44 나는 그와 같은 계약을 인간 세상에
있는 너희와 할 수도 없으며 체결할
수도 없으며, 감히 너희가 가지고 있
는 생각을 하늘나라와 같이 생각하지
말라.
45 엄연히 육의 세상과 하늘의 세상은 구
분되었거늘, 어찌하여 너희가 감히 그
와 같이 하늘나라 나 여호와에게 약정
서를 받고자 하며 계약을 체결하고자
하는가?
46 그것은 필요 없음이니라.
47 너희가 선행을 베푸는 그 순간에 하늘
나라에 오를 수 있으며 하늘나라를 들
여다볼 수 있는 것이니, 너희가 악습
을 하나하나 고치는 것이 가장 위대한
것이며,
48 그리 고치는 자, 하늘에 오를 수 있으
며 내가 너희에게 상을 내림이니,
49 작은 선행을 함으로, 작은 악을 행하
지 아니함으로 너희에게 내가 내리는
세상의 은혜와 상은 이 세상에서 가
장 귀한 보물을 가장 많이 가진 자보
다도 더 위대한 영광이요, 축복이라는
것을 알라.
50 이제 육의 세상에 사는 너희가 하늘나
라와 계약하려 하지 말며,
51 어찌하여 공수표로 나와 너희가 더군
다나 계약을 체결할 수 있다고 생각하
는가?
52 그러니 그와 같이 말로써 계약을 체결
하는 용서와 회개를 하지 말며, 하나
하나 행동으로써 하나씩 집어 고쳐 가
도록 그리하라.
53 그리하는 것이 나에게 오르는 길이며
내가 너희를 기억함을 잊지 말라, 사
랑하는 나의 아들딸들아!

6,039 번째 하나님 말씀

2003년 4월 26일 09시 34분

1 사랑하는 나의 아들아!
2 "네, 아버님! 말씀하옵소서."
3 인간이기에 너희가 거짓 하지 아니하
며 나의 십계명대로 살 수 없으며 죄
를 짓지 않고 살 수 없다 그리 말하는
것이 너희가 얼마나 잘못되며 왜곡된
것인지 알겠는가?
4 너희는 과학의 문명이라는 것을 너희
머리로써 연구하지 않는가?
5 너희 머리로써 연구하여 달나라라는
곳에 너희가 기계를 가지고 사람이 가
며, 인간의 생명까지도 창조하겠다는
거기까지 도전하는 너희가 과연 그 한
계가 어디 있다 하는가?

6 너희가 노력하여 문화의 발전이요, 기계문명의 발전이요, 과학의 발전의 그 한계가 과연 너희가 생명을 만들어 내는 그 위에 얼마만큼 많이 변화되었으며 많은 역사를 이루는가?

7 그리고 너희는 인간의 기초과학의 틀 위에서 연구하고 또 노력하여 얼마나 많은 것을 세상에 만들어 냈으며 또한 얼마나 많은 변화를 이루어 왔던가?

8 기계문명의 발전이 너희가 신비에 가까울 만큼 만들어 냄이니,

9 너희가 그와 같이 머리가 한계가 없으며 생각하는 것이 끝이 없이 너희가 변화를 이루는 위대한 머리의 지혜를 생각한다면,

10 너희는 어찌하여 그것에서는 그와 같이 변화의 역사를 이루면서 그 계명을 지킬 수 없다고 그리 말하는가?

11 너희가 노력하는 한계의 끝이 없으며 노력하는 만큼 너희가 얻게 되며 육의 세상에서 한계까지 너희가 도달할 수 있지 않은가?

12 육의 세상에서 한계에 도달하여 그 한계를 넘는다면 바로 그건 무엇이더냐?

13 하늘나라에 너희가 발을 들여놓음이니, 그만큼 너희가 과학의 문명이요, 모든 변화의 역사는 그리 가면서,

14 어찌하여 내가 내린 십계명이요, 내가 지키라는 것을 너희가 능력이 부족하여 지킬 수 없으며 인간은 한계가 있기 때문에 지키지 못한다 그리 말함인가?

15 너희가 과학 문명을 변화시키는 역사처럼 노력하고 또 노력한다면 과연 그를 지키지 못하겠는가?

16 다만, 세상사에 남에게 부끄럽지 않은 아름다운 마음을 가지고 살겠다는 마음 하나만 다스리면 바로 그게 십계명을 지키는 것이며 나의 법전을 지키고 사는 행위이거늘,

17 그 마음 하나를 다스리지 못한다는 것이, 너희가 지금 과학의 문명이요, 이 세상의 변화의 역사를 이룬 것만큼 과연 그보다도 더 힘들고 어렵다는 말이던가?

18 너희가 노력하는 그만큼도 지키지 않으려 하는 것이 나의 십계명이요, 내가 내린 율법이요, 내가 내린 법전이니라.

19 너희가 과학 문명의 역사를 이루는 것만큼 온 정열을 다 바쳐 모든 심혈을 다 기울여 너희가 노력하고 또 노력한다면 나의 십계명을 못 지킨다는 말을 할 수 있겠는가?

20 평범한 마음속에서 그저 남에게 부끄럽지 않은 행위를 하고 정도를 살아간다는 마음 하나 갖고 살아가면, 그리고 온순한 마음으로 사랑하는 마음으로 살아가면 십계명을 지키는 것이며, 나의 법전대로 살아갈 수 있는 그 간단한 것을 너희가 지킬 수 없다 하며,

21 너희가 과학 문명의 끝은 극치에 달하고 또 달리고 있음이니, 이를 가지고도 나의 십계명대로 지킬 수 없다 말하는 자들이 얼마나 사악한 자며 얼마나 잘못된 자인가 너희는 알겠는가?

22 너희가 과학 문명의 변화의 소용돌이 역사를 생각한다면, 그보다 더한 노력과 그보다 더한 고충의 역사로써 너희가 지키고자 노력한다면 과연 나의 십

계명을 지키지 못한다 말할 수 있겠는
가?
23 이것 하나를 본다 하여도 너희가 얼마
나 지금 잘못 가르치며 잘못 가고 있
으며,
24 그를 듣고 그럴 수 있다 하여 죄를 지
으며 용서를 빌면 용서를 받는다 하여
눈물로 회개함이니, 회개하는 것은 내
가 듣지 않는다 하였음이니라.
25 그러니 과학 문명의 변하는 그 역사
의 한 장을 만드는 노력하는 자들보
다 너희가 십계명을 지키고 사는 것을
더 노력하는가?
26 그보다 너희가 십 분의 일, 백 분의 일
도 노력하지 아니하면서 나의 계명을
지킬 수 없다 하며,
27 너희가 거짓 하지 아니하며 도둑질하
지 아니하며 남을 속이지 아니하고는
도저히 살 수 없다 말하는 것이니,
28 그리 가르치는 자들이 잘못된 것이며
사탄의 후예들로서 그를 가르치는가
보라.
29 그와 같이 말하는 자를 너희가 단죄해
야 할 것이며 그와 같이 말하는 자의
말을 듣지 말라.
30 과학 문명의 변화에 너희가 노력하여
이루는 역사의 기틀에 얼마만큼 노력
하는가?
31 그보다도 너희가 노력하지 아니하며
감히 내가 불로 써 내린 나의 뜻이요,
나의 계명을 지킬 수도 없다는 것이니
얼마나 사악한 자며,
32 너희가 잘못된 자의 가르침을 듣고
'아멘, 할렐루야!' 눈물의 기도를 드리
는 어리석은 백성임을 알라.

6,040 번째 하나님 말씀

2003년 4월 26일 09시 44분

1 사랑하는 나의 아들아!
2 "네, 아버님! 말씀하옵소서."
3 이 세상이 지금보다 더 이상 사악해질
수 없으며 더 이상 나빠질 수는 없는
것이니라.
4 지금의 극치를 달리는 것이 너희가
타락된 것이며 썩은 이 지상의 형국
이니라.
5 그 모든 죄의 온상이 어디 있는 줄 아
는가?
6 너희 종교 집단이요, 지도자들이 잘못
섰고 잘못 가르쳤기 때문에 이와 같은
형국에 저질러져 있음이니라.
7 너무나 무서운 나의 백성으로 타락되
어 있으며,
8 나의 백성을 보기가 두려울 정도로 너
희 인간이 인간을 보기를 두려워하며
인간을 의심하며 그와 같이 지금 험악
한 세상으로 만들어졌음이니라.
9 그러니 여기에서 너희가 더 무너진다
면 과연 어찌하겠는가?
10 지금 나의 피조물 만백성 너희 마음의
상처가 세월이 가면 갈수록 점점 더
무너지며 사악해지며 너희 마음이 병
들어 가고 있음이니라.
11 아름답고 고운 쪽으로 너희가 변하는
것이 아니요, 나쁜 쪽으로 계속 빠져
들고 있으며 그리 썩어 가고 있음이니
라.
12 지금도 인간의 고통이 얼마나 고통스
러운가?
13 너희 삶의 마음의 불편함을 다 표현할

수 없을 것이니라.
14 인간 세상의 사악한 세상 속에서 살다 보니 너희 자신이 얼마나 불안하며 얼마나 고통스러우며 인간이 인간을 접하기가 두렵단 말이던가?
15 서로 더불어 살며 서로 어려움을 이해하며 사랑으로 살아야 할 인간 너희가 인간 세상에서 서로 의심하며 의혹하며 믿지 못하는 이와 같은 불신의 씨앗이 세상에 지금 팽배해져 있으니,
16 그러한 세상의 인간 속에서 더불어 살아가는 나의 사랑하는 백성 너희의 고통과 시련을 어찌 말로 다 표현할 수 있겠는가?
17 아름다움 속에서 살아가야 할 인간을 의심하며 인간을 의혹하며 그와 같이 불신 속에서 살아가는 이와 같은 형국이 되었음이니, 이보다 더 나빠진다면 과연 어찌해야 하겠는가?
18 이와 같이 험악한 세상이 된 것이 바로 무엇인 줄 알겠느냐?
19 지금의 종교 집단이요, 성전이요, 교회라는 곳, 그들이 지금 인도한다는 자들이 잘못 가르치며 잘못 섰기에 지금 이 세상이 험악해졌음이니라.
20 그러니 이 이상 더 나빠지며 더 썩어 가면 도저히 구원할 수 없음이니, 그가 바로 무엇이던가?
21 종교 집단이요, 그들이 교회라는 것을 세우며 저희의 성막을 세우며 회당을 세우는 숫자가 늘면 늘수록 이 세상은 더 썩어 가며 더 나빠져 감이니, 이를 어찌해야 하겠는가?
22 세상은 더욱더 나빠지고 있음이니라.
23 그 근본이 바로 잘못되었기 때문이니라.
24 모든 종교 집단이요, 지도자들이 가르치는 근본이요, 기본을 모르며 그들이 잘못 가고 있고 잘못 가르치기에,
25 그들이 교회라는 것이 하나가 더 생기면 세상이 더 혼탁해지며 더 썩어 가며 더 병들어 가는 그와 같은 형국이 되어 있음이니 그를 막을 수 있는 길이 어디 있겠는가?
26 인간의 어떠한 한계로써 그를 막을 수 있다고 생각하는가?
27 나 여호와가 한 번의 음성으로써 너희가 잘못됐으니 단죄하라는 자, 단죄하겠는가?
28 뿌리 깊은 그들의 관습이요, 폐습이요, 그들의 물질 공세요, 그 지도자들 집단이 인간의 향락의 맛을 본 그들을 도저히 돌릴 수 없음이니라.
29 고기의 맛을 본 자가 고기의 맛을 보고자 온갖 수단과 방법을 가리지 아니하듯이,
30 그들은 사악한 방법으로써, 잘못된 방법으로써 저희의 육이 편안하며 그저 말로써 제왕적인 자리를 지켜 나의 피조물 만백성으로부터 금화와 은화를 거둬들이며, 그들을 종같이 부릴 수 있는 맛에 닳고 닳아 그 맛에 젖어 있기 때문에,
31 그들은 죽으면 죽었지, 그와 같은 길을 변화시키지 아니하며 돌아서려 아니하며 바른 진리를 가르치려 하지 아니하는 것이니라.
32 그들은 지금 저희가 어찌 가느냐가 중요한 것이지, 나의 사랑하는 피조물 만백성을 구원하고 구원하지 아니하

고는 관계가 없음이니라.
33 그러니 나의 피조물 만백성이 구원을 받고 안 받는 것은 관계도 없이 그저 저희 주관대로 저희 뜻대로 입맛에 맞도록 끌어가는 데만 연연하는 종교 지도자들의 집단이 되었으니,
34 그들에게는 진리가 없으며 그들을 바로 세울 수 없으며 바로잡을 수 없음이니라.
35 그리하니 하나의 교회가 늘 때마다 나의 사랑하는 피조물 만백성이 지옥으로 가는 숫자는 늘어나며 그들의 고통의 생활은 더 험악함이니라.
36 그러니 하나가 느는 만큼, 그 세월이 흐르는 만큼 나의 피조물 만백성 너희는 고통과 시련 속에서 살아가니,
37 그 고통과 시련을 없애기 위하여 그를 바로잡고자 하는 것이 나 여호와의 뜻이니라.
38 그리하여 너희를 구원하는 길은 오로지 나의 성령이요, 나의 160권의 법전이 세상에 나와, 이를 보고 읽고 깨우치는 자, 그들이 구원받을 수 있으며, 지금의 가는 길에서 그들이 책을 보고 깨우쳐 바른길을 바라볼 수 있음이니, 그 길밖에 없음을 너희는 알아야 할 것이니라.
39 지금 나의 사랑하는 피조물 만백성이 구원을 받고자 그 길을 가고자, 바른 길을 찾고자, 그리고 하늘에 오르고자 얼마나 갈망하며 소원하는가?
40 그 불쌍한 나의 백성 그들을 구원하기 위해 내가 지금 제3의 시대에 마지막 나의 법전을 세상에 내려보내는 뜻이 거기에 있음이니라.
41 바로 서고자, 바로 가고자, 구원의 참 진리를 알고자 해도 그 길을 모르며 인도자가 없으며, 사악한 사탄의 후손들만이 들끓고 이끌고 가니,
42 그들이 혹시나 그것이 아닌가 하여 한 번 던지면 빠져나오지 못하는 그와 같은 지옥행으로 감이니,
43 그 불쌍한 백성이 더 이상 그들의 현혹에 빠져들지 아니하며, 그들의 현혹하는 말에 따라 지옥으로 가는 그와 같은 나의 백성을 구원하고자 지금 내가 160권의 법전을 세상에 내려보내는 뜻을 너희는 알아야 할 것이니라.
44 사랑하는 나의 피조물 만백성 너희는 들어야 할 것이니라.
45 교회라는 숫자가 지상에 더 늘며 성막이 더 늘며 그들의 성전이라는 것이 늘며 회당이 더 늘면 그들로서 이 세상을 덮으니,
46 그들로서 서로 찢어 먹고 나눠 먹고자 저희는 피비린내 나는 전쟁을 할 것이며, 서로 죽기 아니면 살기로 한 판의 결단이 벌어지는 것은 당연한 것이니라.
47 그러니 지금 그와 같은 처참한 형국을 막기 위하여 내가 모두를 다 녹일 수 있는, 그리고 모두를 깨우칠 수 있는 참진리를 책으로 만들어 너희에게 전하여, 내가 천 년에 걸쳐 역사하고자 하는 그 뜻을 알라, 사랑하는 나의 아들딸들아!
48 나의 법전이요, 나의 성령만이 너희 종교 집단이 서로 무서운 피비린내 나는 전쟁을 하기 전에 내가 너희를 구원하고자 함이니라.

49 너희의 모든 종교 집단이 커질 대로
커지며 서로 힘이 팽창했을 때는 서로
그를 겨루기 시작함이니, 그때는 견딜
수 없음이니라.
50 지금은 너희의 집단이 크고 작은 균형
에 의하여 너희가 감히 도전할 수가
없으나,
51 도전할 수 있는 힘이 생기며 도전할
수 있는 능력이 생겼다면, 그와 같은
서로 겨룰 만한 종교 집단이 수없이
생긴다면 서로 잡아먹으려고 그들은
인정사정 볼 것 없이 그저 만백성의
이름을 앞세워 저희를 따르는 병사들
을 전쟁의 전사로 만들어 치열한 전쟁
을 이룰 것이며,
52 죽기 아니면 살기로 피비린내 나는
종교 전쟁이 이 세상에 일어나, 나의
피조물 만백성이 그저 처참히 죽어 가
는 환난이 필연코 이루어지는 것이니
라.
53 그리하여 그를 막기 위하여 내가 모두
가 다 참진리의 길을 볼 수 있도록 책
으로 만들어 세상에 전함이니,
54 이를 접하는 백성이요, 이를 만드는
데 선택된 백성, 너희는 최선을 다하
라.
55 하나의 교회가 생기기 전에, 그를 막
기 위하여 나의 법전이 나가 그 길을
막아야 하며, 그들의 행위를 막아야
하며,
56 그들에게 금화와 은화를 바쳐 사탄의
후예에게 힘을 실어 주는 나의 백성이
바른길을 갈 수 있도록 그들을 먼저
깨우쳐야 함이니라.
57 그리하여 어린아이들부터 깨우치며
자라나는 아이들부터 나의 법전을 접
하며,
58 아직 믿음이라는 길에서 사악한 후예
들의 손아귀에 넘어가지 않은 백성이
이를 보고 바로 설 수 있도록 그들로
부터 새로운 천 년의 역사를 이루고자
하는 것이 나의 뜻이니라.
59 사랑하는 나의 아들딸이요, 나의 아들
을 따르는 제자 너희가 자세를 바르게
해야 함을 잊지 말라.
60 너희가 흔들리면 아니 되며, 너희가
부는 바람에 흔들리듯 좌우로 중심을
못 잡고 이곳저곳을 왔다 갔다 하며
이곳저곳을 너희가 들여다보는 것이
며, 어느 것이 진정한 진리인가를 의
혹하는 그와 같은 불안한 마음을 제거
하고,
61 목숨을 바쳐 나의 법전을 만들어 세상
에 전하겠다는 굳은 각오와 결의 외에
는 아무것도 너희 마음속에 가져서는
아니 됨이니라.
62 너희 자신이 그리 흔들린다면 이 역사
는 이루어질 수 없기 때문이니 그리
알라.

6,041 번째 하나님 말씀

2003년 4월 26일 09시 53분

1 사랑하는 나의 아들아!
2 "네, 아버님! 말씀하옵소서."
3 수천 년 동안 흘러간 종교 집단이요,
그 역사가 나의 아들 예수의 고통과
시련을 그들이 가슴 아픔을 알며 뜻을
받고자 하여 변하는 그와 같은 역사의
삶을 살았더라면,

4 오늘같이 이 세상이 험악한 지금의 종
말과 같은 시대는 있지 아니하였을 것
이며,
5 너희가 말하는 무서운 재앙으로써 나
여호와가 다스릴 것이라 그와 같은 생
각은 하지 아니하였을 것이니라.
6 그러나 모든 종교 집단의 지도자들이
나의 성령이요, 나의 뜻을 바로 가르
치지 못하며 내가 내린 비유의 뜻을
알지 못함이니, 그 원인은 어디에 있
는가?
7 그들이 천사와 같은 마음으로 변화되
었을 때, 그들이 아름다운 마음으로
변화되었을 때, 한 점의 부끄럼이 없
는 삶을 사는 종교 지도자로 바로 섰
을 때,
8 남들이 보지 않는 곳에서 아름다우며
남들이 보지 않는 곳에서 추한 짓을
하지 않는 자, 그리고 저 자신의 육신
을 위하여, 저 자신의 부귀영화를 위
하여, 제 육신의 편안함을 먼저 생각
하지 않는 그와 같은 종교 지도자에게
이 세상이 지도되어 이끌어 왔다면 오
늘같이 무서운 형국은 되지 아니하였
을 것이니라.
9 너희가 그와 같이 아름다운 모습으로
살아왔더라면, 종교 지도자들이 천사
와 같은 아름다운 마음으로 한 점의
부끄럼이 없는 지도자로 서기 위하여
모든 노력을 다했더라면,
10 오늘같이 내가 나의 법전이라 하여 새
로운 성경을 세상에 내려보내는 그와
같은 일은 없었을 것이니라.
11 그러나 너희가 나의 성경을 잘못 이해
하고 잘못 가르쳐, 그리하여 그것을
이제는 다시 돌이킬 수 없으며 뒤로
돌릴 수도 없으며 그 가르치는 방법과
너희가 하고 있는 그 행위를 중단할
수 없기에,
12 내가 지금 새로운 성경으로 나의 성령
을 태워 세상에 내려보냄이니라.
13 그러니 너희가 내가 내려보내는 나의
새로운 성경이요, 나의 법전을 읽고
깨우쳐 변화되지 못한다면, 너희는 나
의 피조물, 나의 모든 백성을 구원의
길로 인도하는 것이 아니요,
14 너희는 나의 백성을 지옥으로 인도하
며 이끌어 가고 있다는 것을 알아야
할 것이니라.
15 종교 지도자 너희 스스로 자신을 점수
로 매겨서 너희가 한 점의 부끄럼이
없이 살아가는 종교 지도자라 하면,
너희가 지금 나의 법전을 읽고 그와
같은 변화의 역사를 아니 해도 되느니
라.
16 지금 너희가 가는 성경이요, 성서의
가르침을 가지고 그리 살아갈 수 있으
나,
17 너희가 정녕 나 여호와의 뜻을 모르며
한 점의 부끄럼이 없는 그와 같은 삶
을 살지 못하는 종교 지도자라 하면,
너희가 지금 나의 법전을 읽고 변화되
지 아니하면 너희가 얼마나 무서운 죄
의 대가를 치를 것인가를,
18 한 사람의 생명을 죽이는 것도 살인자
라 하여 그 죄를 용서 못 하거늘, 너희
가 나의 수많은 백성을 지옥으로 지금
이끌고 안내하는 역할을 하는 그 죄를
감당키 어려움을 알아야 할 것이니라.
19 나 여호와는 나의 아들딸이 지옥으로

가는 것을 절대 원치 아니하며 고통으
로 가는 것을 원치 아니함이니라.
20 오로지 나의 나라, 천국의 내 품에 너
희가 올 수 있도록 나는 눈물로써 너
희를 기다리며,
21 너희가 나의 천국의 문에 들어서기를
바라는 것이 나 여호와요,
22 내가 너희가 지옥으로 가는 것을 원치
아니함이니라.
23 그러나 천국으로 오고자 하는 백성까
지도 지옥으로 인도하는 종교 지도자
의 집단 너희의 죄는 너희가 머지않아
그 죄가 얼마나 무서운 것인가를 알게
될 것이니 그리 알라.
24 그리하여 나의 법전을 지금 정독하여
너희가 구원의 길을 보도록 하며 구원
의 빛을 보도록 하라는 것이 나의 뜻
이니라.
25 짧은 세월 속에 감히 인간이 160권이
라는 법전을 써낼 수 있으며 나의 아
들이 죽을 때까지 그 많은 장서를 세
상에 남길 것이니,
26 너희는 그와 같은 역사를 할 수 있는
자가 있다 말할 수 있는가?
27 그 역사는 차후 후세에도 없음을 너희
는 알아야 할 것이니라.
28 그러니 너희가 이 세상에 내려보낸 나
의 법전을 사탄이요, 이단이라 규탄하
지 말며 귀를 막지 말며,
29 나의 법전을 읽고 정독하여 그 참뜻이
요, 참빛을 볼 수 있도록 그리 변하는
너희가 되어야 할 것이니라.
30 내가 지금 나의 아들을 통하여 내리는
나의 법전이요, 성경만이 너희를 심판
하는 길이며, 너희가 바로 하늘에 오
르는 길이 무엇인가를, 진리가 무엇인
가를 깨달을 수 있음이니라.
31 그러한 백성의 눈을 감게 하며 귀를
막는 그와 같은 짓을 하지 말라.
32 지금 내가 나의 아들을 통하여 수없이
부르짖고 전하는 법전의 가르침을 들
여다보지 아니하며 귀를 막고 닫아 버
리는 그와 같은 어리석은 자,
33 그와 같은 백성은 나를 만날 수가 없
으며 나의 음성을 들을 수 없으며 나
를 볼 수 없다는 것을 너희는 알아야
할 것이니라.
34 이 세상에 존재하는 모든 것은 나 여
호와의 뜻이며 나의 주관하에 이루어
지지 않는 것이 없다 그리 말하지 않
는가?
35 그리 너희가 한 입 가지고 말하면서
어찌하여 160권의 대장정의 이 놀라
운 법전이 세상에 내려오는 것을 감히
너희가 사탄이요, 이단이라 하며 귀를
기울이지 아니하는가?
36 너희는 이 법전의 책표지에 뭐라 쓰여
있느냐?
37 '하늘에 오르는 길'이요, '하나님! 말
씀하옵소서'라 썼음이니,
38 정녕 이게 사탄이 하는 짓이요, 사탄
이 내 이름을 팔 수 있으며 나를 사칭
할 수 있다고 생각하는가?
39 인간 세상에서 너희가 남의 이름을 사
칭하고 살 수 있다고 생각하는가?
40 그는 머지않아 그 모두가 들통나며 견
딜 수 없는 것이 아니던가?
41 하물며 나 여호와의 이름을 빙자하여
부르짖는 나의 이 법전이 과연 사탄이
요, 사악한 자가 하는 짓이라면, 내가

그를 용납하며 내 이름을 부를 수 있
도록 놔두겠는가?
42 사탄도 감히 내 이름을 함부로 쓰지
못하며 부르지 못하느니라.
43 그저 사탄이 지나가는 말로 제가 나
여호와라 말할 수 있으나,
44 책으로 기록하여 근거하여 수천수만
년 동안 흐르는 세월 속에 지구가 존
재하는 동안 존재하는 나의 법전의 이
름에 '하나님! 말씀하옵소서'라 하여
나의 뜻을 기록하며, 감히 나의 이름
을 부를 수 없으며, 내가 또한 그를 용
서치 아니하며, 그를 놔두지 아니할
것이니라.
45 너희가 진정한 성경이요, 진정한 참뜻
이라 하면 내가 어찌하여 그를 뒤집
어엎는 지금 이 법전이요, 새로운 성
경을 세상에 내려보낼 수 있단 말이
던가?
46 지금 감히 누가 그를 막을 수 있으며
사탄이 그를 막을 수 있다고 말할 수
있는가?
47 너희가 말한 대로 사탄이요, 악마가
나의 흉내를 낸다, 흉내를 낼 수 있다
하자.
48 그리고 그와 같은 짓은 잠깐 너희가
할 수 있다 하나,
49 봄에 햇빛에 녹는 눈처럼 사탄은 영구
히 그리 존재할 수 없으며 지탱할 수
없는 것이 사탄의 한계이니라.
50 그러니 영원히 지속하는 나의 법전,
이것을 감히 사탄이 만들 수 있다고
생각하며 악마가 만들 수 있다 생각하
는가?
51 너희는 여기서 그를 깨달으며 이 무서
운 역사 앞에 너희 스스로 나의 법전
을 읽고 깨우치는 그와 같은 변화를
해야 할 것이니라.
52 나의 법전을 읽고 너희가 깨우치지
아니하여도 되느니라.
53 그러나 나의 법전을 읽고 또 읽어 보
라.
54 그러면 그 속에서 너희가 스스로 깨
달음이 있을 것이며 바로 갈 수 있는
그 길을 알게 될 것이니라.
55 그와 같은 나의 백성이 나의 법전을
읽고자 하는 자, 그들의 눈을 감게 하
며 귀를 막는 사악한 짓을 하지 말라.
56 내가 다시 한 번 강조하니, 사탄이라
하면 감히 나의 이름을 부를 수 없으
며 나의 이름을 글로 쓸 수 없으며, 구
약과 신약보다도 더 위대하게 역사에
오래 존재할 것이며,
57 심판의 기준이요, 영원히 존재하는 새
로운 천 년의 역사를 이루는 기틀의
이 교본이 과연 사탄의 이름으로 세상
에 내려올 수 있다고 생각하는가?
58 그는 상상하지도 말며 너희가 꿈에도
그리 생각하지 말라.
59 그리 역사할 수 없다는 것을 알라.

6,042 번째 하나님 말씀

2003년 4월 26일 10시 01분

1 사랑하는 나의 아들아!
2 "네, 아버님! 말씀하옵소서."
3 나 여호와의 품에서 나의 계명대로 살
며 법전대로 살고자 하는 백성 너희는
고난과 핍박을 면할 수 없을 것이며,
스스로 너희가 역경과 고난을 지고 가

고자 하는 그와 같은 백성임을 알아야
할 것이니라.
4 나의 아들 예수가 죽음의 십자가를 지
고 가 고통 속에서 못 박혀 피 한 방울
까지 모두 다 쏟으며 죽어 가는 고통
처럼,
5 너희는 고난과 핍박을 너희 스스로 거
부하지 아니하며 그와 같은 고난이라
도 너희가 나의 법전을 역사하며 나의
뜻으로 만백성을 구하고자 하는 희생
과 봉사의 마음으로써 나의 아들을 따
르며 나의 법전을 읽고 공부하는 그와
같은 선택된 백성이니라.
6 그리고 너희는 그리 갈 수 있음을 나
여호와가 알기에, 내가 너희의 이름을
불러 나의 성전에 모였으며 내가 너희
에게 나의 뜻을 깨우쳐 가르치는 것을
알아야 할 것이니라.
7 너희가 어찌하여 고난과 핍박의 길을
가야 하는지 너희 스스로 알고 있지
않은가?
8 지금의 수천 년 동안 흘러온 종교 집
단의 사악한 관행의 방법이요, 습관이
요, 방대한 조직과 그들이 가진 물질
이요, 숫자의 힘을 다 버려야 하며,
9 지금까지 가던 방법을 다 거꾸로 반대
방향으로 돌아가야 한다는 것을 그들
은 과연 받아들이겠는가?
10 그들은 목숨을 바쳐 그를 받아들이려
하지 아니하며 그를 따르려 하지 아니
하는 것이니라.
11 나 여호와가 직접 내려와 너희에게 가
는 길이 잘못되었으니 지금 반대의 길
로 가라 아무리 이야기해도,
12 지금의 종교 집단이요, 지도자는 나를
사탄이 내려온 것이며 사악한 자요,
저 빛은 빛이 아니라 그리 말하며 욕
할 것이니라.
13 그리하여 그들은 그를 들어주지 아니
할 것이라는 걸 너희는 알아야 할 것
이니라.
14 그들이 얼마나 어리석은 백성인 줄 알
겠는가?
15 그리고 그 지도자들이 얼마나 사악한
줄 알겠는가?
16 하늘에 이루어진 모든 역사요, 하늘은
모두 빛으로써 이루어지며 성령으로
써 모두 형성되어 있느니라.
17 그 나라에 창고가 있으며 건물이 있으
며 재물을 바치면 그 재물이 하늘에
쌓인다 그와 같이 말하는 자들이니,
18 그들이 하늘의 뜻을 알며 하늘의 이치
를 아는가?
19 아무것도 모르는 자들이 종교 지도자
라 하여 지금 억지를 부리고 있느니라.
20 그와 같이 하늘에 창고가 있으며 하늘
에 보물을 쌓아 놓는 곳이 있다 하여
보물을 바치라 하여 저희가 착취하는
사악한 그들의 수법과 재미를 그들은
버릴 수 없음이니라.
21 그리하여 나 여호와가 직접 내려와 너
희가 가고 있는 믿음이 잘못되었으니
이 모두를 다 뜯어고치며,
22 너희가 가지고 있는 회당을 다 무너트
리며 그 회당을 남에게 나눠 주는 그
와 같은 역사를 이루라 그리한다면,
그들이 따르며 그들이 과연 역사하겠
느냐?
23 그들은 죽기 살기로 그를 하지 아니할
것이며,

24 사탄의 소리요, 사탄이요, 마귀가 하
는 짓이라 그리 말할 것이니라.
25 저희는 회당에서 재물을 거둬들이며
십일조를 거둬들이며 헌금을 거둬들
이며 그와 같은 행위를 계속하는 것이
나 여호와의 뜻이요,
26 이 모두를 무너트리라 하는 것은 사
탄이 하는 짓이라 그리 말함이니라.
27 그러니 내가 말로써 해도 그를 통할
수 없기에, 내가 책으로써 지금 모든
문을 닫으며 반대 길로 가야 하며 거
미줄을 쳐야 하며 그걸 나눠서 모든
신도에게 나눠 주는 그와 같은 역사를
하지 아니하면, 너희의 손으로 지은
성전이요, 교회라는 곳은 지옥의 근본
의 원인이며 죄악의 근본이라 내가 그
리 말하여 책으로 만들어 전함이니,
28 이것이 나의 성령이요, 나의 음성이라
는 걸 알아야 할 것이니라.
29 그들이 모든 물질의 힘이요, 인간 조
직의 힘이요, 그 모두를 다 놓아야 하
며 버려야 하며 반대 방향으로 가야
하며, 재물을 거둬들이지 말아야 한다
는 너희의 부르짖음을 듣겠는가?
30 그러니 그들 모두가 너희에게 얼마나
핍박이 심하며 고통과 시련을 주겠는
가?
31 그러니 너희가 고통의 십자가를 짊어
지는 나의 아들 예수의 고통보다도 더
무서운 고통을 인내하고자 하여 선택
된 백성이며 그 길을 자청한 것이라는
것을 알아야 할 것이니,
32 목숨을 두려워하지 말며 죽는 것을 두
려워하지 말라, 사랑하는 나의 아들딸
들아!
33 너희가 목숨을 바쳐 역사할 때 목숨을
구원할 것이며 너희가 나의 뜻을 이룰
수 있는 전사로서 굳건히 섬을 알아야
할 것이니라.
34 너희가 목숨을 바쳐 나의 뜻을 전하며
나의 법전을 전하고자 그와 같이 강력
한 전사로 섰을 때,
35 너희 칼 앞에 누구도 굴복하지 아니할
자 없으며 그들의 칼로써 너희 칼을
벨 수 없다는 것을 알아야 할 것이니
그리 알라.
36 모두를 다 버리며 거꾸로 가라 하니
그들이 얼마나 너희를 핍박하겠는가?
37 그들의 권위와 재물을, 부귀와 영화의
뿌리 모두를 뽑아 버리고 너희가 다시
태어난다 하니 그들이 듣겠는가?
38 모든 것을 버리지 아니할 것이며 절대
버리지 아니할 것이며 버릴 수도 없는
것이 그들이니라.
39 욕심이 그득한 자들이 그를 안 버릴
것이며 그를 버릴 생각도 아니 할 것
이니라.
40 그러기 때문에 그들은 너희를 핍박할
것이며 짓이기려 할 것이니라.
41 그들은 자신을 지키기 위하여 인간으
로서 할 수 있는 최대의 방법을 다 동
원할 것이며,
42 하늘을 두려운 줄 모르며 나 여호와의
두려움을 모르며 나에게 심판받음을
생각하지 않으며 그것은 뒷전으로 미
루고,
43 너희에게 고통과 핍박과 시련으로써
나의 법전이 세상에 나오지 못하며 나
의 법전이 세상에 빛을 보지 못하며
나의 아들과 나의 아들을 따르는 제자

너희까지도 쓸어버리고자 하는 무섭
고 사악한 간계를 짤 것이며 방법을
동원할 것이니,
44 고난과 핍박과 고통이 어떨 것인지를
너희는 알아야 할 것이니라.
45 여기서 너희가 무너지면 안 되며 넘어
지면 안 됨이니라.
46 나의 아들 예수가 십자가에 못 박혀
죽는 것으로써 너희를 깨우치려 했던
그 아름다운 방법으로써는 나의 피조
물 만백성을 다스릴 수가 없으며 그들
을 깨우칠 수 없지 않던가?
47 그러니 이제 너희는 물러서서도 안 되
며 양보해서도 안 되며 타협해서도 안
됨이니라.
48 오로지 나의 법전으로써 너희가 만백
성을 구하며 세상에 전하며 하얀 눈이
세상을 다 덮듯이 나의 법전을 만들어
세상에 전하는 역사만이 너희가 해야
할 길이며 가야 할 길이라는 것을 잊
지 말라, 사랑하는 나의 아들딸들아!

6,043 번째 하나님 말씀

2003년 4월 26일 10시 26분

1 사랑하는 나의 아들아!
2 "네, 아버님! 말씀하옵소서."
3 너희가 나의 십계명대로 살고자 몸부
림치며 나의 법전의 내용대로 지키고
바르게 살고자 노력하는 만큼 너희는
모든 기존 종교 집단으로부터 핍박을
받음이니,
4 그와 같은 핍박과 공격과 고통이 너희
가 말로써 표현할 수 없는 무서운 결
과가 있다는 것을 알아야 할 것이니라.
5 그들이 너희에게 어찌 공격하는 줄 알
겠는가?
6 사자라는 동물이 먹이를 공격하는 것
보다도 더 무서운 방법이요, 무서운
속도로써 모든 방법을 다 동원하여 너
희를 공격하며 무너트리고자 하기 때
문임을 알아야 할 것이니라.
7 수천 년 동안 저희가 즐겁고 행복하게
살아왔으며 제왕적인 대우를 받으며
살아왔던 믿음의 길이요, 관습과 악행
을 그들은 거슬러 다스려야 하기 때문
이니라.
8 그리고 그들은 그를 다 버려야 하며
다 고쳐야 하기 때문이니, 그들이 많
은 폐습을 하루아침에 고칠 수가 없으
며 그들이 존재하는 동안에는 제왕과
같은 행위를 버리려 하는 자가 아무도
없음이니라.
9 그리하여 그들은 그 행위를 거부하게
되어 있으며, 아무리 내가 내리는 진
리요, 나의 법전이요, 하늘에 오르는
길이라 하는 나의 성령을 내려보내 줘
도 그들은 그를 보지 않으려 하며 그
것을 바로 세우려 하지 아니하는 것이
니라.
10 그들이 가는 길이 지옥으로 간다 해도
그들은 바로 세우지 아니하며 바로잡
으려 하지 아니하는 것이며,
11 그러하기에 나의 뜻을 들으려 하는 것
이 아니요, 나의 진리를 귀담아들으려
하는 것이 아니라,
12 그를 거역하며 역행하는 것을 두려워
하지 아니하며 겁먹지 아니하며 무서
운 줄 모르고 있기 때문이니라.
13 그와 같은 자들에게 너희는 타협할 수

없으며 양보할 수 없는 길을 가야 하
기 때문이니라.
14 그들이 가고 있는 것이 진리의 길이
요, 하늘에 오르는 길이 아님을 너희
가 알기에 그들과 정녕 타협할 수가
없기 때문이니라.
15 너희가 가는 길이 진리요, 하늘에 오
르는 길이요, 나의 뜻이라는 것을 확
실히 알고 있기 때문에 너희는 포기할
수 없으며, 그들과 타협하지 아니하
며, 그들과 협잡할 수 없으며,
16 너희는 사자가 먹이를 공격하는 무서
운 방법으로써 공격하는 그들의 살벌
한 공격을 다 막아야 하며 그를 가슴
으로 지탱하고 나가야 하는 것이니라.
17 지금 모든 종교 집단은 신흥 종교 집
단을 서로 이단이요, 사탄이라 말하나,
18 저희가 뒷거래를 하며 그 숫자가 늘어
나며 서로 힘을 겨루어 버거우면, 그
들은 사탄이요, 이단이라 말했던 자들
이 같이 손들어 주며 같이 협잡하고
타협하여 같이 가기를 원하는 것이니,
19 너는 너대로 나는 나대로 그와 같은
길을 가고자 하는 것이 그들이니라.
20 힘을 겨루어 이길 수 없을 때 그들은
감히 사탄이요, 이단이라 말하지 아니
하며 그저 수용하며, 서로 좋은 게 좋
다고 어울려 가는 것이 지금 이 세상
에 이루어진 종교 집단이요, 지도자들
이니라.
21 그리하여 그들이 살아남기 위하여 세
를 불러야 하며 숫자를 불러야 하며,
남들이 감히 넘어트릴 수 없는 큰 성
전을 지어야 하기 때문에 온갖 수단과
사악한 방법이 거기에 동원되니, 그리
하여 그들은 십계명을 지키고 살 수
없다 말하느니라.
22 그러니 그들은 너희를 적으로 생각하
며 삼켜 버리기 위하여 수단과 방법을
가리지 않고 공격할 것이니,
23 지금 너희가 나의 뜻대로 살려는 백성
자체도 얼마나 어렵고 힘든 길을 가고
있는가를 알아야 할 것이며,
24 그리하여 바르게 가고자 하는 백성마
저도 바르게 가지 못하며 그들을 따라
사악한 길로 가는 백성을 구원한다는
그와 같은 너희의 굳은 결의와 나의
뜻대로 행하는 것이 진정한 승리자라
는 것을 너희가 굳게 믿고,
25 맹수보다도 더 무섭게 공격하고 대드
는 그들 앞에 굴복하지 말며 타협하지
말며 싸워 이기는 그와 같은 길을 가
야 하는 것이 너희이기에,
26 너희가 수난과 고통의 길을 넘고 넘어
야 함을 알아야 할 것이니라.
27 지금 나의 법전을 읽고 깨우쳐 가고자
하는 백성 너희가 어떠한 고난인 줄
알겠는가?
28 적진에서 수없이 퍼붓는 실탄을 너희
가 피해서 또 그 실탄 속에서 달려나
가 적을 공격해야 하는 그와 같은 상
황이라는 것을 알아야 할 것이니라.
29 때로는 적이 퍼붓는 그 실탄이요, 화
살에 의하여 너희 몸이 고슴도치라는
동물의 가시와 같이 수천수만 개를
가슴에 안고도 공격하는 것을 중단하
지 말며 또 넘고 넘어 사악한 자들을
물리쳐야 하는 그와 같은 험난한 길을
가는 것이 너희이니라.
30 너희가 적으로부터 퍼붓는 화살이요,

총탄에 고슴도치라는 동물처럼 만신
창이가 되어, 때로는 너희가 죽음의
고통과 싸우면서 때로는 죽음을 두려
워하지 아니하며 적진을 향하여 공격
해야 하는 것이 너희 뜻이며 굽히지
말아야 하는 것이 너희 뜻이니라.
31 그러니 너희가 죽어 가는 것을 두려워
하지 말며 쓰러져 가는 것을 두려워
하지 말아야 할 것이니라.
32 너희에게 수없이 쏟아지는 적탄이요,
수없이 쏟아지는 화살이 고슴도치라
는 동물처럼 수만 개가 너희의 몸을
짓누르고 박힌다 해도,
33 너희는 그를 두려워하지 말며 견디고
나가야 하는 것이 너희의 운명이라는
것을 잊지 말라.
34 그와 같은 용기와 희생의 자신이 없다
하면 나의 법전은 세상의 승자가 될
수 없음을 너희는 알아야 할 것이니라.
35 나약한 사슴이 사자 앞에 견딜 수 있
는가?
36 사자의 무리가 공격할 때 그는 견디지
못하고 죽음이니라.
37 그와 같은 것이 지금 너희의 형국이며
견디기가 그와 같이 어려움이니라.
38 그 속에서 너희가 살아나야 하며 버티
고 이겨 내야 하니, 불가능한 싸움에
서 역전승을 거둬야 하는 것이 너희가
가야 할 길이니, 이를 두려워하지 말
며 무서워하지 말라.
39 너희 자신을 던져서 많은 사슴이요,
동물을 살릴 수 있다 하면 너 자신이
희생될 수 있도록 사자의 소굴로 뛰어
드는 것,
40 그리고 사슴을 남이 공격할 때 너희
자신을 던져 죽는, 그와 같이 스스로
죽어 가는 너희의 장렬한 죽음이 아
니면, 희생이 아니면 결국 나의 법전
은 이길 수가 없으며 역사할 수 없다
는 것을 너희는 알아야 할 것이니,
41 바로 그러니 너희의 고통과 시련이 얼
마나 심하며, 버티고 이겨 나가기가
얼마나 고달프고 힘든가를 알아야 할
것이니라.
42 사랑하는 나의 아들딸, 선택된 너희는
그와 같은 역할을 하는 것이니라.
43 무수히 쏟아지는 실탄 속을 뚫고 적들
을 향하여 공격하는 너희요, 모든 사
슴이요, 동물을 살리고자 사자의 무리
에게 대드는 자, 버티고 서 있는 자,
그 장렬한 죽음이요, 그 장렬한 희생
만이 너희가 이기는 길이라는 것을,
44 그 길을 위하여 선택된 것이 너희며
역사를 위해서 선택된 것이 너희라는
것을 잊지 말라, 사랑하는 나의 아들
딸들아!

6,044 번째 하나님 말씀

2003년 4월 26일 23시 01분

1 사랑하는 나의 아들아!
2 "네, 아버님! 말씀하옵소서."
3 너를 따르는 사랑하는 제자들과 나의
법전을 읽고 깨우치는 만백성, 너희는
알아야 할 것이니라.
4 너희는 인간 세상 속에 살아가면서 세
상의 진리요, 기록을 보유하기 위하여
노력하는 자가 얼마나 고통 속에서
피나는 노력을 하는가?
5 인간의 한계를 넘는 그와 같은 노력과

고통 속에서 그들은 세상의 일인자가
됨이니라.
6 육의 세상에 너희가 노력하면 이룰 수
있는 그와 같은 일인자가 되는 것도
너희가 피나는 노력이요, 감히 상상할
수 없는 노력을 함이니라.
7 때로는 목숨을 내걸고 그 목숨을 바치
고자 하는 그와 같은 노력과 각오로써
그들은 인간 세상 속에 이루어지는 너
희 삶에서 일인자가 되는 것이니라.
8 지금 내가 나의 아들이라 하여 나의
성령을 태워 나의 법전을 세상에 전하
는 역사를 만드는 너와 너의 제자들은
인간 세상에 일인자가 아니요,
9 인간 세상에 일인자는 물론이요, 하늘
의 천사와 똑같은 그와 같은 백성이
되어야 하며 거기에 손색이 없는 백
성으로서 너희가 서야 하거늘,
10 얼마나 시련과 고통과 역경을 노력해
야 하는가 너희는 생각해 봐야 할 것
이니라.
11 너희는 나의 법전이 세상에 덮어지는
것, 나의 법전을 백성이 읽고 깨우치
는 것, 그 모두가 스스로 그저 이루어
질 것이며 내가 역사할 것이라 그리
생각하나, 내가 너희에게 무어라 말하
였느냐?
12 한 사람의 백성이라도 너희가 이끌어
와 그들을 깨우치는 역사를 했을 때
너희가 그 속에서 깨달음이 있으며 거
기서 얻는 것이 있다 하였음이니라.
13 그러나 너희는 과연 지금 어찌 가고
있는가, 과연 어찌 무엇을 역사했는가?
14 그러면서도 너희가 세상의 일인자가
될 것이며 하늘과 땅을 통하여 천사와
같은 인간 세상을 넘는 자세로써 너희
가 나의 전사요, 나의 뜻을 전하는 백
성이라 말할 수 있는가?
15 너희는 나의 아들을 통하여 내가 내리
는 나의 성령이요, 나의 법전을 수없
이 강론을 들으며 나의 법전을 읽고
읽어 깨달음이 얼마나 높이 가 있는
가?
16 그러고도 너희가 나의 뜻 하나를 행
하지 아니하며 내가 너희에게 명하는
것을 소홀히 하고 있음이니,
17 그러고도 너희가 어찌하여 세상의 일
인자라 하며 만백성의 생명을 구할 수
있는 나로부터 선택된 전사요, 나의
명을 받아 움직이는 선택된 백성이라
감히 말할 수 있겠는가?
18 너희에게 나의 작은 명령 하나도 소중
히 다루며 그를 생명과 같이 지키라
하였거늘, 명령 자체도 생명과 같이
지키라 하였거늘,
19 내가 무엇을 역사하라는 명을 직접
내렸거늘 그 하나도 실천하지 못하며
행하지 못하는 너희이니,
20 과연 그러고도 나로부터 선택된 백성
이라 하는가?
21 인간 세상에 일인자가 되려고 노력한
자, 일인자의 명예를 얻은 그들에게
한번 그 경험담을 들어 볼 것이며, 그
들이 써낸 책들을 한번 읽어 너희의
상식으로 만들어야 할 것이니라.
22 어떠한 고통과 역경으로써 그들이 일
인자가 되는가?
23 너희는 나의 성령을 가지고 만백성을
구하는 이 지상의 모두를 통틀어 일인
자요,

24 한 사람의 인간은 한 가지 종목을 위
해서 그가 일인자가 되고자 몸부림치
나, 너희는 이 세상 수천수만 가지를
다 통틀어 일인자가 되어야 할 것이
며,
25 그 일인자라는 것은 너희가 천사와 같
이 변하는 그 위대한 역사함이니라.
26 그러하거늘 너희가 과연 얼마나 노력
하며 얼마나 그 길을 위하여 몸부림
치며, 나의 법전을 세상에 만들어 내
고자 너희가 무엇을 하며 얼마나 노
력하며 나의 법전을 세상에 전하고자
얼마나 역사하는가?
27 너희는 감나무 밑에서 감이 떨어지기
를 바라며 입을 벌리고 누워 있는 자
와 무엇이 다르던가?
28 과연 그 감이 떨어져 너희 입에 들어
갈 수 있다고 생각하는가?
29 너희가 지금 나의 법전을 전하는 것,
나의 법전을 만들어 내는 것을 그저
세월이 지나면 될 것이라 하는 그와
같은 생각은 너희의 착각이니라.
30 너희의 노력과 노력으로써 모두를 이
루어야 할 것이며 그 모두를 역사해야
할 것이니라.
31 내가 나의 아들을 통하여 너희에게 수
없이 가르쳐 주었음이니라.
32 너희가 변해야 하는 이유, 내가 너희
에게 명한 것을 따를 때 왜 명한 것이
며 왜 행하도록 했는가를 안다 했으니,
33 나의 가르침은 그와 같이 영원히 계속
진행될 것이니라.
34 너희가 최선을 다하여 법전을 만들고
법전을 전하고자 노력할 때, 내가 너
희에게 역사할 것이며 그리고 너희에
게 희망과 용기를 줄 것이니라.
35 인간 세상에서 한 가지 종목으로 세상
의 일인자가 되기 위해서 그는 목숨을
내건 피나는 훈련을 하고 있음이니라.
36 모든 것을 다 합쳐 일인자가 될 수 있
는 너희가 일인자가 되어야 할 너희의
오늘의 그 자세가 무엇인가?
37 너희가 살아가는 것이 일반 나의 백성
과 무슨 차별화된 것이 있으며 변화된
것이 있는가?
38 너희가 허리끈을 과연 얼마나 조여
매며 너희의 몸가짐을 얼마나 조여
매는가, 그리고 너희가 얼마나 노력했
는가?
39 너희는 그와 같은 역사 속에서 무엇이
이루어질 것이라 생각 하지 말라.
40 내가 천 년에 걸쳐서 모두를 이룬다
하였음이니, 천 년 속에 너희가 살아
가는 생명은 일부밖에 되지 아니함이
니, 너희가 눈을 감고 세상을 떠난 다
음에 다른 백성으로 하여금 그 일을
역사할 것을 너희는 바라는가, 그를
희망하는가?
41 너희는 나로부터 선택된 백성이요,
42 그 삶에서 지금까지 살아온 모든 죄를
나 여호와의 이름으로 너희를 용서해
주었으며, 너희가 어린아이의 착하고
아름다운 마음으로써 잘하며 생활하
며 너희가 나의 법전을 만들어 세상에
전하라 하였음이니,
43 과연 너희가 그 일을 위하여 얼마나
바쳤으며 얼마나 노력했는가?
44 이제는 너희 자신을 들여다봐야 할 것
이니라.
45 나의 아들만을 바라보며 나의 아들의

기도 소리만 귀를 기울이며 나의 아들
을 통하여 내리는 성령의 뜻만을 듣는
너희가 과연 얼마나 역사했는가?
46 내가 너희에게 무어라 말하였느냐?
47 한 사람씩 너희가 선택하여 구원하라
그리하였음이니라.
48 내가 나의 아들을 통하여 나의 법전에
부활절이라는 그날을 내가 어찌 보내
라 하였느냐?
49 모든 종교 집단들은 저희가 행사하여
생명이 있는 계란을 삶아 죽이는 그와
같은 짓을 하며 부활절이라 하고 있음
이니라.
50 그러나 내가 너희에게 무어라 하였느
냐?
51 1년이요, 또한 많은 세월 속에 구원하
고자 하는 자, 그리고 구원하고 싶은
자, 그를 찾아가 너희가 떡과 생선을
같이 나누며 부활절의 의미를 설명하
며 나 여호와가 존재함을 설명하여 그
들을 구원하는 그와 같은 부활절의 역
사를 갖도록 내가 너희에게 명하였거
늘,
52 과연 그를 생각하는 너의 제자들이 얼
마나 있으며, 그를 생각하여 행하는
백성이 얼마나 있는가?
53 나의 법전을 수없이 읽고 읽은 너희가
어찌하여 그와 같은 깨달음이 없으며
생각이 없으며, 그저 아직도 법전 책
장만 넘기는 것이요, 그 의미요, 그 진
리의 뜻을 모르는 것인가?
54 그러고도 너희가 만백성을 구할 수 있
는 자며 세상의 일인자가 될 수 있으
며 천사와 같은 자격으로서 설 수 있
다고 생각하는가?
55 너희는 그와 같은 형국이니라.
56 그와 같은 잘못된 정신세계를 가지고
있는 너희에게 내가 무엇을 맡길 수
있으며 무엇을 이룰 수 있는가?
57 방탕한 생활을 하는 자식에게 부모가
유업을 내릴 수 있으며 가산을 맡기고
눈을 감을 수 있는가?
58 그 방탕한 자식에게는 부모가 그를 하
지 못하게 되어 있음이니라.
59 너희가 깨우치지 못하였으며 변하지
아니하였으며, 내가 법전대로 사는 것
이 하늘에 오르는 길이라 했거늘, 너
희에게 명한 법전에 기록된 내용을
하나하나 찾아내 과연 행하고 있는가
를 점검한 자 있는가?
60 열여섯 권의 법전 속에 너희가 행할
것, 역사할 것을 뽑아내어 그를 지키
고 행하고자 기록하여 뽑아낸 제자가
있는가 물어보라.
61 그러니 너희가 읽으며 지나가며 '이런
것이 있었으며 이와 같은 것이 있구
나!' 하고 흘려보낸다면 내가 명하는
것도 너희가 행하는 자가 아니요, 지
키는 자도 아니니,
62 내가 너희에게 무엇을 남기며 무엇을
역사할 수 있다고 생각하는가?
63 이제 너의 제자들에게 이르라.
64 법전에 있는 지키라 명한 모든 것, 그
하나하나를 기록하여 너희가 서로 질
문하며 서로 그를 깨우쳐 주며 나의
아들이 지켜야 할 것, 너희가 지켜야
할 것, 그를 다 구분하여 기록하도록
하며,
65 그를 발췌하여 너희 스스로 토론하며
공부하는 그와 같이 변화되는 생활을

하도록 그리 전하라.
66 그리하여 너희가 거기에 따라서 행할
때 정녕 행함을 따르는 것이며, 너희
가 나의 뜻에 정녕 순종하는 백성이라
는 것이니,
67 너희 스스로 그와 같은 길을 찾아야
할 것을 너희가 바로 서지 못하기에,
68 내가 나의 아들을 통하여 이 법전에
기록하여 너희에게 전하는 나의 수고
로움을 너의 제자들이 그리 행하고 있
음을 알라.

6,045 번째 하나님 말씀

2003년 4월 26일 23시 16분

1 사랑하는 나의 아들아!
2 "네, 아버님! 말씀하옵소서."
3 세상을 거역하며 너희 자신이 나의 진
리의 뜻을 지키고자 한다면, 너희가
과연 나의 법전을 접하면서 고통과 시
련이 시작되었다는 것을 느끼지 못하
는 백성이라면, 그리고 그를 느끼지
못하는 선택된 백성이라면,
4 너희는 잘못 가며 잘못 깨달음의 길을
가는 백성이라는 것을 알아야 할 것이
니라.
5 너희가 지금 살아가는 그와 같은 형국
에서 너희가 지금 그들과는 차별화되
는 삶이요, 세상사의 일반 백성이 살
아가는 그와 같은 생활을 거역하며 바
로 서고자 하는 나의 백성이요, 진리
를 찾아 오르고자 하는 선택된 백성이
라면,
6 나의 법전을 접하는 순간에 너희의 고
통과 시련이 시작되었으며,
7 그리하여 고통과 시련을 너희가 어찌
이기는 역사를 이루며 나의 법전을 어
떠한 고통과 시련이 있다 해도 만백성
에게 전하는 그와 같은 마음의 다짐과
각오를 하지 아니하였다면,
8 너희는 일반 백성이요, 지금 믿음의
길을 가는 종교 집단이요, 지도자처럼
너희가 어렵고 힘들 때 서로 타협하고
자 하는 그와 같은 사악한 마음이 너
희 가슴속에 도사리고 있음을 알아야
할 것이니라.
9 너희는 나의 법전을 접하는 순간 이를
지키며 이 역사를 하기 위해서 어렵고
힘든 고통이요, 두려움을 알며 무서움
을 알며 어찌 지키며 행할 것인가 각
오를 다지는 그와 같은 마음의 자세를
가진 백성이 아니라면,
10 그와 같은 생각을 하지 아니하였다면
너희는 나로부터 선택된 백성의 자격
이 없음이니라.
11 너희도 불의와 잘못됨과 타협할 수 있
는 그와 같은 마음의 자세이기 때문이
니라.
12 법전이 어렵고 힘들다면 너희는 그를
비켜 갈 것이며, 그를 지켜 가지 아니
하며,
13 그저 요령껏 흘러가는 대로 흘러가며
서서히 지켜야겠다 하여 악습과 타협
하는 그와 같은 마음 자세를 가진 백
성이라는 것을 잊지 말아야 할 것이니
라.
14 정녕 너희가 나로부터 선택된 백성이
라면 법전을 접하고 읽는 순간에 마음
의 각오를 다시 해야 할 것이며,
15 시련과 고통에 들어갔다 생각하며, 그

고통과 시련을 어찌 이기고 역사할 것
이며, 만백성을 구할 것인가 하는 각
오와 깨달음이 없는 백성이라면,
16 그저 물에 물 탄 듯 술에 술 탄 듯 더
불어 살아가는 그와 같은 일반 백성이
요, 지금의 믿음의 종교 집단이요, 지
도자들이 타협하여 살아가는 사람의
삶의 요령에 박사가 된 것처럼 너희도
그 틀에서 벗어나지 못한 백성이라는
것을 알아야 할 것이니라.
17 너희가 얼마나 두려워하며 얼마나 각
오를 다지며 나의 법전을 만들어 세상
에 역사하는 그와 같은 생각과 노력을
과연 얼마나 하고 있는가?
18 그리고 이 어렵고 힘든 고난의 길을
너희가 어찌 풀어나갈 것인가?
19 그 계획을 세운 자 있으며 그 계획에
의해서 너희 자신의 계획을 세운 자가
있는가?
20 너희가 어떠한 마음 자세요, 어떠한
형태로써 이 법전을 만백성에게 전하
여 나 여호와의 뜻에 대명을 받은 너
희가 지금 지옥 불로 떨어져 가는 백
성을 구원할 수 있는 계획과 각오를
어찌 세웠으며 마음의 자세를 어찌 가
지고 있는가 그들에게 물어보도록 하
라.
21 그들이 그와 같은 계획이요, 방법을
세우지 아니하였으며 그와 같이 계획
에 따라 행하는 무섭고 훈련된 마음의
자세가 아니라면,
22 너희도 사악한 자들과 그리고 힘들 때
편안한 것과 그저 타협할 수 있는 그
와 같은 자세에서 벗어나지 못했으며
너희 또한 그와 같이 타협하고 살아갈
수 있는 선택된 백성이니,
23 과연 나로부터 선택된 백성이요, 나의
아들을 따르는 제자요, 만백성을 구하
는 전사로서 너희는 자격이 박탈된 자
며 자격이 없음을 알아야 할 것이니라.
24 너희는 들어야 할 것이니라.
25 나의 만백성에게 너희가 어떠한 상황
에서도 버티고 이길 수 있으며 존재할
수 있는 그와 같은 굳건한 믿음을 갖
고자 한다면,
26 너희는 나의 법전을 가지고 어찌 전할
것이며 나의 뜻에 따라 어찌 역사할
것인가, 그리고 고통과 시련의 이 길
을 어찌 이길 것인가, 너희 마음속에
굳건한 계획이 서 있어야 할 것이니라.
27 어떠한 상황에서도 나 여호와가 존재
함을 믿으며 나에게 심판받음의 두려
움을 알며 심판이 있음을 알며 지옥과
천국이 있다는 것을 굳게 믿는 너희가
그와 같은 마음의 자세가 되지 아니하
였다면 아무것도 역사할 수 없음을 알
아야 할 것이니라.
28 바로 너희가 해야 할 일이 무엇이더냐?
29 너희가 나의 법전을 접하는 순간에 두
렵고 무서움이요, 나 여호와의 진리의
뜻이 무엇인가를 역사하고자 했다면,
30 너희는 어떠한 상황에서도 흔들리지
않는 굳건한 믿음을 가지며, 바로 지
키고 가는 그와 같은 백성이 되어야
할 것이니라.
31 너희는 바로 나의 피조물 만백성을 어
찌 이끌어 가는가?
32 너희가 어떠한 상황이요, 어떠한 돌발
상황에서도 나 여호와가 존재함을 믿
도록 가르쳐야 하며, 만백성의 그 마

음이 흔들려서는 안 된다는 것을 가르
쳐야 할 것이거늘,
33 과연 너희 자신이 어떠한 상황이요,
어떠한 환란에도 굳건히 나 여호와가
존재함을 믿을 수 있는 그와 같은 자
세가 되어 있는가?
34 너희가 계획이 없으며 어떠한 고통과
환란도 이기겠다는 각오가 없는 한
너희가 지금 가는 믿음 자체도 믿을
수 없으며 너희 자신의 마음까지도 믿
을 수 없음이니라.
35 너희가 상황에 따라서, 어떤 환란에
따라서 변할 수 있는 그와 같은 백성
이니,
36 과연 나의 피조물 만백성을 내가 손을
놓고 저버린다 해도 등을 돌리지 말라
며, 그리고 등을 돌려서는 아니 되며
너희가 그때 떠나서는 아니 된다는 그
와 같은 가르침을 자신 있게 가르칠
수 있겠는가?
37 지금 과연 나의 아들을 따르는 백성
너희는 나의 아들 예수를 따랐던 제자
들이 등을 돌리며 배신했던 그와 같은
행위를 과연 아니하고 갈 수 있다 내
가 믿어도 되겠는가, 너희가 그와 같
은 마음의 자세가 되어 있는가?
38 그와 같은 각오와 마음의 자세가 되어
있다면, 너희는 나의 법전을 읽는 그
순간에 두려움을 알 것이며,
39 고통을 어찌 이길 것이며, 나의 법전
을 어찌 전할 것이며, 세상의 악습과
타협하지 않겠다는 너희 목숨을 바칠
굳건한 계획의 이정표가 너희에게 서
있어야 될 것이니,
40 지금 나의 법전을 여러 번 읽었으며
강론을 수없이 들은 너희 마음의 자세
가 무엇인가?
41 너희가 가는 세월 속에서 나의 아들을
통하여 내리는 성령의 가르침을 들으
며 나의 법전을 읽으며 너희 스스로
변화할 때 변화하고 깨우칠 때 깨우쳐
가는 지금,
42 너희가 대충 살아가는 그와 같은 삶의
마음 자세로써,
43 지금 이 세상의 모든 종파가 굳어져
있으며 저희만이 구원을 받는다 하여
모든 것은 사탄이요, 이단이라 너희를
적대시하며 너희 생명까지도 노리는
이와 같은 종교 집단이요, 지도자요,
신도라 하는 그자들,
44 내가 보기에는 정신이 나간 자요, 미
친 자요, 제정신이 아닌 그와 같은 자
들과 너희가 싸워서 이길 수 있으며
그들을 돌려놓을 수 있으며 깨우칠 수
있다고 생각하는가?
45 나 여호와가 바라보는 지금의 종교 집
단이요, 지도자요, 신도라는 백성은
모두 다 정신이 나간 자이니라.
46 제정신이 있는 자들이 아니니라.
47 제정신이 있지 아니한 자들과 너희가
싸워서 이길 수 있는 각오가 되어 있
는가, 너희가 마음의 자세가 되어 있
는가?
48 나의 아들 예수를 따랐던 그 제자들이
그 많은 역사를 보며, 기적을 눈으로
보았으며, 죽은 자를 살리는 것을 보
았으며, 앉은뱅이를 일으켜 세웠으며,
문둥병자를 고쳤으며 눈먼 자를 눈을
뜨게 하는 그와 같은 무서운 역사의
변화를 본 그들도 등을 돌리고 배신하

였으니,
49 그들이 그 상황에 대처하지 아니하며,
환란을 대처하지 못하며,
50 환란에 두려워 몸을 사렸으며, 변화되
는 상황 속에 몸을 돌렸으며,
51 아우성치며 돌팔매질하는 백성의 힘
이 두려워, 그 조직의 힘이 두려워 저
희가 나의 아들 예수를 배신했으며 등
을 돌렸으며 그를 파는 그와 같은 백
성이 되었으니,
52 그 역사함을 보고도 등을 돌렸거늘,
지금 나의 법전을 읽고 나의 아들의
강론을 들은 너희가 과연 그들보다 더
등 돌리지 않고 살아갈 수 있는 자세
가 되어 있는가?
53 그와 같은 역사를 이루기 위해서는 너
희가 오늘의 어떠한 시련과 고통도 이
길 수 있다는 것, 나의 법전대로 살아
가겠다는 것, 그리고 나의 법전이 나
여호와의 성령이라는 것, 그리고 하늘
에 오르는 길은 이 길밖에 없으며 이
세상의 모두는, 참진리요, 가르침이
요, 빛은 나의 아들을 통하여 너희에
게 전해지며,
54 너희의 기대요, 너희가 원하는 것이
상달 되는 것은 나의 아들을 통하여
오름이니,
55 그 길을 위하여 선택된 백성으로서 나
여호와 창조주가 나의 성령을 태워 내
려보내는 나의 법전을 가슴에 안은 너
희가 과연 이를 어찌 전하여 만백성을
구하겠다는 너희 자신의 계획표가 서
있는가, 너희의 각오의 각서가 있는가?
56 너희가 지금 무엇을 하고 있으며 마음
자세가 어디 있는가?
57 너희는 그저 흘러가는 세월 속에 나의
아들을 통하여 내리는 나의 강론을 들
어 너 스스로 깨우쳐 구원을 받으면
될 것이며, 나의 법전을 읽고 깨우쳐
너 하나 구원받을 것이라는 그와 같은
생각을 가지고 있는 너희가 어찌 지도
자며 만백성을 구원하는 나로부터 선
택된 백성이라 말할 수 있는가?
58 너희는 너희 자신을 다 버려야 하며
너희 자신을 다 태워 버려야 하며,
59 만백성을 위하여 너 자신을 던질 수
있는 그와 같은 계획표가 없는 자, 나
의 성전에 와 나의 강론을 들을 자격
이 없으며, 나의 법전을 읽을 자격이
없으며, 나의 아들 앞에 와 제자라 할
자격이 없음을 알아야 할 것이니라.
60 이제는 모든 종파요, 모든 백성이 지
금 제정신이 아니며,
61 구원을 받았다 울부짖는 그 백성에게
너희가 구원을 받았다는 것은 잘못된
것이며,
62 나의 아들 예수의 보혈로써 구원받았
다는 것은 나 여호와를 기만하는 것이
며 나의 아들 예수를 기만하는 것이니
라.
63 너희가 선한 행동이요, 착한 행동이
요, 아름다운 행동을 실천하는 그 속
에서 그것만이 하늘에 오를 수 있는
길이며,
64 너희가 하늘에 오르는 과정을 무시하
며 그저 구원을 받았다는 그와 같은
믿음으로써는 도저히 구원을 받을 수
없으며,
65 하늘에 올 수 있는 그 과정이 무엇이
며 역사함이 무엇이며, 내가 하늘에

오르는 것이 행함이 중요하다는 것, 너희가 그 단계 하나하나를 깨우쳐 선한 백성으로 변화되는 것, 물이 정화되어 먹을 수 있도록 하나하나 아름답게 변화되는 것만이 너희가 하늘에 오를 수 있음이니,
66 육이 최선을 다하여 변화되려 노력하는 그것만이 하늘에 오를 수 있다 너희가 과연 가르치며 그리 인도할 수 있는 자격이 있는가?
67 너희가 어떠한 상황에서도 변하지 않는 굳건한 믿음의 자세가 되어 있지 않다면, 너희는 나의 피조물 만백성을 가르칠 수 없으며, 지도자로서 자격이 없으며, 지금 나의 성전에 와 나의 강론을 들을 자격이 없음을 알라.
68 너희가 지금 다 같이 공부를 한다 해서 똑같은 형제라 말할 수 있는가?
69 너희가 지금 다 같이 나의 법전을 듣고 나의 아들을 통하여 강론을 듣는다 하여 똑같이 믿음을 같이 가는 백성이라 말할 수 있겠는가?
70 너희가 믿음의 길을 가면서도 등 돌리는 자가 있으며, 불평불만 하는 자가 있으며, 어렵고 힘들 때 스스로 이 문을 나가겠다는 마음을 가진 자가 그중에 있을 것이며,
71 제 스스로 물러나기 싫어 불평불만을 참진리요, 아름답게 가는 자, 나의 아들을 따라 목숨을 따라 바치고자 하는 자들에게 불평불만을 하며 그들까지 등을 밀어내어 같이 떠나고자 하는 자는 없는가?
72 너희 열 명이 모였을 때 한목소리를 낼 수 없음이니라.
73 아무리 정답을 던져도 그중에는 반대하는 자가 있으며 불평하는 자가 있으며 그를 시기하고 질투하는 자가 있음이니,
74 지금 너희가 다 같이 공부하는 제자라 하여 그를 믿고 너희가 속에 있는 말을 하며 속에 있는 이야기를 전하며,
75 그를 믿고 너희가 다 주었을 때, 과연 그들도 너희에게 다 줄 수 있는 그와 같은 형제인가?
76 너희가 과연 지금 불평불만 하는 자, 그리고 기다리기 지쳐 하는 자, 그리고 공부하기 힘들어 하는 자,
77 그리고 이 길을 의심하는 자, 이 길에 의혹하는 자, 그리고 믿음이 약한 자, 너희가 그와 같은 백성이 없는가?
78 다 같은 나의 아들의 제자라 해서 다 같은 제자가 아니며 각자의 마음이 다르고 생각이 다르니라.
79 그러니 너희가 믿음이 약한 자는 나의 아들에게 불평할 것이며, 나의 법전을 의혹할 것이며, 그리고 떠날 것을 준비할 것이며,
80 너희는 무너질 기회가 지금 머지않은 자들이 또 있다는 것을 알아야 할 것이며,
81 집단적으로 물러날 자, 집단적으로 떠나갈 자, 불평불만을 하고 등 돌리고 갈 자, 그와 같은 자들이 수없이 이루어지고 역사하는 것이니라.
82 나의 아들을 따르는 제자들이 많으면 많을수록, 나의 성전에 모이면 모일수록 반대급부의 집단들은 생기며 언성 높이는 자들이 생기며 삿대질하는 자들이 생기며 나의 법전을 집어던지는

자들이 생길 것이니라.
83 그와 같은 백성이 그와 같이 행위가
밀어닥칠 때마다 너희 자신이 흔들리
는 백성이 되어서는 아니 될 것이니,
84 그와 같은 상황에서 너희가 견디고 이
겨 가는 것, 그리고 서로 같은 형제라
하여 속에 있는 말을 할 수 있는 것,
85 지금 너희가 같은 형제라 하여 믿는다
하여 네 속에 있는 이야기를 전할 때,
그것이 남에게 전해져 네가 피해를 보
는 그와 같은 형제는 지금 없는가?
86 너희 자신을 들여다보고 너희 마음을
한번 뒤집어 보도록 그리 전하라, 사
랑하는 나의 아들아!

6,046 번째 하나님 말씀

2003년 4월 26일 23시 33분

1 사랑하는 나의 아들아!
2 "네, 아버님! 말씀하옵소서."
3 너희가 살아가면서 공기를 마시지 아
니하면 살아갈 수 없지 않은가?
4 그리고 너희가 물을 마시지 아니하면
살아갈 수 없으며 견딜 수 없음이니라.
5 그리고 너희가 생명을 존속시킬 수 없
으며 유지해 갈 수가 없는 것이니라.
6 너희 인간이 살아가는 데 가장 소중하
고 귀한 것이 무엇이던가?
7 산소와 물이라 너희는 말할 수 있음이
니라.
8 그것이 없으면 너희가 견딜 수 없으며
지탱할 수 없으며 너희 생명을 유지하
지 못함이니라.
9 그러나 너희는 이제 알아야 할 것이니
라.
10 나의 아들을 따르는 제자들이요, 나의
법전을 읽는 백성 너희는 물과 산소보
다도 더 소중한 것이 있다 하면, 더 귀
한 것이 있다 하면 무어라 말하겠는가?
11 너희는 그보다 더 귀하고 소중한 것은
없다 그리 말할 것이니라.
12 그러나 나의 아들을 따르는 제자들이
요, 나의 법전을 읽는 선택된 나의 아
들딸, 너희는
13 '나 여호와가 존재함을 믿는 그 자체'
가 더 귀하고 소중한 것이며, 세상에
그보다 더 위대한 것은 없다는 것을
알아야 할 것이니라.
14 나 여호와가 존재함을 믿지 않는다면,
너희가 심판의 두려움을 모른다 하면,
그와 같은 것을 의식하지 아니하고 산
다면,
15 나 여호와의 존재함을 믿지 아니하고
사는 것, 그리고 나의 심판의 두려움
을 믿지 않는 것, 너희가 심판을 받아
지옥과 천국으로 가는 것을 모르는 자,
16 그와 같이 모르는 자는 너희가 산소와
물을 마시지 아니한다 하여도 그보다
도 더 소중하고 귀한 것이 무엇인가를
모르는 백성이니라.
17 그러니 너희는 그를 깨달아야 할 것이
니라.
18 이 세상에 가장 소중한 것은 물과 산
소보다도 나 여호와가 존재한다는 것,
19 그리고 나로부터 너희가 반드시 심판
을 받는다는 것,
20 너희가 심판을 받는 것은 지옥과 천국
이라는 갈림길에서 어느 한 곳을 선택
해서 가야 한다는 것을,
21 이것이 얼마나 소중한 것인가를 알아

야 할 것이니라.
22 그러니 산소와 물은 마시지 아니한다 하더라도 너희는 좋다 말하는 그와 같은 백성이 되어야 할 것이니라.
23 너희는 죽음보다도 더 소중한 것이 나 여호와가 존재함이라는 그와 같은 마음의 자세로 굳건히 굳어져야 하며, 그와 같은 마음을 갖고 살아가도록 그리 전하라, 사랑하는 나의 아들아!
24 내가 너를 사랑하듯이 내가 네 제자들을 사랑하고 아낌이니, 그들에게 그리 전하라.
25 너희가 물과 산소보다도 더 소중한 건 나 여호와가 존재함을 믿음이요,
26 너희가 죽음을 선택할망정 나 여호와가 존재함을 부정하며 고개를 흔드는 일이 있어서는 아니 된다는 것,
27 잠시도 그를 버려서도 안 되며 잊어서도 안 된다는 것,
28 이 세상에 어느 것보다도 나 여호와가 존재한다는 걸 믿는 자체가 가장 큰 영광이요, 축복이라는 걸 잊지 말도록 그리하라.
29 나 여호와가 존재하며 나에게 와 심판을 받으며 심판의 두려움을 알아야 한다는 것, 이를 너의 제자들 가슴속에 심어 주도록 그리하라, 사랑하는 나의 아들아!
30 이와 같이 어리석은 삶 속에서 너희가 지금 헤어나지 못하는 백성이 되어서는 아니 됨을 알아야 할 것이니라.
31 모든 종교요, 종파요, 지금 하늘에 오르는 백성이라 말하는 자, 그들은 그리 말할 것이니라.
32 믿음보다도 그들은 산소와 물이 더 소중하다 말하는 자가 있을 것이니라.
33 그게 없으면 저희 육이 지탱하지 못하기에 그보다 더 소중하고 귀한 것이 있다 말하지 못할 것이니라.
34 그러나 너희는 그리 알고 행해야 할 것이니라.
35 말만 그리하면 무엇하는가?
36 그와 같이 행하는 삶을 살아야 할 것이니라.
37 모든 집단의 종교 지도자요, 지금 신도요, 구원을 받았다 하는 자, 그들은 말로써 그리 말할 수 있으나 그리 실천하지 못하며 그리 행하지 못하는 것이니,
38 이와 같이 어리석은 삶을 사는 백성이 되어서는 아니 됨을 너희는 알아야 할 것이니라.
39 모든 백성에게 전하라.
40 나의 법전의 소중함을 일깨워 줘야 할 것이며,
41 나의 법전을 정독함으로써 너희가 그 모두를 거기서 얻을 수 있으며,
42 하늘에 오르는 길이요, 나에게 오르는 길이요, 너희가 지옥 불로 가는 그 열차에서 돌아서 나에게 올 수 있는 그와 같은 영광과 축복을 얻는다는 것, 그를 나의 피조물 만백성에게 전하라.
43 그리고 너의 제자들에게 가슴에 깊이 간직하여 말로만 그리하지 말며 실제로 행할 수 있는 자가 되도록 그리하라.
44 물과 산소를 마시지 아니하여도 나의 법전이 존재함을, 그리고 나 여호와가 존재함을, 나의 법전이 나 여호와의 성령으로써 마지막 심판의 시대에 내

린 것이라는 것, 그리고 나에게 심판
을 반드시 받게 되어 있다는 것,
45 그것을 너희가 선택하며 두려움을 알
며 무서움을 알며,
46 그 길을 위하여 가겠다는 그와 같은
굳은 결의를 하고 살아가는 선택된
너의 제자들이요, 나의 백성으로서 그
들이 살아갈 수 있도록 그리 깨우치며
그 마음을 굳건히 하라 전하라.
47 그 마음 하나 굳건히 하지 아니한다면
너희는 아무것도 이룰 수 없으며 역사
할 수 없는 백성이라는 것을 알려 주
라.

6,047 번째 하나님 말씀

2003년 4월 26일 23시 59분

1 사랑하는 나의 아들아!
2 "네, 아버님! 말씀하옵소서."
3 네가 1권의 법전을 기록하여 세상에
전하면서 네가 나의 뜻을 기록하여 거
기서 전한 내용이 있음이니라.
4 그 내용을 과연 너는 지금 어찌 생각
하는가?
5 "네, 아버님!
6 그 내용을 하나하나 주신 말씀의 그
뜻을 지금에야 알겠으며 저에게 깨우
쳐 주심을 이제 알겠사옵나이다.
7 여호와 하나님의 율법에 문외한인 저
에게 메시지를 주시니,
8 저는 처음에 너무나 당혹스러웠던 그
와 같은 기억이 있사옵나이다.
9 정녕 저같이 무지한 자를 선택하시며
도저히 자격이 없는 저를 아버님께서
불러 명하셨을 때, 저는 너무나 당혹
스러웠으며,
10 이를 역사할 수 없으며 이 길을 갈 수
없다고 생각하였사옵나이다.
11 그러나 제가 지금에 와서 느끼는 것은,
12 아버님께서 역사하시면서 다스릴 때,
짐승을 다스려 사람이 유용하게 쓸 수
있도록 하나하나 길들이시며 가르치
는 그와 같은 방법으로써 저에게 명하
시어, 이제 80권이 넘는 법전을 기록
하는 이 시점에 도달하였사옵나이다.
13 그러니 아버님께서 역사하시고자 하
는 것이 얼마나 무섭고 두려운지를 이
제야 깨달았사옵나이다.
14 그리고 제가 선택된 이유 또한 있음을
알겠사옵나이다.
15 명하시는 대로 그저 지키고 순종하며
앞만 보고 달려가는 그와 같은 마음으
로 훈련하여 저를 그리 다스려 놓으셨
기에, 제가 그 길을 갈 수 있다 생각하
며, 저에게 명하신 것을 이제야 깨닫
고 있사옵나이다.
16 뒤늦게나마 말씀을 이해하는 데 참고
가 되고자 성경을 읽으려 하였으나,
아직은 때가 아니라 읽지 말라 하신
말씀,
17 그리하여 성경을 읽고 이 책을 쓰게
되면 정녕 성경을 응용했다는 말을 듣
게 되므로,
18 순수한 아버님의 말씀을 기록하는 데
모두가 걸림돌이 된다 하여 그를 보지
말라 하셨으며, 때가 되면 보게 한다
하셨으니,
19 그 말씀을 이제 알겠사옵나이다.
20 처음에는 성경이 무슨 뜻인 줄 모르며
내용을 알 수가 없었으며 그 내용조차

이해할 수 없었사옵나이다.
21 그러나 법전을 쓰고 써 50권이 나오
면서 저에게 성경을 읽으라 하시어
성경책을 열었을 때, 그 비유의 말씀
이 무엇인가를 알았으며,
22 그 뜻의 참진리요, 숨어 있는 위대한
가르침의 말씀은 과거와 현재와 미래
가 모두 속한다는 것을 알았으며,
23 그 뜻을 이제 알겠사옵나이다.
24 그러니 성경을 놓고 갑론을박을 하며
지금의 종교 지도자와 대화를 해도 하
나도 손색이 없이 대화를 할 수 있는
그와 같은 깨달음이 있을 때, 성경책
을 보도록 하신 그 뜻을 이제 알았사
오며,
25 그 누가 와서 질문한다 해도 아버님께
서 기록하신 내용의 뜻을 이제는 설명
해 줄 수 있으며 가르쳐 줄 수 있는 것
을 알았사옵나이다.
26 제가 그리 성경을 읽지 아니하며 교회
라는 곳을 가지 아니하고 이 법전을
기록하였으니,
27 많은 사람이 2·30년 교회를 다녔으
며, 반대를 위한 반대의 교회를 다녔
으며,
28 교회에서 상처를 받은 자며, 가슴 아
픈 자로서, 그리고 교회에 대해서 반
박하는 그와 같은 유다와 사탄 같은
자로서 변질된 자라 저를 그리 말할
수 있으나,
29 제가 교회를 간 사실이 없으며 성경을
읽지 아니하고 아버님의 말씀을 기록
한 것이 성경과 너무나 유사하며 같
은 뜻이 기록되어 나옴이니,
30 이를 제자들이 알며 저를 따르는 백성
이 알고 있사오니,
31 성경을 보지 아니하였다 그리하여 그
를 당당히 말할 수 있으며,
32 그와 같이 비유하는 것이 아니라는 것
을 말할 수 있는 아버님의 깨달음이
요, 가르치신 뜻을 이제야 제가 알고
있사옵나이다.
33 구원을 받고자 하는 사람은 구원을 목
적으로 어떤 집단에 속하지 않아도,
개인이나 가정에서 기도하며 십계명
을 지키면 구원받을 수 있고,
34 십일조와 같은 헌금을 필요에 따라
걷을 수도 있으나, 율법을 전하는 사
업 외에는 단돈 1원도 사용해서는 안
되며,
35 마음을 비우고 선량한 심성을 갖도록
노력해야 한다는 그 말씀의 뜻도 이제
야 저는 깨달았사옵나이다.
36 사람이 말로써만 모든 믿음을 갖지
아니하며, 행하는 것이 얼마나 소중한
것인가를 알았으며,
37 진정한 믿음을 가진 자는 제 앞으로
재산을 단돈 한 푼도 해 놓을 필요도
없으며, 어떠한 것도 제 앞으로 역사
해서도 아니 되며,
38 하는 것은 잘못된 자라는 것을 깨달았
사옵나이다.
39 그리하여 제가 제 앞으로 재산을 모으
지 않고, 옷 한 벌을 사지 않는 그와
같은 자세로 가고자 하는 그 마음의
뜻을 이제야 알았사옵나이다.
40 그리고 모든 종교 지도자들이 제 앞으
로 재산을 해 놓으며 또 제 후손 앞으
로 재산을 해 놓으며 재물을 축적하는
것은 아버님을 믿지 못함이며 아버님

께 선택된 지도자가 아니며,
41 제가 노후에 불안하기에 그와 같은 행
위를 하니, 그게 바로 사탄의 후예라
는 것을 이제야 깨달았으며,
42 그들은 사탄이요, 사악한 자라는 것을
깨달았사옵나이다.
43 진정한 종교 지도자요, 아버님의 뜻을
역사하는 자는 제 앞으로 재산 하나,
명목 하나도 세워서도 아니 되며, 더
갖고자 노력해서도 아니 됨이니,
44 그것이 얼마나 믿음이 없는 자며 추악
한 자며 아버님을 거역한 자며 그 뜻
에 따르지 아니한 자인가를,
45 그리고 말로써는 아버님이 존재함을
믿으며 아버님께서 모두를 역사해 주
며, 들에 피어 있는 꽃도 다 살아갈 수
있도록 생명을 주었으며, 나는 새들에
게도 먹이를 다 주었다는 가르치심의
뜻을 거역하는 자들이요,
46 말로써는 그리 말하면서 그를 순종하
지 아니하는 자, 그들이 얼마나 불안
하고 저 자신이 초라한 모습인가를 이
제는 알겠사옵나이다.
47 정녕 아버님께 선택된 자는 재물이 필
요 없으며, 그 모두는 아버님께서 역
사하며 그리 갈 수 있도록 내려 주신
다는 것을 이제 깨달았으며,
48 그들은 그를 믿지 못하며 인정하지 못
하는 자들이니 그들의 불쌍한 모습이
눈물이 나올 정도로 가련하게 보이고
보이옵나이다.
49 아무리 큰 성전에서 저희가 많은 신도
를 놓고 강론을 하면 무엇하며, 결론
은 단돈 1원이라도 더 거둬들이기 위
하여, 불쌍하고 가난한 자 가릴 것 없
이 그저 바치는 자에게 기도해 주며,
바치는 자에 축복해 주니,
50 그들은 사랑을 모르는 자며, 있는 자
가 불쌍하고 없는 자에게 나눠 주는
것이 사랑이라는 것, 그 자체도 모르
며,
51 가난하든, 그저 죽어 가든, 한 끼를 때
우지 못하는 불쌍한 사람이든 그저 갖
다 바치기만 하면 그는 축복이 있으며
영광이 있다 말하는 불쌍한 종교 지도
자들, 그 가련한 지도자들,
52 그들이 물속에 사는 물고기가 그저
낚싯밥을 물고도 돌아서 또 무는 그와
같은 어리석은 백성이요,
53 지능이요, 생각이 단 1원어치도, 없으
며 '1'자 한 자만큼도 자격이 없는 그
와 같은 자들이니,
54 그들의 삶이 얼마나 불쌍하고 초라한
것인가를, 그리고 그들을 위해 어찌
깨우쳐 줘야 할 것인가를 저의 제자
들과 깊이 의논하며 상의하여,
55 법전을 전하는 데 최선을 다해야 된
다는 생각을 깨닫고 있사옵나이다.
56 사람이 하늘에 오르는 길은 십계명을
생활화하며 이를 지키고 사는 자와
'여호와 하나님! 저의 죄를 용서하여
주옵소서.' 그리 기도하는 자는 누구
든 하늘에 오를 수 있음을 알았사옵나
이다.
57 그 말씀의 뜻을 이제야 깨달았사옵나
이다.
58 아무리 저희가 죄를 빌고 용서를 빌고
뉘우친다 해도, 그들은 지키지 못하는
약속이며, 공수표이며,
59 지키지 못할 약속이요, 약정서라는 걸

알았사옵나이다.
60 그리하여 말로써 기도하고 용서를 비는 것은 저희가 '저의 죄를 용서하여 주옵소서.' 기도드리는 것은, 저희 죄를 인식하며, 죄를 지었기에 다시는 그와 같은 죄는 짓지 아니하겠다는 굳은 결의를 갖게 되나,
61 이것은 아버님께 용서를 받는 것이 아니며, 그 죄를 면죄 받을 수 없다는 것을 알았사옵나이다.
62 저희가 말로써 하는 것이 아니요, 하나를 착하게 변화됐을 때, 악습 하나를 버렸을 때,
63 그리고 남들에게 추하고 더러운 방법으로 살아가던 그 습관을 하나 버리는 것만이 아버님께 사랑이요, 축복이요, 은혜라는 것을 알았사옵나이다.
64 인간으로서 가장 버릴 수 없는 악습 하나를 버리는 것이, 그 행함이 얼마나 소중한 것인지, 실제로 실천했을 때만이 아버님께 사랑을 받으며 아버님께 은혜를 받으며,
65 하나를 실천했을 때 아버님께서는 상을 내리신다는 것을 이제야 알았사옵나이다.
66 그러니 모든 종교 집단이요, 지도자들이 가르치기를, 그저 신도들에게 아버지를 불러 복을 내려 주라, 상을 내려 주라 그리하니,
67 저희가 집에서 기르는 애완용 동물 이름을 부르는 것보다도 더 쉽게 아버님의 이름을 부르며, 아버님을 갖다 그리 팔아먹으며 그리 붙이는 그와 같은 불쌍한 자들이라는 것을 이제는 깨달았으며,
68 그 소리를 듣고 구원을 받았다, 그리고 구제받았다 하여 저희가 은혜를 받았다 하는 백성이 얼마나 불쌍하고 가련한 것인가,
69 '정녕 저희 죄를 용서하여 주옵소서.' 그 기도로써 용서를 받는 것이 아니며, 저희가 죄를 다시 한 번 생각하여 스스로 반성하며 그 죄를 짓지 아니하도록 깨닫는 기도라는 것을 이제 알았거늘,
70 무엇을 해 달라, 이루어 달라 그와 같이 기도하는 것,
71 그리고 저희가 지은 죄를 말로써 빌며 말로써 용서를 받았다 말하며, 그저 콧물 눈물 흘리면서 찬송 부르면서
72 '저의 죄를 용서하여 주옵소서. 제가 이러이러한 죄를 지었으니 다시는 죄를 짓지 않겠습니다.'
73 그리 공수표요, 공약정서를 써 놓고, 돌아서서 밝은 태양 앞에 또 그와 같은 죄를 짓는 자,
74 그러니 그 기도를 듣지 아니하시며 그 기도소리는 파도 소리만큼도 관계없다 하신 말씀,
75 그리하여 하나의 착한 것을 행할 때, 그리고 하나의 악습을 버리고 두 번 다시 그 악습을 몸에서 떼어 버렸을 때,
76 거머리를 떼어 버리듯이 그와 같이 떼어 버리는 것만이 아버님께 은혜와 사랑을 받는다는 걸 이제 깨달았사오며,
77 오늘 기록해서 내리신 그 말씀의 뜻을 이제야 알았사옵나이다, 아버님!
78 종말은 여호와께서 행하심이 아니라,

인간이 자연환경을 파괴하여 종족을
번식시키는 능력이 상실됨으로 이루
어지는 것이며,
79 이를 막기 위하여 여호와 하나님께서
주신 가축과 씨를 뿌려 거둬들이는 식
물만 먹고 살면 종말이 없으며,
80 몸에 좋다 하여 동식물을 함부로 죽이
고 캐 먹어 생태계의 파괴로 우리 인
간이 스스로 종말의 무덤을 판다는 것
을 깨달았다 하여 기록한 내용이 있사
옵나이다.
81 그 모두도 이제 알겠사옵나이다.
82 이 세상에 이루어지는 모든 것은 아버
님께서 만드신 성전임을 알았사옵나
이다.
83 인간들이 만든 그 성전이요, 교회라는
것은 지금에 죄의 온상으로 전락하였
으며,
84 아버님께서 이 성전을 먼저 만드심을
알았사옵나이다.
85 만백성에게 아버님께서 만드신 그 성
전에서 나는 모든 것을 순리에 따라
먹고살며 기도하고 경배하는 자는 구
원을 받을 수 있다는 것을,
86 아버님께서 자연스러운 이 성전을 만
드신 것을 몰랐으며, 이 세상에 아버
님께서 만드신 성전 자체가 모체라는
것을 모르는 불쌍한 백성, 그들을 위
하여 그를 깨우쳐야 한다는 것을 알았
사옵나이다.
87 이 세상에 존재하는 것은 모두 다 같
은 형제며 하나라는 걸 알았사옵나이
다.
88 그리하여 우리가 관리할 것은 관리하
며, 취할 것은 취하면서, 아버님의 성
전에서 기도하고 경배하며 가족 단위
로 경배하며 그 은혜에 감사하고 살아
가는 것이 우리가 가야 할 길이며,
89 그 속에는 질투가 없으며 시기가 없으
며 욕심이 없다는 것을 알았사옵나이
다.
90 서로 제 움막을 지어 놓고 제 회당을
지어 놓고 그 속에서 '나만이 최고요,
우리만이 최고'라는 그와 같은 이기주
의가 팽배하여,
91 지금 사악한 사탄들끼리 서로 사탄의
우두머리가 되고자, 사탄으로부터 칭
찬을 받고자 그들이 하는 것이 사악
한 행위며 사탄을 위하여, 사탄의 기
쁨을 위해서 하고 있다는 것,
92 그리 아버님께서 만든 이 세상의 성전
에 죄의 온상을 지어 상처를 내고 있
다는 것,
93 사람의 몸에 종기가 나듯이 이 세상
아버님께서 만드신 성전에 여기에도
종교, 저기에도 종교, 열 발짝 안에 하
나의 교회가 생긴다고 말씀하셨음이
니,
94 아버님의 아름다운 이 성전에 열 발짝
을 못 가서 흉악한 종교의 상처요, 곪
아 터진 그와 같은 것이 많으면 많을
수록 그 곪음이 크니, 아버님의 상처
가 괴로우시며,
95 작으면 작은 대로 그 상처가 괴로우신
아버님의 그 불쌍한 육체요, 아버님의
그 형상을 바라보는 저의 가슴이 너무
미어져 오며 눈물이 흐름을 어찌할
길이 없사옵나이다.
96 아버님께서 내리신 이 법전을 가지고
저의 나약한 제자들과 이를 보고 깨우

치는 백성에게 곪고 터지는 그 곪은
상처를 다 저희가 치유할 수 있는 것
인지,
97 뾰루지가 나 있는 것을 저희가 과연
상처를 치료할 수 있는 것인지,
98 저희가 입으로써 그 고름을 빨아 상처
를 치료할 수 있다면, 아버님의 가렵
고 고통스러운 상처를 막을 수만 있
다면 그 길을 선택하고 싶으나,
99 어찌 빨아서 그 고름을 빼낼지를 모르
며 그 상처를 치료할 방법이 없사옵나
이다."
100 사랑하는 나의 아들아!
101 "네, 아버님! 말씀하옵소서."
102 그러니라.
103 내가 만든 이 아름다운 성전에 교회
요, 성전이라 그들이 지은 곳이 많은
자가 모이면 그 곪은 상처의 뾰루지가
너무 크며, 작으면 작은 대로 나를 괴
롭게 만들고 있음이니라.
104 그를 네가 이제 알았으니, 너희가 입
으로 빨아 그를 치료하고 싶다는 그
애절한 마음은 오로지 나의 법전을 전
하는 것이 그 곪은 데 피를 뺄며 고약
과 같은 치료하는 약을 갖다 붙이는
것이니라.
105 너희가 반창고를 붙여 상처를 보호하
듯이, 그 썩은 곳을 곪아내는 반창고
를 붙이듯이 나의 법전 한 권을 전함
으로써 그들을 치유할 수 있는 약이니
라.
106 그리 알고 너의 제자들에게 그리 말하
라.
107 그 모두를 전하는 것이 썩고 썩어져
있는 나 여호와의 몸을 직접 너희가
치료하며 너희가 나의 괴로움이요, 나
의 가려움이요, 나의 아픔의 고통을
치료한다는 것을 알라.
108 많은 백성이 모여 큰 성전이라는 곳,
큰 교회를 지어 놓고 저희가 웅장하게
하는 것, 그들이 썩은 상처 속에 곪은
데 병균이 득실거리며 그 병균이 나
여호와를 괴롭히니, 나 여호와의 온몸
에 상처투성이니라.
109 그리하여 열 발짝 안에 교회가 생기는
것이 하나의 곪은 상처가 생김이니,
110 지금 나 여호와의 몸이 한 곳도 성한
곳이 없느니라, 사랑하는 나의 아들아!
111 나 여호와의 고통을 안다면 너희가 그
를 치료해 주도록 그리하라.
112 나의 간절한 뜻을 그리 전하도록 하
라, 나의 아들아!

6,048 번째 하나님 말씀

2003년 4월 27일 0시 05분

1 사랑하는 나의 아들아!
2 "네, 아버님! 말씀하옵소서."
3 나를 경배하며 나에게 오르는 길을 달
려온다는 백성이 나에게 고통을 주는
행위만을 하며 나의 뜻을 거역하며 살
아가는 그와 같은 행위만을 하고 있음
을 너희는 알겠는가?
4 예수의 피눈물 나는 고통을 팔아먹고
사는 자들이 아니던가?
5 나의 뜻을 거역하는 행위만을 하고
있음이니, 지금의 믿음의 집단이나 지
도자가 제정신인 자가 하나도 없다는
것을 너희는 알겠는가?
6 지금의 모든 종교 집단이요, 지도자들

이 제정신이 아니요, 다 미친 자들이
라 내가 말한다면 그들은 분노할 것이
며,
7 이와 같이 기록한 너에게 칼을 들고
대들고자 하는 분노함을 스스로 견디
지 못할 것이니라.
8 그건 바로 무엇이던가?
9 그와 같이 저희 치부를 드러내며 잘못
이 너무 크다는 것을 입증하는 것이니
라.
10 저희가 참진리의 길을 가며 바른길을
간다면 어떠한 말이 있든 너에게 칼을
들고 대들 일이 없을 것이니라.
11 저희가 믿음의 갈 길만을 가면 되는
것이며 참진리의 길을 가면 나의 법
전이 이단이요, 사탄이요, 잘못된 것
이라 그들은 말하지 않으며 관계치
아니할 것이니라.
12 그러나 나의 법전이 세상에 나감이니
저희의 치부를 다 드러내며 추한 모습
을 하나하나 기록하여 세상에 전함이
니,
13 그리하여 그를 덮으려 하며 그를 보호
하기 위하여 너희에게 칼을 들고 대드
는 그와 같은 사악한 자들이 줄을 이
을 것이니, 이것이 그들의 오늘의 형
국임을 너희는 알아야 할 것이니라.
14 그들은 분노할 것이며 광분할 것이니
라.
15 그러니 저희가 하고 있는 믿음의 형태
를, 그들 자신이 어떠한 길을 가고 있
는지 너무나도 잘 알고 있을 것이니라.
16 그리고 저희만은 알 것이니라, 남들은
속일 수 있으나 저 자신이 지금의 가
는 믿음의 형태가 어떤 것인가를.
17 과연 그들은 진정한 믿음의 길을 가는
가?
18 상업적으로 변하여 장삿속으로 변하
지 아니하였는가?
19 오죽하면 목사가 주식회사의 대표이
사라는 말을, 나의 분노한 백성이 그
와 같은 말을 한단 말이던가?
20 그들은 물질을 모으려고, 주식회사를
살리려고 돈을 버는 데만 혈안이 되
어 있으며,
21 설교요, 기도요, 믿음이요, 구원이라
는 것은 생각조차도 하지 아니한다면
과연 믿겠는가?
22 그들이 알지 못함이니 무엇을 생각하
겠는가?
23 구원을 받기 위하여 그곳에 모이며,
그리고 구원을 해 준다 하여 나의 피
조물 만백성을 모으는 자, 그리고 그
곳에 가 구원을 받겠다 하여 행하는
자, 거기에 모여드는 자,
24 그들은 구원을 받는 과정이 얼마나
힘들고 어려운 것인가를 모름이니라.
25 하나의 악습을 버리기 위해서 발버둥
치는 나의 아들을 따르는 제자들이요,
만백성 너희가 살아가는 것과 다른 길
을 가는, 그저 나의 아들 이름만을 부
르면 구원을 받는다 그리 생각하는 자
들,
26 제정신이 아닌 종교 집단이요, 지도자
들, 그리고 신도, 그들을 바로잡는 것
은 나의 법전밖에 없음이니라.
27 그러니 너희가 나의 법전을 만드는데
최선을 다할 것이며, 나의 법전을 전
하는 데 최선을 다하여 그들이 나의
법전을 읽도록 그리 전하라.

28 그것이 바로 나의 성령을 너희가 전달
하는 것이며 나의 뜻을 역사하는 선택
된 백성이 가는 길이라는 것을 잊지
말라.

6,049 번째 하나님 말씀

2003년 4월 27일 07시 13분

1 사랑하는 나의 아들아!
2 "네, 아버님! 말씀하옵소서."
3 너희 육체요, 살아가는 사람의 형태에
서 아름다운 향기가 풍기는 것이 아니
요, 썩은 냄새가 풍긴다 하면, 과연 너
는 그를 하늘에서 맡는 나 여호와가
어떠하다 생각하는가?
4 너희는 인간의 살점이 있어 육신이 썩
어야만 냄새가 나는 것이라 그리 생각
하는가?
5 너희 인간은 나로부터 생명을 받아 세
상에 나갔음이니,
6 내가 너희를 세상에 내려보낼 때 아
름다운 마음으로 살지 않는 것, 추한
짓 하는 것, 남을 속이는 것, 남에게
거짓 하는 것, 그리고 인간으로서는
해서는 아니 되는 행동을 하는 것,
7 그 모두가 향기가 아니라 썩은 것으
로써 썩은 냄새가 난다 하면,
8 너희가 죄를 짓고 산 것만큼 그 모두
가 썩은 내가 난다면 과연 그를 이해
하겠는가?
9 지금 너희가 아름다운 향기요, 아름다
운 꽃과 같은 모습으로써 존재하는 것
이 아니라, 지금 다 썩고 썩어 썩은 냄
새가 나는 나의 백성이라면 너희는 믿
겠는가?
10 너희가 나쁜 생각을 하는 것, 나쁜 행
동을 하는 것, 추한 짓을 하는 것, 더
러운 짓을 하는 것, 그 모두가 다 썩고
썩은 냄새로써 진동한다면 너희는 어
찌하겠는가?
11 너희는 썩어 가는 육신에서 냄새가 나
는 그와 같은 사람으로 살기를 원하는
가, 그렇지 않으면 아름다운 꽃과 같
은 향기를 풍기는 그와 같은 사람으로
살기를 원하는가?
12 지금 수천 년 동안 너희가 나에게 오
르고자 하며 나에게 오르는 길이라 하
여 가르치는 종교 집단이요, 지도자
요, 그리고 구원을 받았다 울부짖는
신도들이요,
13 너희만이 축복받은 백성이요, 영광된
백성이라 그리 부르짖는 너희가 다 썩
은 내로 진동하고 있다 하면 너희는
과연 믿겠느냐?
14 너희가 살아가는 행동이 아름답고 곱
지 못한 자, 그는 다 썩은 자나 마찬가
지니,
15 마음이 썩어 있으며 마음이 병들어 있
으니, 너희가 육신이 병든 것보다도
더 썩은 냄새가 나며 더 흉악한 냄새
가 난다 하면 너는 알겠는가?
16 너의 제자들과 나의 법전을 읽는 백성
너희는 알아야 할 것이니라.
17 너희가 생각하는 것이 바르지 못하며
행동이 바르지 못하면 그 모두가 썩어
져 너희에게서 썩은 냄새가 남이니,
18 꼭 육신이 썩어져 병들어 냄새가 나는
것만이 냄새가 아니니라.
19 그러니 하늘에서 그 모두를 맡는 나
여호와의 역겨운 마음이 어떻겠는가?

20 그러니 내가 그를 바로잡으라 하는 것
이 나의 법전을 내려보내는 것이요,
그 바로잡는 역사를 하는 것이 나로부
터 선택된 너희이니라.
21 그러니 너희는 썩은 냄새가 나지 않는
다 생각하나, 나 여호와는 그 썩은 냄
새를 다 맡으며 그 썩은 냄새가 풍기
는 그와 같은 지상을 내려다보고 사는
나 여호와니라.
22 그러니 너희가 바로잡도록 그리하라.
23 그리하여 나의 사랑하는 나의 아들딸
들이 향기로운 냄새를 풍기는, 꽃향기
와 같은 냄새를 풍기는 그와 같은 아
름다운 모습으로 살다 너희가 곱고 아
름다운 모습으로써 천국의 문을 들어
서 나에게 와야 하는 것이 너희가 해
야 할 길이며 가야 할 길이며 살아야
할 목표이니라.
24 그러니 이제 너희 자신부터 썩은 냄새
가 나지 않도록 다스려 주기를 나 여
호와가 바라는 것이며,
25 썩은 내가 나지 않는 백성 너희가 존
재함으로써 그 향기가 인간에게서 아
름다운 향기가 나는 것을 만백성에게
보여 줘,
26 그들도 제 몸에서 냄새가 나지 않고
향기로운 냄새를 풍길 수 있는 그 변
화를 위하여 너희가 최선을 다하도록
하라, 사랑하는 나의 아들딸들아!

6,050 번째 하나님 말씀

2003년 4월 27일 07시 24분

1 사랑하는 나의 아들아!
2 "네, 아버님! 말씀하옵소서."
3 나의 피조물 만백성 너희를 내가 가장
아름답게 나의 형체로 만들었으나, 지
금도 그들이 하늘에 오르는 길을 달려
와 천국의 문을 들어서는 것이 아니
라, 지옥으로 떨어지며 계속 떨어지고
있음이니,
4 과연 누가 구원해야 하며 그들을 바로
잡아 하늘에 오르는 길을 볼 수 있도
록 할 수 있단 말이던가?
5 이는 그 누구도 이룰 수 없으며 역사
할 수 없음이니라.
6 돌보다도 더 굳어져 있는 그들이요,
오로지 한 길이요, 한 생각이요, 오만
이요, 자만에 차 있는 그들이 지옥으
로 떨어진다는 것을 생각하지도 못하
며,
7 그들이 가고 있는 길이 지옥으로 떨어
지는 것이며 계속 지금 지옥으로 떨어
지고 있다 하면, 그들은 너희에게 분
노하는 마음으로써 공격하고자 하는
그와 같은 자세까지 가지고 있음이니
라.
8 사람이 잘못된 것을 가르쳐 줄 때 감
사하다는 것, 고마운 것을 깨닫는 자
는 그 버릇을 고칠 수 있건만,
9 지금의 믿음의 길을 가는 신도요, 백
성이요, 지도자들은 정녕 돌이킬 수
없으며 생각해 볼 수 없으며, 돌보다
도 더 굳어져 있으며,
10 저희가 가는 길만이 지옥이 아니라 천
국에 오르는 길이요, 다시 태어나는
생명의 영광을 얻는다는 생각에 젖어
있어, 앞도 보지 못하며 듣지도 못하
며 생각도 하지 못하는 그와 같은 어
리석은 백성으로 지금 되어 있음이니

라.
11 말귀를 알아듣지 못하는 짐승에게 천
날만날 말한들 무엇하는가?
12 그보다도 더한 자들이 지금 종교 지도
자요, 집단들이며, 구원을 받았다는
백성이니라.
13 저희가 수없는 재물의 시간이요, 그
모두를 낭비하면서 길러 준 부모에게
감사하는 마음으로, 부모에게 하는 마
음보다 더한 그와 같은 정성과 마음을
가지고 구원을 받고자 발버둥치며 그
모두를 갖다 바치는 것이 그 백성이
니, 얼마나 사악하며 얼마나 욕심에
차 있는 자들인가?
14 그러니 그들에게 그것이 잘못되었다
고 말해도 그들은 생각하지 않으며 돌
아다보지 않으려 하며 반성하지 않으
려 하느니라.
15 오로지 그 길만이 저희가 구원의 길이
요, 구원을 받겠다는 욕심이니, 이는
곧 무엇이더냐?
16 죽지 않고 영원히 살겠다는 제 욕심이
니라.
17 그러니 욕심을 가지고 그와 같이 향하
는 자가 지옥으로 떨어지는 것은 당연
하며, 마음을 비우지 못한 자는 나에
게 오를 수 없는 것이니라.
18 그 욕심을 가진 자체가 썩은 냄새가
나며 지금 다 썩어 그 냄새가 역겹다
는 것이 나 여호와의 뜻이니라.
19 그러니 그들을 바로잡을 길이 없어 내
가 그들을 버리고자 하나,
20 나를 닮은 백성이요, 내가 가장 예쁘
고 아름답게 만든 나의 사랑하는 백성
너희에게 내가 다시 한 번 기회를 주
기 위하여, 그들을 구원하기 위하여
내가 160권의 법전을 세상에 내보내
며 이를 내가 세상에 내려보내야 함이
니라.
21 그러니 이 시간이 얼마나 귀중한 시간
이며, 이를 만들어 내는 것이 시간이
없다 함이 내가 너희에게 말하는 것이
니라.
22 모든 백성을 구할 수 있는, 나의 성령
을 160권의 책으로 엮어 내려보내는
그 역사가 얼마나 귀중한 것인가?
23 이 귀중한 시간을 너희가 함부로 버려
서는 아니 되며 함부로 써서는 아니
된다는 것을 알아야 할 것이니라.
24 나의 사랑하는 백성 너희를 위하여 나
의 성령을 태워 내려보낸다 함을, 그
모든 것은 너희를 위함이니라.
25 너희는 어찌하여 그와 같은 나의 뜻을
거역하며, 그를 순종치 못한단 말인가?
26 내가 나의 성령을 태워 나의 법전이
요, 하늘에 오르는 길이라 하여 책으
로 만들어 세상에 내보내는 것은,
27 내가 너희에게 줄 수 있는 것을 다 주
는 것이며, 내가 있는 것은 무엇이든
다 너희를 위하여 내려보내건만,
28 어찌하여 너희는 다 주는 나 여호와에
게 무엇을 더 얻고자 하며 무엇을 더
달라 하는지, 나 여호와의 아픈 마음
을 너희는 아는가?
29 나는 모두를 태워 너희를 구원하기 위
하여 다 내려보내고 다 주고 있건만,
30 너희는 그를 보지 아니하고 그를 감사
하지 아니하며, 어떠한 기적의 역사를
원하는 것이며 무엇인가를 더 보여 주
기를 바라는 그와 같은 너희 마음에서

벗어나지 못하고 있음이니,
31 나의 피조물 만백성 너희가 지옥으로
떨어지는 것을 보면서, 지옥으로 떨어
져 너희가 고통당하는 것보다도 떨어
지는 너희를 보는 나 여호와의 아픈
마음을 너희는 과연 생각해 보고 있는
가?
32 너희가 지옥에 떨어져 그 많은 고통의
세월을 겪으며 고통의 시련을 겪는 것
을 내려다보는, 그리고 그리 떨어져
가는 너희를 보는 나 여호와의 아픈
마음을 생각해 볼 수 있는 그와 같은
마음은 없겠는가?
33 너희를 낳아 주고 길러 준 육의 부모
에게 감사하는 마음, 은애하는 마음,
그와 같은 마음을 먼저 기른다 하면,
나 여호와가 너희가 지옥으로 떨어져
가는 것을 보는 나의 아픈 마음을 알
수 있을 것이니라.
34 사랑의 마음이요, 나 여호와를 사랑하
는 마음이요, 나 여호와를 경배하는
그 마음은, 내가 십계명에 기록하여
전했듯이, 너희는 '네 부모를 공경하
라' 하였음이니,
35 네 부모를 공경하는 마음으로써 너희
가 너의 부모를 볼 때 나 여호와의 깊
은 사랑을 알 수 있으며, 그를 깨닫지
못하는 자는 나 여호와가 너희를 사랑
하는 아픈 마음을 모를 것이니라.
36 그러니 내가 너희에게 길러 주고 낳아
준 부모에게 효성을 다하며 공경을 다
하라 하였음이니라.
37 그것이 먼저라 하였음이니라.
38 그러나 지금의 모든 종교 집단이요,
지도자들은 그전에 저희 성전에 바치
는 것, 성전을 위해 던지는 것이 나 여
호와를 위하는 길이며,
39 나 여호와를 위함으로써 너희가 부모
에게 잘못하는 것도 다 덮어지며, 형
제와 거리가 멀어지는 것도 다 덮어지
며,
40 모두는 그저 재물을 바치며 기도하고
울고불고 콧물 흘리고 기도하면 부모
에게 잘못해도 덮어지며, 형제에게 잘
못해도 덮어지며, 이웃에게 잘못해도
덮어지며,
41 모든 죄가 다 덮어지며 너희가 사함
받으며 용서를 받는다 그리 가르치니,
42 얼마나 하늘의 뜻을 모르며 사악한 행
위를 하고 있는 것인가?
43 너희가 나 여호와를 믿는다면 내가 십
계명에 기록한 그대로 살면 되는 것이
요, 그 십계명이 기초요, 근본이기에
그것을 지키는 속에서 너희가 깨달음
을 얻으며, 사랑이 무엇인가를 알며,
행할 것을 아는 것이니라.
44 그러나 너희는 그를 지키기 어렵고 힘
들며, 그를 지킴으로 하여 종교 집단
이요, 지도자 너희 앞에 바치는 것이
없으며 너희에게 순종하지 아니하며
복종하지 아니하기에 그를 지킬 수 없
다 함이니라.
45 그를 지킬 수 없다는 백성이 썩은 자
며, 그와 같이 말하는 백성이 지금 육
신은 멀쩡하나 모든 정신이요, 생각이
썩어져 있음이니,
46 그 육과 생각 중에 무엇이 우선이던가?
47 너희가 생각할 수 있는 지혜가 우선이
라 하였음이니라.
48 육은 지혜의 지시를 받아 움직이는 것

이요, 지시를 하는 것이 너희의 생각
이요, 지혜라 하였으니,
49 그 지혜와 생각이 다 썩었으니, 그 냄
새가 육이 썩은 냄새보다도 더 하늘을
진동하며 나 여호와를 역겹게 한다는
그 뜻이 여기에 있으니, 너희가 바른
삶을 살아야 할 것이니라.
50 너희가 지금 지옥으로 떨어지고 있다
는 것을 잊지 말라.
51 너희가 내가 다시 내리는 성경이요,
나의 법전을 가슴에 안고 정독하고 깨
우쳐 하늘에 오르는 길을 보는 변화가
없이는 계속 지옥으로 떨어짐이니라.
52 그리고 너희가 지옥으로 떨어지는 모
습을 바라보는 나 여호와의 아픈 마음
도 너희가 이제 깨달을 때가 되었음을
알라.

6,051 번째 하나님 말씀

2003년 4월 27일 12시 04분

(강론을 마치며)

1 사랑하는 나의 아들아!
2 "네, 아버님! 말씀하옵소서."
3 너희가 단 한 가지라도 변한 모습이
요, 변한 삶의 형태를 나 여호와에게
보여 줄 때, 내가 너희에게 상을 반드
시 내릴 것을 약속함이니라.
4 너희의 가장 못된 악습이요, 버릴 수
없는 것을 하나씩 버렸으며 너희가 나
를 기쁘게 하는 그와 같은 행동을 실
천하며 행했을 때,
5 나 여호와는 그 기쁨만큼 너희에게 상
을 내릴 것이며 은혜를 내릴 것을 약
속함이니라.
6 진정 너희의 변화되는 모습이요, 너희
가 변화되었을 때, 마음속 깊은 뿌리
에서 너희를 버렸을 때, 그리고 너희
가 두 번 다시 나를 슬프게 하지 아니
할 때,
7 너희가 지금 말로써 나를 기쁘게 하며
앞에서만 나를 기쁘게 하며 그리하고
돌아서서 그를 지키지 아니하며 나를
실망시켰을 때,
8 내가 너희에게 얻은 기쁨보다도 나의
슬픔이 더 큼을 너희는 알지 못하는가?
9 인간 세상에서 서로 거래하며 역사를
하고자 하여 너희가 잔뜩 기대를 걸고
갔는데 그 기대가 무너졌을 때, 너희
의 섭섭한 마음이요, 온갖 생각이 다
들지 않겠는가?
10 그리고 너희가 좌절하며 실망하며 고
통이 얼마나 크겠느냐?
11 그러나 기대하지 아니하고 갔을 때,
그는 잘못되었을 때도 실망의 아픔이
크지 아니함이니, 너희는 나 여호와를
과연 어찌 만들겠는가?
12 너희가 잠시 나를 기쁘게 한다 하여도
그것이 영원히 나에게 기쁨이 아니니,
13 나 여호와는 너희 마음을 다 읽고 있
으며 알고 있기에 나에게 기쁨이 아니
며 내가 너희에게 상을 내리지 못함이
여기에 있느니라.
14 너희가 나에게 영원히 기쁨을 선사할
때 내가 너희에게 은혜요, 축복이요,
너희가 가장 소원하는 것을 들어주고
이루어 줄 것이니,
15 너희가 하나하나 그를 고쳐 나가도록
그리하라.
16 그것만이 나에게 기쁨이니라.

17 영원히 나 여호와에게 기쁨을 선사하
는 자, 영원히 그 기쁨을 안고 너희가
나에게 올 수 있음을 알아야 할 것이
니라.
18 수만 가지 중에서 너희가 그를 다 나
에게 기쁘게 하라 함이 아니니라.
19 하나씩 하나씩 너희가 나에게 기쁨을
전하며, 그를 고쳐 왔을 때, 세월이 흘
러 너희가 죽어 나에게 올 때까지 최
선의 노력을 다했을 때,
20 그것으로써 내가 너희를 받아들이며
내가 너희를 사랑함을 알아야 할 것이
니라.
21 내가 나의 아들을 통하여 너희에게 무
어라 말하였느냐?
22 하나를 고치는 것이 만 가지 약속보다
도 더 위대하다 하였으며,
23 너희의 잘못된 성격이요, 잘못된 습관
이요, 그 모두를 기록하여 너희가 가
슴에 넣고 다니며 그걸 하나하나 완전
히 떼어 버려서 나에게 약속을 지킬
수 있을 때, 영원히 그 약속을 지켰을
때 그를 지우라, 그러면 내가 너희에
게 상과 축복을 내릴 것이니라.
24 내가 너희에게 죄를 지은 대목을 다
기록하여 가지고 다니라는 뜻이 무엇
인 줄 알겠는가?
25 너희가 쓰고 다니는 안경을 닦고 닦으
면 안경이 너희에게 글씨를 잘 보이도
록 선사하지 않느냐?
26 너희 마음을 닦고 닦기 위해서 내가
그를 가지고 다니라 함이니,
27 너희가 그를 가슴에 안고 다녀 하나를
지웠을 때, 너희가 마음의 안경을 닦
은 것이며,
28 두 개를 지웠을 때 마음의 안경을 닦
음이니,
29 너희가 세상의 이치를 깨닫게 되는 것
이니라.
30 그리고 너희가 그 죄의 대목은 크고
작은 것이 없이 다 똑같다는 것을 알
게 될 것이며, 너희가 너희 마음의 안
경을 닦고 닦을 때 작은 죄가 얼마나
무섭고 두렵다는 것을 알게 됨이니,
31 그리하여 내가 너희에게 기록하여 가
지고 다니면서 그를 하나하나 지우라
함이니라.
32 너희가 영원히 그를 지키지 못하거든
그를 지우지 말라.
33 너희가 몇 시간 동안 마음의 안정을
찾아 그를 지키며, 며칠 지키고 행하
는 그와 같은 약속은 하지 말라.
34 그는 너희가 나에게 배로 슬픔을 안겨
주며 나에게 고통을 주며 나를 능멸함
이니라.
35 그는 곧 너희의 거짓 죄만이 증가함이
니, 그를 어찌 내가 기뻐하겠는가?
36 너희가 지키지 못하는 약속을 나에게
했을 때, 그 죄를 또 지었을 때, 너희
는 나를 기만하고 욕심의 죄만 가중되
니,
37 사랑하는 나의 아들딸의 죄가 느는 것
을 보고 즐거워할 부모가 어디 있겠는
가?
38 내 마음을 기쁘게 할 수 있는, 영원히
변화되는 그와 같은 역사함을 하나하
나 기록하여, 내가 너희에게 내리고자
하는 상을 받도록 그리하라, 사랑하는
나의 아들딸들아!
39 말로써는 아니 됨이니라.

40 말로써 행하는 것은 아니 됨이니라.
41 기도로써 너희가 울고불고하는 것은 내가 파도 소리만큼도, 강아지 울음소리만큼도 듣지 아니한다는 뜻을 너희가 알았을 것이니,
42 모든 악습을 기록하여 하나하나 완전히 지우며, 그 종이를 잘라 내는 그와 같은 결단을 내려,
43 나에게 부끄럽지 않은 백성이요, 나를 울리지 않는 백성이 될 수 있도록 하는 것은 너희만이 갈 수 있는 길이니,
44 이 이치를 아는 자가 이 세상에 누가 있던가?
45 나 여호와가 가르치는 진리요, 모든 성경이 나의 뜻이라는 것은 무엇이던가?
46 너희가 간단한 진리요, 알기 쉬운 진리를, 그들은 알면서 듣지 못하며 알면서 생각하지 못하는 것이 그 백성이니라.
47 이 세상의 수십억 인구 중에 내가 원하는 것을 지금 듣는 백성이 어디 있으며, 내가 가고자 하는 것을 아는 백성이 어디 있으며, 하늘의 이치의 뜻을 아는 백성이 어디 있느냐?
48 너희뿐이니라.
49 그들은 생각나는 대로 기도하며, 생각나는 대로 말을 하며, 저희가 생각나는 대로 소원을 빌고 그저 얻고자 구원하고자 하는 것이 그들의 지금 믿음이 아니던가?
50 내가 나의 성령을 태워 160권의 법전을 만들어 세상에 내려보낸다 하였음이니,
51 내가 너희에게 줄 것을 다 주고 내려 주었음이니라.
52 그러거늘 더 달라, 무엇을 줘여 달라 그와 같이 기도하는 백성이 어찌 내 뜻을 알겠는가?
53 이 세상 수십억 인구 중에 나의 성전에서 나의 뜻을 직접 듣는 것은 너희며, 이 소중한 하늘의 뜻을 기억하는 것은 너희이니, 그리하여 너희가 소중함이라 하였음이니라.
54 너희가 그러니 어찌 살아가야 하며 어찌 서야 할 것이며 어찌 행하고 살아가야 할 것인가를 각자 마음속에 굳히도록 하라.
55 모두는 너희 마음에 달렸으며, 나를 믿고 나를 경배하는 마음의 깊이와 뿌리에 따라서 너희가 지키고 못 지키는 것은 거기에 있음이니라.
56 나를 정녕 믿는 자, 너희가 죽어 와 심판을 받는 것을 믿는 자, 그리고 지옥과 천국이 있다는 것을 아는 자, 그리고 지옥이 얼마나 무서운지를 아는 자, 천국이 얼마나 영화로운지를 아는 자,
57 그것을 너희 가슴속에 깊이 새겨 놓는다 하면 너희는 십계명을 못 지킨다는 말을 할 수 없으며,
58 인간 세상에 살아가면서 죄를 짓지 아니하고 거짓 하지 아니하고 살 수 없다는 말을 감히 할 수 없으니,
59 나에게 오르는 것보다도 더 위대한 것이 없기 때문임을 알라.
60 이를 너희 가슴속에 깊이 새기도록 그리하라.

6,052 번째 하나님 말씀

2003년 4월 28일 07시 45분

1 사랑하는 나의 아들아!
2 "네, 아버님! 말씀하옵소서."
3 정녕 가고도 가는 그 길이 어렵고도
힘들던가?
4 네가 정녕 한 점의 부끄럼이 없는 삶
을 살 수 없겠던가?
5 2천 년 전 예수는 어찌하여 그 잔을
받지 아니할 수 없느냐 기도한 그 뜻
을 알겠는가?
6 "네, 아버님! 알았사옵나이다.
7 그 죽음의 고통이요, 시련의 고통이
요, 아픔의 고통이요, 그 모두 때문에
'버리시렵니까?' 한 기도가 아니며,
8 또 그 고통 때문에 '이 잔을 받지 아니
하면 아니 되겠사옵나이까?' 기도한
것이 아니라는 것을 이제야 제가 깨달
았사옵나이다.
9 좀 더 세상에 남아 많은 백성을 바로
가르치며, 아버님의 뜻을 더 깊이 제
대로 가르치며, 그 뿌리를 내릴 수 있
는 시간을 더 주실 수는 없을까 하는,
10 그와 같은 만백성을 사랑하는 마음에
서 그 기도를 드렸으며, '그 길을 가지
아니할 수 없사옵나이까?' 한 그 애절
한 기도라는 것을, 이제 저는 그 의미
를 알겠사옵나이다.
11 제가 바로 서지 못함을 아버님께 목숨
을 바쳐 죽음으로써 그 모두를 지킬
수 있다면 차라리 그 길을 가고 싶사
옵나이다.
12 그러나 정녕 제가 이와 같이 기도를
드리는 마음이 막상 제 목숨을 던지라
할 때 던질 수 있는 것인지 저 자신이
의심스럽고 불안하기 그지없사옵나
이다.
13 다만, 아버님께 한 점의 부끄럼이 없
는 자식으로서, 부모에게 즐거움이요,
기쁨을 위해 살아가지 못하는 저 자신
에게 '용기와 힘을 주옵소서.' 무릎 꿇
고 아버님께 기도를 드리고 싶은 이
아픈 마음이요, 터질 것 같은 고통스
러운 마음,
14 순간순간 저 자신을 통제하지 못하며
순간의 생각 때문에 모두를 묻어 버리
는 이와 같이 어리석은, 터질 것 같은
저의 아픈 가슴의 심정을 들여다볼 때,
15 예수님께서 '그 잔을 받지 않도록 할
수는 없사옵나이까?' '저를 버리시렵
니까?' 하는 것은,
16 아버님께 고통스러워 그 고통을 가기
힘든 예수의 절규가 아니며, 그의 매
달림이 아니며, 그 애절한 기도가 아
님을 저는 알겠사옵나이다.
17 좀 더 세상에 남아 만백성을 한 사람
이라도 바르게 가르쳐 아버님의 뜻을
전할 수 있는 그와 같은 후계자를 더
만들어 놓으며, 말씀을 많이 전하여
백성을 깨우치는 그 역사의 시간을 더
주실 수 없는가 하는 애절한 기도였다
는 것을,
18 그 잔을 받지 아니하겠다는 것이 고통
의 잔 때문이 아니요, 만백성에게 더
진지한 아버님의 가르침이요, 아버님
의 성령을, 가지고 있는 모든 상식을
다 그대로 더 가르치고 전하고 싶어
그 시간과 기회를 더 줄 수 없겠는가
하는 애절한 기도였다는 것을,

19 그 아픈 기도를 저는 이제야 깨닫고 있사옵나이다.
20 아버님! 저를 벌하여 주옵소서.
21 저를 벌하시기 전에 저에게 용기를 주옵소서.
22 그리고 한 점의 부끄럼 없이 살아갈 수 있는 힘과 지혜를 주옵소서.
23 이제는 제가 정녕 더 이상 갈 수도 없으며 더 버틸 수도 없으며 더 이상 기만할 수도 없사옵나이다.
24 저의 제자들을 기만하는 것이 한두 가지가 아니며 아버님을 기만하는 것이 한두 가지가 아니며, 하루에도 한두 번이 아니며,
25 오만하며 자만하며 남에게 자랑할 수 있는 마음에서 그저 남들에게 설교하고 가르치는 것은 아닌가 의심스럽사오며,
26 그와 같이 하면서 제 육의 편안함이요, 법전을 만드는 데 편안함이요, 이 모든 육의 세상의 삶에 금화와 은화를 편안하게 만들 수 없을까, 편안하게 쓸 수 없을까 하는 생각을 먼저 하는 것은 아닌지,
27 이 모두가 다 욕심에서 이루어지는 것은 아닌지,
28 그리고 저 자신이 감내할 수 없는, 알면서 짓는 잘못된 그 많은 행동, 부끄럽고 추한 모습을 제자들에게 고백할 수도 없으며 만백성에게 고백할 수도 없는 이 추하고 더러운 자를 어찌하겠사옵나이까?
29 아버님! 저에게 용기를 주옵소서.
30 정녕 저를 아들이라 생각하며 만백성을 이끌 수 있는 목자라 생각하시면,
31 세상천지 모두의 공의의 아버님이요, 하나님이시니,
32 천사요, 사탄들이 보고 있어 특별히 저에게 은혜를 내려서는 아니 된다 하옵시나,
33 제가 바로 설 수 있는 힘과 용기를 주옵시고, 제 마음에 자신이 설 수 있는 그 힘을 아버님, 주옵소서.
34 제가 이리 기도드리는 마음은 예수님께서 만백성을 더 구하며 더 역사하는 시간을 얻고자 하는 기도의 만분의 일도 못 되는 정성이오나,
35 저에게 애절한 이 아픈 가슴의 마음의 상처를 기억하시어, 아버님, 저에게 용기를 주옵소서.
36 저를 그저 불태워 죽이고 싶은 심정이옵나이다.
37 죽어서 제가 모두를 다 할 수 있다면 죽고 싶은 그 마음만큼,
38 예수님 또한 죽기 전에 살아서 더 많은 백성에게 역사하며 아버님의 진리를 더 전하기 위하여, 그 잔을 받지 아니하며, 생명의 연장이요, 지상에서 만백성을 깨우치는 시간을 더 얻고자 드렸던 기도의 말씀이,
39 예수님이 고통을 면하기 위하여, 시련을 면하기 위해서 드린 기도가 아니라는 것을,
40 이제 제 아픈 가슴의 찢어지는 이 고통 속에서 그를 들여다볼 수 있으며 그를 알 것 같사옵나이다.
41 아버님! 정녕 저에게 용기를 주옵소서.
42 이 짐승만도 못한 인간에게 힘과 용기와, 그리고 개과천선하여 바르게 설

수 있는 그 힘을 주옵소서."
43 사랑하는 나의 아들아!
44 네가 가야 하느니라.
45 네가 바로 서야 하느니라.
46 너 스스로 바로 서지 아니하며 네가
바로 가지 못한다면,
47 그는 있을 수도 없으며 그는 역사할
수도 없음이니라.
48 너를 따르는 제자들도 다 그와 같은
역사의 은혜로써 이루어져야 할 것이
며 다스려져야 하지 않겠는가?
49 만백성 모두를 다 그리 다스려야 하는
것이 아니던가?
50 너 스스로 딛고 일어섰을 때, 네 제자
들이 딛고 일어설 것이며 나의 법전을
읽는 모든 백성이 다 스스로 딛고 일
어설 것이니라.
51 아니 되느니라.
52 나의 아들 예수가 그 잔을 받지 아니
하며, 네 말대로 생명을 연장하여 나
의 성령을 바르게 가르치고 깨우쳐 한
제자라도 그를 대신할 수 있는 사람을
인간 세상에 만들고 싶어 그 절규하는
마음을 내가 들어주지 아니하였듯이,
53 너의 찢어지고 아픈 마음의 기도를 내
가 들어줄 수 없음이니라.
54 예수가 기도하는 생명의 연장을 내가
해 주지 않았던 그 마음처럼,
55 네가 아무리 가슴 아파 울며 통곡해도
네 기도를 들어줄 수 없으며 네 뜻을
들어줄 수 없음이니,
56 너 스스로 일어서며 너 스스로 변하도
록 하라.
57 네 살점을 도려내는 아픔이 있다 하면
네가 과연 그를 바로 서지 못하겠는가?
58 너 스스로 바로 서라.
59 너 스스로 바로 가도록 그리하라.
60 그것만이 네가 나에게 올 수 있는 길
이며, 만백성을 구할 수 있는 것이며,
만백성을 인도할 수 있는 길이라는 것
을 잊지 말라.

6,053 번째 하나님 말씀

2003년 4월 28일 07시 51분

1 사랑하고 사랑하는 나의 아들아!
2 너와 너의 제자들을 통하여, 그리고
나의 법전을 읽고 깨우친 백성 그들을
통하여 이 세상은 새로 변화되며 새로
운 세상이 열려야 함이니라.
3 그러니 내가 너의 그 간곡한 기도를
들어줄 수 없으며 너의 그 애절한 기
도를 들어줄 수 없음이니라.
4 너희가 인간 세상에 살아가면서 부를
누렸던 부모가 유산을 남겨 주는 자식
과 아무것도 받지 못하며 아무것도 손
에 쥐지 못한, 부모로부터 유산을 받
지 못한 아들과 똑같이 살라 그리한다
면, 과연 그것이 공평한 처사가 되겠
는가?
5 누구는 부귀와 영화의 여건을 다 갖춰
주며 살아가게 하며, 누구는 하나의
여건도 주지 아니하며 어려운 짐만을
등에 지워 주면서,
6 똑같이 성공하며 똑같은 삶을 살라 말
한다면, 너는 과연 그것이 공평하다
생각할 수 있겠느냐?
7 그는 절대로 공평하지 못함이니라.
8 모든 여건을 갖춰 주면서 바르고 착하
게 배불리 살며 남을 도우며 살라 하

며, 아무것도 쥐여 주지 못한 자식에
게, 그저 부모가 빚이라는 유산을 잔
뜩 남겨 준 그와 같은 자식에게 남에
게 베풀며 남에게 은혜를 베풀며 신사
도를 지키며 살아라 그리 말한다면,
9 과연 그것이 공평한 처사라 너는 생각
하느냐?
10 그것이 공평한 처사가 아니라면, 네가
어렵고 힘들며 너 자신이 악습을 버리
지 못하는 것을 나 여호와가 다 제거
해 주고 떼어 준다면,
11 바로 무한한 제 유산을 주면서 한평생
을 편안하게 살아가라 그리 말하는 것
과 아무것도 주지 못하며 편안하게 살
아가라 하는 것과, 그와 같은 차별이
아니던가?
12 그러니 이는 있을 수도 없으며 이는
역사할 수 없음이니라.
13 너라 하여 내가 특별히 고통스럽고 어
려운 것을 깨우쳐 너에게 능력을 주
며, 내가 너에게 은혜를 베풀며 모두
를 들어준다 하면 이는 바로 무엇이던
가?
14 무한한 유산을 남겨 주면서 편히 살라
하는 그 자식과 아무것도 주지 아니하
고 빚의 유산을 남겨 주고 살아가라는
자식과의 차별화의 역사보다도 더 무
서운 것이니,
15 이는 하늘의 공의의 창조주 아버지요,
만물을 주관하는 나 여호와요,
16 천사를 주관하며 사탄을 주관하며 그
모든 인간 너희를 심판하는 나 여호와
로서 있을 수 없는 일이니,
17 너라 하여 내가 특별히 은혜를 내리며
특별히 상을 내림이 없음이니라.
18 너 스스로 바로 설 것이며, 너 스스로
깨우치며, 네가 똑같은 조건과 환경
속에서 변하는 역사를 했을 때 사탄도
너에게 굴복할 것이며 천사도 너에게
굴복할 것이며 너를 경배할 것이니라.
19 그렇지 아니한다면 모두는 다 너를 보
고 웃을 것이며 나 여호와를 보고 또
웃을 것이며, 나 여호와의 뜻에 따르
려 하지 아니할 것이니라.
20 너는 어렵고 힘든 역경 속에서 너 스
스로 일어서야 할 것이며, 모든 훈련
과 시험에서 네가 이기고 서는 그와
같은 나의 아들이 되지 아니하면 아니
됨이니,
21 다른 백성보다도, 다른 사람들보다도
열배 백배 어렵고 힘든 고비요, 환경
을 넘고 또 넘어 네가 바로 서는 그와
같은 역사를 보이는 것이 네가 나의
아들이요, 나의 목자요, 만백성을 구
하는 선택된 자로서 바로 설 수 있음
이니라.
22 사랑하고 사랑하는 나의 아들아, 그것
이 네가 가야 할 길임을 잊지 말라.
23 그 길이 네가 가야 할 길이며, 너의 제
자들이 가야 할 길이니,
24 모두는 스스로 딛고 일어서며, 모두는
스스로 해결하며, 너 스스로 바로 서
도록 그리 가라.
25 나는 너에게 어떤 은혜요, 혜택이요,
영광이요, 지혜를 줄 수 없음이니라.
26 다만, 네가 깨우쳤을 때, 왜 그를 네가
그리 깨우쳐야 하며 바로 서야 하는지
그 이유는 내가 너에게 깨우쳐 줄 것
이며 내가 너에게 그와 같은 지혜는
줄 것이니라.

27 그러나 내가 미리 너를 일깨워 주며,
너에게 편안함이요, 너에게 재물과 금
화와 은화요, 은총을 내려 남들보다
편안함 속에서 네가 깨우쳐 가며 남들
보다 좋은 조건에서 네가 바로 서는
그와 같은 역사는 나 여호와가 행할
수 없으며, 내가 너에게 은혜를 내릴
수 없다는 것을 명심하고 또 명심하여,
28 네가 모두를 행하도록 그리하라, 사랑
하는 나의 아들아!
29 내가 너를 사랑하기에, 모든 천사에게
부끄럼이 없는 나의 아들로 설 것이며
모든 사탄과 악마들 앞에 네가 부끄럽
지 않은 나의 아들로 섰을 때,
30 그들이 감히 나에게 항의하지 못하며
항변하지 못하며, 나의 뜻을 거역하는
자들이 없게 될 것이니 그리 알라.

6,054 번째 하나님 말씀

2003년 4월 28일 08시

1 사랑하는 나의 아들아!
2 "네, 아버님! 말씀하옵소서."
3 너를 따르는 내가 사랑하는 너의 제자
들이요, 그리고 나의 법전을 깨우친
만백성, 너희는 나로부터 선택된 백성
이니라.
4 그러니 너희가 나의 강론을 들으며 나
의 법전을 읽고 깨우쳐 경지가 오르면
오를수록, 두렵고 무섭고 견디기 어려
운 그와 같은 삶의 생활이 너희에게
연속임을 알아야 할 것이니라.
5 하늘에 오르는 길은 끝이 없으며 하늘
에 오르는 진리의 깨달음은 끝이 없음
이니라.
6 하나를 알면 둘을 알아야 하며 둘을
알면 넷을 알아야 하는 그와 같은 너
희가 변화의 역사요, 생활의 연속이요,
7 너희의 아름다운 행함을 실천하는 것
은 너희가 더 그 폭이 넓어지며 행해
야 할 길이 너무나도 방대한 미래의
길을 가야 하기 때문이니,
8 너희가 깨달으면 깨달은 만큼 무섭고
두려우며 벗어날 수 없는 삶 속에서
고통과 시련과 인내함만이 너희가 살
아가는 길이라는 것을 잊어서는 아니
될 것이니라.
9 하나를 깨우쳤을 때 너희가 그것으로
끝이 나며 백 개를 깨우쳤을 때 그것
이 끝이 나는 것이 아니니,
10 너희는 감히 두렵고 무서움이요, 나약
하다는 것을, 그리고 얼마만큼 너희가
인내의 길을 가야 하는지, 그리고 얼
마나 노력해야 하는지, 그를 알면 알
수록 너희가 나 여호와에게 오는 것이
얼마나 두려우며 살아가는 것이 얼마
나 조심스러운 것인가를 알게 될 것이
니,
11 너희는 긴장과 긴장의 연속에서 풀어
짐이 아니라는 것, 그리하여 고달프고
힘든 길을 가야 하는 것이 나로부터
선택된 백성이 가야 할 길이며 너희가
살아가야 할 길이니라.
12 그렇다 하여 너희가 중단해서도 아니
되며 실망하고 포기해서도 아니 되며,
13 오로지 너희는 넓고 깊은 미래의 아름
다운 삶이요, 진리의 폭넓은 세계에서
하나하나 배워 가슴으로 안아 변하는
그와 같은 삶을 살지 아니한다면 정녕
천사와 같은 자가 될 수 없으며,

14 천사와 같이 너희가 변화되지 아니한
다면 결코 나에게 올 수 없기 때문이
니라.
15 너희가 나에게 가까이 올 수 있는 것
은, 너희가 나에게 가까이 오면 올수
록 넓은 세상을 보게 됨이니라.
16 그러니 지금 썩고 썩은 이 지상의 세
상을 너희가 경지가 높이 올라올수록,
높이 올라와 볼수록 많은 것을 보며
넓게 세상을 볼 수 있음이니,
17 너희의 추하고 더러우며 인간의 이중
적인 마음이요, 인간의 사악한 마음이
요, 그 모두를 너희는 더 많이 보고 더
많이 들여다보게 됨이니,
18 너희가 살아가는 죄의 생각이요, 잘못
된 행동이요, 너희가 위선자요, 그리
고 거짓 행하는 자요,
19 그리고 나에게 인도한다는 종교 지도
자들의 사악한 이면의 그 모두를 보게
됨이니, 너희의 고통이 더한 것이니라.
20 너희는 경지가 오르면 오른 만큼 고
통과 시련 속에서 세상을 내려다보게
됨이니,
21 하나에서부터 너희가 세상의 잘못된
것을 오르면 오를수록 백 가지, 천 가
지를 다 들여다보니, 그를 바로잡는
것이 얼마나 힘든 길이며,
22 그를 바로잡기 위하여 얼마나 고통과
시련의 인내를 해야 하는가?
23 너희가 경지가 오를수록 올라 세상을
높은 곳에서 많이 내려다볼수록 너희
는 고통의 길을 가야 하며, 그를 대비
하며 그를 다스리기 위하여 얼마나
피나는 노력을 해야 하는가?
24 그리고 나의 법전을 어찌 너희가 전해
야 하는가?
25 너희가 깨달음을 얻을 때마다 무거운
짐만이 양어깨에 짊어지는 그와 같은
고통과 시련의 생활의 연속이니,
26 나 여호와를 따르는 것이며 하늘에 오
르는 길이 너희가 편안한 길이며 육의
행복이요, 향락이라는 그 생각을 버려
야 할 것이니라.
27 그리하여 너희가 만백성의 고통을 덜
어 주고자 하는 그와 같은 변화와 변
화의 개혁을 이룰 때,
28 너희가 어떠한 역할을 해야 할 것인지
그 무거운 짐을 느끼게 될 것이니라.
29 그러니 너희가 그와 같은 마음 자세로
살아가는 것은 오로지 잠시도 긴장을
풀어서도 아니 되며, 잠시도 너희가
만백성을 깨우치는 것을 늦추고 여유
있는 시간이 없음을 알아야 할 것이니
라.
30 그리하면 변하지 못하는 백성이 너희
가 변하는 모습을 보고 따라오려는 것
이 아니라,
31 너희를 공격하며 비방하며 잘못되었
다 하여 이단이요, 사탄이요, 사악한
자라 하여 이 세상에 존재하지 못하게
함이니,
32 저희의 추한 모습을 비춰 보는 거울과
같은 너희를 그들은 존경하며 따르는
것이 아니라, 너희를 짓뭉개려 하며
짓이기려 함이니라.
33 저희의 추한 모습의 세상만이 오로지
하늘에 오르는 길이요, 구원을 받는
것이라 그리 생각하니,
34 그들이 아름다운 참진리의 빛으로 변
하는 너희를 볼 수 없으며 알 수 없으

며,
35 그들과 차별화되는 너희를 나쁜 쪽으로 생각함이요, 저희와 관계없는 이단이요, 사탄이라는 쪽으로 비춰 보게 됨이니,
36 너희가 받는 공격이요, 비방이요, 너희에게 밀어붙이는 환란의 역사는 너희가 변하면 변할수록 더 강하게 밀어붙임이니라.
37 너희가 변하면 변한만큼, 깨달음이 높으면 높은 만큼, 너희가 변함이 강하면 강한 만큼 그들의 사악한 마음의 공격은 비례하는 형국으로 너희를 공격할 것이며, 무너트리려 할 것이며, 너희를 환란 속에 몰아넣으려 하는 그와 같은 자들이니,
38 그 반격의 힘이 더 강해지며 너희가 인내하고 견디기 어려운 그와 같은 형국으로써 너희에게 공격함이니라.
39 그러니 너희는 깨달으면 깨달을수록, 경지에 오르면 오를수록, 만백성이 잘못 가는 것을 고치기 위하여 다스리려 하니,
40 너희가 그를 보면서 수천수만 가지를 다스리고 고치기가 너무나 힘들고 어려운 고통의 시련 속에서 살며,
41 그리고 변하는 너희를 공격하며 비방하는 적으로부터 너희가 무너지지 아니하며 너희를 지켜 가야 하는 그와 같은 이중의 고통과 시련을 겪고 가는 것이 너희이니,
42 너희는 편안함이요, 단잠을 잘 수 있는 것이 아니라, 고달픈 생활 속에, 그리고 시련 속에서 견디고 쌓아 가야 하는 것이 너희 운명이라는 것을 잊지 말라.
43 나를 경배하며 나를 따름으로써 모든 것이 편안한 것이 역사함이라 생각하지 말라.
44 모든 고통과 시련만이 너희에게 역사하며 너희가 가야 할 길이며 너희가 행해야 할 길이라는 것을 잊지 말라.

6,055 번째 하나님 말씀

2003년 4월 28일 08시 18분

1 사랑하는 나의 아들아!
2 "네, 아버님! 말씀하옵소서."
3 너희가 교회라 하는 곳, 성막이라 하는 곳, 너희는 그곳에서 모든 행사를 다 하느니라.
4 그리고 너희는 눈물을 흘리며 콧물을 흘리며 회개하며 찬송을 부르며, 악대들이 또한 소리를 지르느니라.
5 그리고 종교 지도자라는 자가 설교를 하며 또한 강론을 하느니라.
6 그리고 그는 성경이라는 것을 펴 놓고 나의 말씀이요, 나의 뜻이라 하여 그를 가지고 저는 온갖 세상 것을 다 포함하여 너희의 가슴을 울리는 그와 같은 설교요, 말을 하느니라.
7 그리고 너희는 또한 울고불고 손뼉 치며 모든 짓을 다 하느니라.
8 너희가 그것으로 끝맺는다 하면 나는 그래도 그것을 나에게 오르고자 하는 순박한 마음이요, 순수한 행동에서 하는 역사요, 행위라고 봐줄 수 있을 것이니라.
9 그러나 너희는 결국 어떠한 것으로써 끝마치던가?

10 너희는 그와 같은 모든 울고불고 콧물
짜며 몸부림치며 광란의 짓을 다 하고
자극할 대로 자극을 하느니라.
11 그리고 결국 마지막에 가서 너희가
하는 행위가 무엇이더냐?
12 그들의 주머니에 있는 금화와 은화를
그저 있는 대로 다 바치라 하여 너희
는 돈을 거둬들일 바구니를 돌리니,
그 바구니를 돌림으로써 금화와 은화
를 거둬들이느니라.
13 그러니 결국은 저희가 콧물 짜고 울며
불며 찬송을 부르며 그리고 가장 경건
한 체, 그리고 가장 위대한 체하며 나
의 아들 예수의 피로써 구원을 받은
자요, 그리고 나의 아들 예수의 이름
을 부르며 하늘에 오르는 자요, 그리
고 천사와 같은 자라 저희가 몸부림치
며 저희 스스로 그와 같은 행위를 하
느니라.
14 그러나 끝나는 무렵에 결국 무엇이더
냐?
15 모든 행사가 끝나고 난 다음에 너희가
돌리는 것은 돈 바구니이니라.
16 그저 반지도 바치고 금화와 은화도 바
치며 그들이 가지고 있는 모든 것을
다 바치라 하여, 금화와 은화를 거둬
들이는 바구니를 너희가 쭉 나와서
돌리며 거둬들이니,
17 결국 너희가 지금까지 한 시간이요,
두 시간이요 했던 행사는 무엇이더냐?
18 바로 돈 바구니에 많은 금화와 은화를
놓고 그들이 끼고 온 금팔찌요, 금반
지요, 모든 패물을 다 그저 정신 나간
것처럼 빼서 던지고, 나가서 후회하더
라도 바칠 수 있도록 자극하는 것, 그
것으로써 너희가 끝나니,
19 광대가 돈을 거둬들이기 위한 놀음이
아니던가?
20 너희가 곰을 길들여서 사람들 앞에 춤
을 추게 하며, 그가 결국 내미는 것은
무엇이더냐?
21 그들은 바로 금화와 은화 몇 닢을 거
둬들임이니라.
22 그리고 너희가 약품이라 하여 신발명
품이라 하여, 그리고 인간에게 좋은
것이라 하여, 너희 모든 운동의 형태
요, 그리고 또 남들에게 재주를 보여
주며 남의 눈을 즐겁게 하며 그들로부
터 박수를 받느니라.
23 그리고 그들은 무엇을 말하는가?
24 그 약을 팔며 물건을 팔며 그리고 그
들이 거둬들이는 것이 무엇이던가?
25 금화와 은화를 거둬들임이니, 관중의
주머니에 있는 금화와 은화를 거둬들
이고자 갖은 쇼요, 갖은 명분의 재담
을 다 털어놓느니라.
26 심지어는 날짐승이요, 또는 미물까지
너희는 훈련을 시킴이니라.
27 실제로 너희는 사탄이라는 그 뱀이 춤
을 추게 하며 그가 또 묘기를 보이게
하며 너희는 그들로부터 재물을 거둬
들이지 않는가?
28 모든 동물이요, 모든 것을 훈련했으며
너희가 가지고 있는 재주를 관중에게
보이고 또 재롱을 떨며 아부하며, 너
희가 결국 거둬들이는 것은 무엇인 줄
알겠는가?
29 관중이 가지고 있는 금화와 은화를 너
희 것으로 만들며 거둬들이기 위해서
하는 짓이 아니던가?

30 그러니 너희가 지금 나의 피조물 만백
성을 구한다 하는 것은 또 과연 무엇
이던가?
31 너희가 천국에 오는 길이요, 하늘에
오르는 길이요, 나의 아들 예수와 더
불어 나에게 올 수 있는 그와 같은 은
혜와 표와 영광을 그들에게 준다 하며,
32 저희가 성경을 가지고 눈물 흘리며 광
분하며 그저 광란의 미친 자처럼 악을
쓰도록 하며 너희가 결국에 거둬들이
는 것은 무엇이더냐?
33 돈 바구니라는 것을 수십 명이 들고
나와 그를 돌리고 돌리니,
34 옆 사람 보기 창피하여 눈치 보며 창
피하여 그저 갖다 바치고,
35 결국 너희가 금화와 은화를 거둬들이
며 오늘의 수입이 얼마인가 계산하느
니라.
36 그리하여 강론을 잘했다 못했다 그것
으로 평가하는 것이니 바로 무엇이더
냐?
37 시장바닥에서 약장사가 약을 팔기 위
해 갖은 수단과 방법을 다 떠느니라.
38 그리고 바로 그들에게 파는 것이 무엇
이냐?
39 잘못된 약이라는 것을, 바로 그들은
금화와 은화를 거둬들이니,
40 그것이 바로 만병통치약이라는 시장
바닥에서 떠돌이 약장사가 하는 것이
아니냐?
41 그저 원숭이 새끼 하나 갖다 놓고 재
롱을 떨게 하며, 곰 한 마리 갖다 놓고
재롱을 떨게 하며, 제가 장구 치고 북
치며 묘기를 부리면서, 제가 그저 돌
을 깨는 묘기를 보이면서, 칼을 들고
춤을 추는 묘기를 보이면서, 그들이
만병통치약을 파는 것처럼 관중으로
부터 돈과 은화를 거둬들이니,
42 다만 그들은 너희처럼 교회라는 것을
짓지 아니하며 회당이라는 것을 짓지
아니하며 그저 시장바닥에서 이리저
리 떠돌이와 같은 생활을 하면서 그와
같이 하는 것이니라.
43 다만, 너희는 무엇이더냐?
44 나의 아들 예수의 보혈로써 천국에 올
수 있으며 구원받을 수 있으며 너희가
그와 같이 거기에 오는 자는 만병통치
약처럼 그저 하늘에 오르는 역사를 이
룬다, 그리고 천국의 문을 연다 하니,
45 만병통치약을 파는 것보다도 더 사악
한 만병통치약을 파느니라.
46 남의 생명을 죽이고 살리는 것까지 너
희가 그리 장사하는 자이니, 바로 그
들과 다른 것이 무엇이더냐?
47 너희가 다르다면 그들은 그 많은 관중
에게 '한 푼 주십시오.' 하고, 다만 너
희가 돈 바구니를 돌리며 그와 같은
묘기를 부리는 약장사요, 떠돌이 장사
와 다른 것은 '내라, 바쳐라.' 하는 것
뿐이니라.
48 그저 너희는 강요해서 빨리 내라, 많
이 내라 너희 신도들을 앉혀 놓고 강
요하는 것이니라.
49 너희가 지은 죄의 움막에 들어온 대가
로 딱딱한 의자에 앉아서 너희 강론을
들은 그 죄로 '바쳐라, 내라, 안 내면
너희는 지옥 간다.' 그리 너희가 반공
갈이요, 반협박으로써 그들에게 거둬
들이는 것뿐이니,
50 시장바닥에서 만병통치약을 파는 떠

돌이 장사보다도 더 사악한 자며 한
단계 더 단수가 높은 자들이니라.
51 너희는 바로 무엇이더냐?
52 그저 천국에 올 수 있도록 죄를 용서
해 주며, 저희가 살인했든, 간음을 했
든, 도둑질을 했든 빌고 빌면 용서를
받는다 하니,
53 너희가 용서받는 만병통치약이요, 하
늘에 오르는 만병통치약을 가지고 장
사하는 장사꾼들이며 사기꾼들이니
라.
54 너희가 얼마나 사악한 사기꾼인지 알
겠는가?
55 너희가 십계명대로 지키지 아니하며
간음하며 거짓 하고 도둑질하면 그 죄
로 하늘에 오를 수 없다, 그리고 그는
절대 지켜야 한다 하면,
56 도둑질한 자, 간음한 자, 남을 속인
자, 감히 두렵고 무서워 다리 뻗고 잠
을 자지 못하며 새우잠을 자며 꿈에서
도 그는 공포와 무서움과 두려움에 떨
것이니라.
57 그러나 그 앞에 나와 금화와 은화를
갖다 바치면 너희가 천국을 가며 죄를
용서해 준다 하니,
58 죄짓고 간음하고 사기 친 자가 다리
뻗고 자도록 하며, 그리고 거짓 하는
사기극에 의하여 다리 뻗고 잠자니,
그 은혜요, 감사함에 또 와서 재물을
바치니,
59 너희가 시정잡배요, 떠돌이 약장사요,
그저 갖다 놓고 팔면서 만병통치약이
라 하며, 그저 다리 아픈 데도 좋고,
배 아픈 데도 좋고, 가슴 결리는 데도
좋고, 설사하는 데 좋은 만병통치약을
파는 약장사요,
60 그 약장사보다 너희가 세 단계 네 단
계 더 사악하고 악랄한 방법으로 만병
통치약을 팖이니,
61 하늘에 오르는 만병통치약이요, 모든
죄를 용서해 주는 만병통치약을 파는
것이 너희라는 것을 잊지 말라.
62 이리하여 내가 이와 같은 실상을 나의
아들을 통하여 나의 법전에 기록하여
너희에게 전하거늘, 이를 보고도 깨우
치지 못하는 자, 이를 보고도 바로 서
지 못한다 하면,
63 너희는 그저 가짜 만병통치 약장사가
파는 걸 먹고 배탈 나는 자, 또 설사하
는 자,
64 그리고 상처 난 곳에 발랐다가 거기에
부작용 나는 자, 그와 같은 것보다 열
배 백배 더 위험한 짓이며, 천배 만배
위험한 약을 사다 놓고 그저 마시는
것이니라.
65 영원히 사는 구원이요, 하늘에 올 수
있는, 새로 태어날 수 있는 생명을 죽
이는 것이니,
66 너희가 파는 그 만병통치약이 얼마나
무서운 독소며 악행의 역사요, 얼마나
무서운 죄를 지으며 너희가 가짜 만병
통치약으로 하여금 지옥에 가서 얼마
나 고통스럽고 시련을 받는 것인가를
알아야 할 것이니라.
67 이제 모든 죄를 씻어 주는 만병통치약
이요, 그리고 천국의 문을 마음대로
들어갈 수 있는 만병통치약이요, 그
가짜 만병통치약을 파는 약장사에게
돈을 바치지 말라.
68 너희가 돈 바구니를 돌리지 아니한다

면 만병통치약을 팔아먹는 사기꾼이
아닐 것이니라.
69 그러나 시장바닥에서 짐승을 훈련을
시키며, 그저 제가 춤 한 번 추고 묘기
라 하여 돈 달라 바구니 내미는 그들
은 그저 거지 근성으로 사정하는 것이
요,
70 너희는 강도와 독재자처럼 뺏어 가는
것, 그리고 내놓도록 억압하는 것, 그
것이 다른 것이니, 바로 누가 더 사악
한 자인가 이제 깨우치고 알라.

6,056 번째 하나님 말씀

2003년 4월 28일 23시 48분

1 사랑하는 나의 아들아!
2 "네, 아버님! 말씀하옵소서."
3 내가 너에게 무어라 말하였느냐?
4 시장바닥에 짐승을 길들여 묘기를 보
이며 사람이 묘기를 보이고 사람들에
게 거둬들이는 것이 무엇이라 하였느
냐?
5 금화와 은화 한 닢을 얻기 위하여 동
냥하는 그와 같은 바구니를 돌리며 거
기에 금화와 은화와 동전을 던지게 하
려고 갖은 묘기를 다 부리며 갖은 아
양을 다 떤다 하지 아니하였던가?
6 또 너희는 인간으로서 무예요, 묘기를
부리나니, 또한 내가 무어라 말하였느
냐?
7 그저 만병통치약을 파는 장사꾼이라
그리하였느니라.
8 그저 배가 아픈 데 먹는 약이요, 또 머
리가 아프면 머리에 맞으며, 상처 난
곳은 상처에 맞으며, 뼈가 부러지면
부러진 것에 맞으며, 한 가지 약이 골
고루 다 쓰인다는 그와 같은 형국으로
하는 장사꾼들이 있으니,
9 만병통치 약장사라 함이니라.
10 그들은 약을 팔면서 결국 무엇이던가?
11 그 약을 사라 하여 바구니를 돌린다
그리했음이니라.
12 그러니 지금의 모든 종교 집단이요,
지도자들이 하는 성전이요, 교회라는
곳에서 하는 짓이 무엇이라 말하였더
냐?
13 만백성에게 진리를 깨우치며 하늘에
오르는 길의 진리를 가르치는 자들이
그들이 그저 수없이 많은 죄를 짓고
또 짓고 지어서 교회에 와서 눈물 흘
리고 금화를 바치며 울고불고하면 그
죄가 다 지워진다 하니,
14 죄를 사해 주는 만병통치약을 파는 지
금 종교 지도자들이라 하지 아니하였
던가?
15 그리하여 너희는 설교요, 강론을 하면
서 끝날 무렵에 돌리는 것이 무엇이더
냐?
16 금화와 은화를 바치는 바구니를 곱게
단장한 여인들이 들고 나와서 그걸 또
거둬들인다 하지 아니하였느냐?
17 그러니 너희가 그들과 무엇이 다르단
말이더냐?
18 내가 그리하여 너희가 믿음이 아니요,
깨우침이 아니라, 그저 오로지 만병통
치약이라 하여 팔아먹는 그와 같은 행
위를 한다 하였음이니라.
19 그러면서 너희는 무어라 말하느냐?
20 인간의 행함은 중요하지 아니하며, 그
저 만병통치약만 먹으면 구원을 받는

다 그리 말함이니,
21 그저 한 가지 약으로써 모두를 다 붙
인다는 것으로써,
22 너희의 손으로 지은 죄의 온상이요,
교회라는 곳에 오기만 하면, 그리고
금화와 은화를 바치면 그저 모든 죄를
다 용서받으며 구원을 받는다 그리 가
르침이니,
23 그보다 더한 만병통치약이 없으며 그
보다 더한 만병통치약을 팔아먹는 장
사꾼이 없음이니라.
24 그러나 지금 나의 아들이 나의 피조물
만백성에게 가르치는 것은 무엇이더
냐?
25 너희가 행함이 중요하다 하였음이니
라.
26 한 가지 행함이 중요하며,
27 한 가지 약속을 너희가 지켰을 때 나
로부터 상을 받으며,
28 그게 바로 너희가 나에게 오를 수 있
는 것이며, 너희 죄를 사할 수 있는 길
이라 내가 말하였음이니,
29 지금 나의 아들은 수만 가지 병에 따
라서 수만 가지 약을 처방하여 병을
고치고 바로잡는 그와 같은 의술로써
지금 만백성 너희를 깨우치며 가고자
하는 것이 아니던가?
30 그러니 너희가 수천수만 가지의 악습
이요, 잘못된 것을 말로써 용서를 빌
며 그를 고치겠다 소원하는 것이 아니
고 나에게 비는 것이 아니라,
31 너희가 하나를 고쳤을 때 나로부터 상
을 받음이니 바로 무엇이던가?
32 그저 너희는 그 모든 부분에 따라서,
아픈 부위에 따라서, 너희가 병난 부
분에 따라서, 상처 부위에 따라서 그
약이 다르며 치료하는 방법이 다 다르
기에,
33 거기에 대한 약을 하나하나 내리는 그
와 같은 방법으로써 너희가 하나하나
악습을 고치는 것이 하늘에 오르는 길
이며 구원을 받는 길이라 그리 가르침
이니,
34 그와 같이 나의 아들이 지금 나의 피
조물 만백성 너희에게 가르치는 방법
이 너희를 치료하는 방법이 아니던가?
35 너희 스스로 생각할 수 없는가?
36 나의 아들은 부위에 따라서, 상처에
따라서, 아픔에 따라서, 거기에 따라
서 적절한 약이요, 거기에 필요한 약
을 씀으로 인하여 너희가 치료될 수
있고 완쾌될 수 있다 하여,
37 너희가 하나하나 악습을 고치는 것이
하늘에 오르는 길이라 그리하였으나,
38 지금의 모든 종교 집단이요, 지도자
요, 그곳에 있는 신도라는 백성, 너희
는 무엇이냐?
39 그저 믿기만 하고 너희가 죄를 지으
면, 믿는 교회에 와서 용서를 빌면 다
해결하며 깨끗하게 지워진다 하니,
40 그게 죄를 사해 주는 만병통치약을 파
는 것이니,
41 한 가지 약으로 모두를 다 치유할 수
있다는 지금의 종교 집단이요, 지도자
요, 너희가 가는 방법과 행하는 수법
과,
42 나의 아들이 법전을 통하여 천 가지,
만 가지 병에 따라 약을 써야 한다는
그와 같은 방법으로써 너희를 깨우치
고 인도하는 방법 중에,

43 과연 어떤 것이 적절한 치료법이며,
어떤 것이 나 여호와에게 합당한 것이
며 만백성을 바로 치료하는 데 필요한
약이요, 방법인가를 너희 스스로 알지
못하는가?
44 이제는 그와 같은 것은 너희가 깨달을
수 있는 지혜가 있으며,
45 그를 깨닫지 못한다면 너희는 시장바
닥에서 파는 아무런 효과도 없는 그저
만병통치약이라 떠드는 장사꾼의 말
에 의하여 너희가 만병통치 효과가 있
을 것이라며 그 약을 사 감이니,
46 그 약이 어찌하여 상처 난 데 바르는
약이 배 아픈 데 먹는 약과 같으며, 열
나는 데 먹는 약이며 설사하는 데 먹
는 약이며, 그 약만 먹기만 하면 낫겠
는가?
47 그를 낫는다 하여 사 가는 너희가 바
로 무엇이더냐?
48 속는 것이며, 너희 자신이 아무런 효
과도 없는 약을 지금 금화와 은화를
주고 사 감이니,
49 너희가 병을 고치는 데는 하나도 도움
이 되지 않는 것이 그 치료법이며, 지
금 만병통치 약장사가 파는 수법이니
라.
50 그것이 지금 너희가 하늘에 오르는 길
이요, 너희가 가장 소중한 생명이 새
로 태어남이요, 구원을 받는 길이, 하
나의 약으로 다 된다는 만병통치약처
럼,
51 종교 지도자들이 가르치는 설교요, 교
회에 가 헌금을 바치며 그저 거기 다
니기만 하면 구원을 받는다는 만병통
치 목사들 앞에, 종교 지도자들 앞에
너희 인생을 팔지 말며, 거래하지 말
며,
52 지옥 불로 가는 표를 사는 행위를 이
제 중단하도록 그리하라.

6,057 번째 하나님 말씀

2003년 4월 28일 23시 59분

1 사랑하는 나의 아들아!
2 "네, 아버님! 말씀하옵소서."
3 지금의 기독교 종파의 모든 교회가 무
어라 말하는가?
4 말세에 기독교요, 교회를 탄압하는 사
탄이 나오며, 사악한 자가 세상에 나
오며, 거짓 선지자가 세상을 혼란케
하며, 그와 같이 사악한 역사의 종말
시대에 무서운 변화가 생기니,
5 너희 백성은 거기에 현혹되지 말며 속
지 말라 그리 말하며,
6 말세에는 반드시 너희가 말하기를, 거
짓 선지자요, 사탄이요, 사악한 자들
이 나온다 하며,
7 교회를 탄압하는 자가 나오며, 기독교
의 그 모든 종파를 탄압하는 그와 같
은 무서운 역사가 이루어짐이니, 거기
에 현혹되지 말라 너희는 그리 가르치
며, 또 성서에 그리 기록되었다 말하
느니라.
8 그리하여 나의 피조물 만백성이 어떤
신흥 종파요, 어떤 진리의 말씀이 온
다 해도 그를 듣지 못하게 하며 보지
못하게 하는 것이 너희 방법이 아니던
가?
9 그러니 너희가 종말의 시대에 사악한
사탄이오며, 거짓 선지자가 오며, 말

세에 너희를 현혹하는 자가 오니, 그
를 보지 말며 듣지도 말며 상대하지
말라, 그저 오로지 너희 손으로 지은
교회에 와서 헌금을 바치며 금화와 은
화를 바치며 너희 종교 지도자가 지시
하는 그 명령에만 따라 살아가라 그리
가르치는 역사의 뿌리를 알고 있는가?
10 그것이 지금의 마지막 시대요, 현시대
에서 그와 같이 말을 한다 하면, 나 여
호와가 너희가 사악한 자들이라 말하
지 아니할 것이니라.
11 그 말은 나의 아들 예수가 세상에 나
와 죽은 그때부터 지금까지 2천 년 동
안 똑같은 말이요, 똑같은 방법으로써
너희가 그 말을 하고 있음이니라.
12 2천 년 전 나의 아들 예수가 세상에
왔을 때, 그를 죽게 한 그들도 뭐라 했
느냐?
13 말세에 사탄이요, 거짓 선지자가 오면
세상을 뒤집어엎는다 그리하였음이
니,
14 지금보다도 너희 종교 지도자의 뿌리
요, 선배들이요, 종교 집단들이 그때
부터 그리 말했으며,
15 나의 피조물 만백성을 2천 년 전부터
그들에게 귀가 따갑도록 못을 박아 준
이야기가 바로 그것이니라.
16 종말이요, 말세에는 거짓 선지자가 와
너희 기독교요, 교회를 탄압하며 너희
를 무너트리고자 하는 자들이 나온다
그리 말하였으니,
17 그 뿌리의 역사는 2천 년 전부터 지금
까지 흘러온 것이니라.
18 그러니 그 많은 세월 속에 나의 사랑
하는 백성을 종교 집단이요, 지도자들
이 얼마나 지옥으로 보냈는가?
19 2천 년 전부터 지금까지 똑같은 수법
이요, 방법으로써 그저 그 말을 함이
니,
20 오늘을 사는 백성 너희는 너희 시대
에만 적용되는 것 같으나,
21 너희 아버지요, 할아버지도 그 당시에
그들이 죽지 않고 살아 있을 때는 그
들이 죽기 전에 그와 같은 역사가 이
루어지며 종말이 오며,
22 종말에는 거짓 선지자가 오며 사탄이
오며 악마가 온다 그리 가르쳐, 너희
부모들도 그 말을 듣고 믿고 살다 지
옥으로 갔음이니라.
23 그러니 지금의 시대에 지금 듣는 자들
은 너희에게 해당하는 것이며, 너희
시대에 그와 같이 이루어지는 것이기
에, 너희는 절대로 다른 종파요, 다른
진리를 들어서도 안 되며 보지도 말아
야 하며,
24 그저 오로지 너희가 한 입 가지고 두
말하는, 한 입 가지고 두 혓바닥을 가
진 그와 같은 자들의 가르침의 소리에
현혹되어, 그것만이 구원의 길이라 지
금 부르짖으니,
25 그 역사는 2천 년 전부터 지금까지 진
행되어 내려온 악습 중에도 가장 큰
악습이며,
26 나의 피조물 만백성을 우롱하며 지옥
으로 이끌어 가는 그와 같은 형태의
짓을 너희가 해 온 것을 알아야 할 것
이니라.
27 너희가 과연 살면 몇 년을 사는가?
28 그러니 너희도 그 소리에 헤매어 너희
자신이 참진리요, 하늘에 오르는 길을

보지 못하며 헤매어 너희가 종교 지도
자들의 종이 되어 그저 부리는 노예처
럼 끌려가다가,
29 '종말이 오겠지, 거짓 선지자가 오는
시대가 오겠지, 그러니 거기에 내가
속지 말아야겠다.' 그와 같은 생각을
하다 너희가 죽어 지옥으로 흘러가는
지금의 형국에 있으니, 그 뿌리를 한
번 뒤져 보도록 하라.
30 2천 년 전부터 시작해 전해 내려오는
그 말이 지금까지 그리 전해 내려오고
있음을 알라.
31 너희는 말하느니라, 마지막 종말의 시
대는 너희 교회요, 기독교를 탄압하는
그와 같은 자들이 나온다 하였음이니,
32 그러니 지금 나의 아들을 통하여 내가
내리는 나의 법전은 그 한 기독교요,
교회만을 잘못됐다 가르치는가?
33 이 세상의 모든 종파가 다 잘못되었다
내가 그리 가르침이니,
34 너희는 감히 이를 보고 사탄이요, 이
단이라 말하지 말라.
35 너희 말대로 너희만을 탄압하는 자가
세상에 온다 하면 그것은 이단이요,
사탄이요, 마지막 거짓 선지자라 할
수 있으나,
36 지금 나의 아들을 통하여 160권의 법
전을 내리는 것은 너희 교회요, 기독
교의 종파만이 아니요,
37 성당이요, 회당이요, 모든 종파요, 그
믿음을 이끄는 자들이 잘못 가고 잘못
행하는 그 모두를 다 가르치고 다스리
고자 함이니,
38 감히 너희만을 핍박한다 생각하지 말
라.
39 너희만을 핍박하며 잘못했다 말하면
정말 거짓 선지자가 너희를 핍박하기
에 세상에 왔다 생각할 수 있으나,
40 지금 나의 아들은 너희만 잘못된 것
을 탓하는 것이 아니요, 만백성의 잘
못된 것을 바로잡고자 함이니,
41 너희는 여기서 차별화 속에 너희만을
탓하는 그와 같은 마지막 거짓 선지자
가 지금 내리는 법전이라 그리 말하지
말라.
42 너희뿐만 아니라 모든 종파요, 모든
백성이 살아가는 데 하늘에 오르는 길
이요, 근본을 가르쳐 줌이니,
43 너희는 나의 법전이 그와 같이 한 부
분만을 고치라 하여 한 부분만을 지적
하는 것이며 한 부분만을 탄압하는 그
와 같은 나의 진리가 아님을 알라.
44 그러니 너희는 다른 것은 모르되 나의
법전을 가지고 그리하지 말라.
45 너희가 그와 같은 이치를 깨닫는다면,
내가 모든 종파에게 모두 바로 서기를
바라며, 만백성에게 바로 깨우쳐 주기
를 바라니,
46 내가 강론하고 내리는 나의 법전을 너
희는 거짓 선지자가 너희를 탄압하기
위해 온 자라 말하지 말라.
47 모든 종파를 다 내가 지금 다스리며
바로잡고자 하며, 그들의 치부를 드러
내며 그들이 잘못 가고 있는 것을 바
로잡고 있음이니,
48 그러니 나의 법전을 보고 너희만을 탄
압하는 그와 같은 이단이요, 거짓 선
지자라는 말을 나의 법전 앞에서 감히
입을 벌리지 말라.

6,058 번째 하나님 말씀

2003년 4월 29일 0시 06분

1 사랑하는 나의 아들아!
2 "네, 아버님! 말씀하옵소서."
3 나의 피조물 만백성 너희가 인간 세상
에 살아가면서 그런 말을 하느니라.
4 '설마가 사람 잡는다'는 그와 같은 말
이 있음이니, 지금 너희가 어떠한 형
국에 처해 있는가?
5 모든 종파에 속해 있는 백성 너희가
지금 믿음의 길로 가는 그것으로써는
불안하며 정녕 너희가 구원을 받는 것
을 의심하느니라.
6 그러하니 그와 같이 의심하는 백성 또
한 나의 법전을 접하고 읽으면서 이는
진정한 하나님의 말씀이요, 창조주의
뜻이며,
7 이대로 살아갈 수 있다면 너희가 구원
을 받을 수 있다는 걸 깨닫고 아는 백
성이 있음이니라.
8 그러나 너희가 그러면서도 나의 법전
을 높이 쳐들어, 이는 하나님의 말씀
이요, 만백성을 구원하는 마지막 시대
에 심판의 말씀이라 그리 말하지 못하
며, 용감히 일어서지 못하는 그것이
어떠하던가?
9 너희는 그리 말하느니라.
10 그래도 지금 제가 다니는 종파요, 그
집단의 수가 많으며, 교회가 많으며,
또 신도가 많으며, 어려울 때 도와주
고 또 서로 협력하는 힘이 방대하니,
11 아무리 새로운 올바른 종교요, 신흥종
교가 나와 너희에게 참진리를 가르치
며 하늘에 오르는 길이라 해도,
12 지금 새로 나와서 가르치고 강론하는
그들보다는 지금의 종교 집단에 속해
있는 것이 나을 것이며,
13 설마 또는 그럴 것이라는 마음자리가
잘못되어 너희가 하늘에 오르는 기회
를 놓치며 지옥으로 달려가고 있다는
것을 알아야 할 것이니라.
14 너희는 지금 믿음의 길을 가는 길이
요, 구원을 받는 그것이 숫자로써 따
지는 것이 아니며,
15 방대한 조직이요, 물질적인, 물리적인
힘을 가지고 너희가 그와 같이 구원을
받고 못 받는 것이라 그리 생각한다
면, 너희는 주관이 없는 자며,
16 다시 살며 영원히 산다는 그 자체가
얼마나 소중한 것이며 값진 것인가를
모르기 때문이니라.
17 그러니 너희가 영원히 사는 참진리를
위하여 하늘에 오르는 길이라면 두드
려 보고 또 들여다보고 연구하고 공부
해야 할 필요성이 있는 것이니라.
18 인간 세상에서 하나의 목적을 이루며
뜻을 이루며 남부럽지 않게 살기 위해
수단과 방법으로써 모든 것을 다 동원
하느니라.
19 두드려 보고 또 두드려 보고 생각하고
또 생각하고 피나는 노력을 해서 너희
가 얻고 이루면서도,
20 다시 사는 생명이요, 영원히 사는 하
늘나라에 너희가 오고 못 오며 살고
못 사는 그 중요한 것에 대해서는 그
리 소홀히 생각하며 소홀히 다루고 있
음이니,
21 너희가 정녕 하늘에 오르는 삶이 얼마
나 중요한 것이며 영원히 사는 것이

얼마나 중요하며 지옥으로 가는 심판
을 받는 것이 얼마나 두렵고 무서운
것인가를 안다면,
22 천국의 문을 들어서는 것이 너희가 얼
마나 영광된 것인가를 그를 상상하고
생각하고 그를 연구하고 안다 하면,
23 너희는 오늘의 삶을 함부로 믿음에 대
하여 몸을 던질 수가 없을 것이니라.
24 너희는 조심하고 또 연구하고 두드려
보고 그리 갈 것이니라.
25 하나의 연필로 찍는 점보다도 더 오차
가 없이 완벽하게 파악해 보고 연구하
고 생각해 보고 믿음의 길을 선택해야
하거늘, 너희는 그리 말하느니라.
26 '그래도 지금 다니는 곳이 사람들이
많이 모이니, 또 목사가 말을 잘하니,
그리고 거기에는 큰 성전을 짓고 있으
며 많은 성전이요, 교회라는 것을 많
이 거느리고 있으니, 그래도 거기가
낫지 않겠느냐, 그리고 내가 있던 곳
이 낫지 않겠느냐?
27 지금 다른 데서 이야기하는 것보다 여
기가 설마 그래도 낫겠지?' 하며,
28 '설마' 하다 너희가 지옥으로 간다는
것을 잊어서는 아니 될 것이니라.
29 내가 너희에게 얼마나 상세히 가르쳐
주며 깨우쳐 주었는가?
30 내가 이 세상을 만든 것이 내가 만든
지상의 낙원이라 하였음이니라.
31 그러니 그것이 나의 교회요, 나의 성
전이라 내가 너희에게 그리 말하지 아
니하였던가?
32 그러니 내가 만든 이 아름다운 자연
에, 내가 만든 이 성전에 너희가 지금
죄의 온상인 교회라는 것을 만들며,
너희가 거기서 교회를 지으며 그 속에
서 예배하며 기도하는 그와 같은 형국
이, 나 여호와의 몸에 수십 군데 종기
를 만들어 놓았으며 곪게 해 놓았으며,
33 종기의 상처가 지금 수없이 만들어져
내가 고통스러워 견딜 수 없다 그리
말하지 아니하였던가?
34 그와 같이 너희가 교회라는 것을 짓고
뿌리를 내리는 것이 하나가 생기면,
내 몸에 너희가 종기를 만들어 상처를
내고 있으며, 그를 곪고 가렵고 따갑
게 만듦이니,
35 그 숫자를 한번 헤아려 보도록 그리하
라.
36 그와 같이 나를 고통스럽게 한다 내가
깨우쳐 주었거늘,
37 그래도 너희가 그를 읽고도 깨우치지
못하며 그를 듣고도 깨우치지 못한다
면, 나 여호와가 정녕 너희에게 어찌
깨우치고 인도해야 한단 말이던가?
38 너희가 이제 한 번쯤은 들여다보도록
그리하라.
39 그리고 한 번쯤은 너희가 생각해 봐
야 할 것이니라.
40 인원이 많으며 물질적인 양이 많으며,
큰 성전이요, 교회를 지었다 하여 너
희가 그것이 참진리의 길이라 하여,
41 '이것보다 그것이 낫겠지, 이것보다는
설마 그래도 내가 믿는 것이 낫지 않
겠느냐?' 하는,
42 '설마' 하여 너희가 모두를 망치는 그
와 같은 길을 선택하는 어리석음을 그
것으로 깨우쳐,
43 너희가 바른길을 볼 수 있는 용기와
자신이 있어야 함을 잊지 말라.

6,059 번째 하나님 말씀

2003년 4월 29일 0시 18분

1 사랑하는 나의 아들아!
2 "네, 아버님! 말씀하옵소서."
3 나의 법전 160권 중에 네가 지금 반에
가까운 나의 성령을 받아 기록하여 전
하면서, 너는 어찌하여 네 마음에 그
와 같은 생각을 지금도 지워 버리지
못하고 있는가?
4 네 마음이요, 네 생각은 어찌하여 모
든 사람보다 더 잘못 살아왔으며 남들
보다 더 험악하게 살아온 너를, 지금
에 와서 네가 변하고 변하여 또 남들
보다 더 아름다운 제일 위에 선한 사
람으로 살라 명하는 나 여호와를 네가
원망하며,
5 너는 정녕 그 길을 가는 고통 속에 네
가 지금도 그 길을 중단하며 다른 사
람이 이 역사를 하며, 그저 너 자신이
착하고 아름답게 살아가는 길을 가고
자 하는 마음을 네가 뿌리 깊은 곳에
버리지 못하고 있음이니,
6 어찌하여 너는 그와 같은 생각을 하고
있는가?
7 너는 지금도 그리 생각하고 있음을 나
여호와가 아느니라.
8 남들보다 험악하게 살아왔으며 남들
보다 아름답게 살지 못한 네가 남들보
다 최고의 아름다운 사람으로 변하는
길은 너무나도 어렵고 힘든 길이라는
것을,
9 그리하여 선하고 착한 사람이 바로 나
의 뜻을 받아 변하는 백성으로서 선택
했더라면 얼마나 편안한 길을 갈 것인
가?
10 너는 그와 같이 생각하며 나를 원망함
을 내가 알고 있음이니라.
11 그러나 너 자신이 잘못 살았다 하나
네 원천의 그 원심이 곱고 아름다움을
아무도 모름이니, 너는 그를 알아야
할 것이니라.
12 그리하여 너는 너 스스로 잘못 살아왔
으며 네가 자격이 없다 그리 생각하고
그 마음을 먹고 네가 나에게 그와 같
은 마음의 기도를 드리고자 하는 마음
은 바로 네가 변할 수 있으며 변해 가
는 사람이라는 것이며,
13 그리하여 어렵고 힘든 길을 살아온 네
가 바로 서서 이 세상에 그 누구보다
선량한 천사와 같은 마음으로 변할 때,
14 모든 백성은 용기를 가질 것이며, 그
들이 두려워하지 아니할 것이며, 그들
도 희망을 가질 것이라는 것을 나는
알고 있음이니라.
15 그러니 너는 그와 같은 마음을 지워야
할 것이니라.
16 어찌하여 너와 같이 험악하게 산 자를
나 여호와가 선택했으며, 내가 너를
아들이라 명했으며, 너를 왜 세상에
내려보냈는가 하는 것을 지금도 네가
의구심을 가지고 있으며 네 마음이 불
안해하고 있으나,
17 너는 네 원심의 아름답고 고운 마음이
있으며, 어떠한 역경과 환경도 견디고
이길 수 있는, 그리고 너는 변할 수 있
는 그와 같은 너 스스로 마음이 굳어
져 있는 것이며,
18 남들이 넘을 수 없는 그 어렵고 힘든
길을 넘을 수 있는 너야말로 기질이

있으며 너야말로 용기가 있으며 너야
말로 행할 수 있는 그와 같은 너 자신
이 되어 있기에 내가 너를 선택하였음
이니,
19 두 번 다시 그와 같은 생각을 하지 말
라.
20 네가 지금도 그와 같은 생각을 하고
있으며 네가 나에게 죄스럽게 생각하
며,
21 네가 변하지 못하는 것을 만백성이요,
너의 제자들에게 너 스스로 초조하며,
22 네 살을 찢어서라도 바로 서고자 하는
네 아픈 마음을 나 여호와가 아느니라.
23 너는 세월이 지나가면 모두는 다 이루
어짐이니라.
24 아무리 항우장사라 해도 제가 배부를
때는 음식 앞에서 큰소리를 칠 수 있
으며 그 음식을 먹지 아니하고 버틸
수 있으나,
25 제가 배고플 때 몇 끼를 굶은 항우장
사가 아니라 선비요, 너희가 신선이라
는 사람들도 배고픔 앞엔 견딜 수 없
으며 음식에 손을 대는 것이 당연한
것이니라.
26 배가 부를 때는 너희가 손을 안 대고
버틸 수 있으나, 배가 고플 때는 음식
을 먹지 않을 수 없으며 대들지 아니
할 수 없으니,
27 시간과 세월이 말해 줌이니라.
28 그러니 그와 같은 것이니라.
29 네가 지금 변하고 또 노력하고 변하여
가는 세월 속에 네가 완전히 변하는
그와 같은 역사가 이루어짐을 알아야
할 것이며, 나 여호와는 알고 있음이
니라.
30 배부를 때 밥을 거부하는 자가 배고픔
앞에 수저 안 드는 자가 없듯이,
31 너는 내가 달구고 내가 너를 가르치는
나의 성령을 듣고 네가 변하고자 노력
하고 또 깨달음의 시간이 필요함이니
라.
32 그 시간 속에서 네가 완벽히 설 수 있
는 것을 나 여호와는 알고 있음이니
너는 두려워하지 말라.
33 아무리 배부른 자라도 시간이 흐르면
제가 수저를 들고 밥을 먹지 아니하면
견딜 수 없듯이, 세월이 지나가면 너
는 완벽히 설 수 있는 나의 아들이니
라.
34 그 이치를 나는 알고 있으며, 그와 같
이 이루어질 것을 알고 있으니,
35 너도 그와 같은 이치 속에서 기다리는
세월을 보라.
36 세월 속에 세월이 흐르면서 네가 완벽
하게 설 수 있음이니,
37 오늘의 고통이요, 오늘의 네가 변하지
못하는 것을 고통스러워하지 말며 괴
로워하지 말며 네 제자들 앞에 부끄럽
다 생각하지 말며, 나 여호와의 마음
을 울리는 것을 네가 괴롭다 그리 생
각하지 말라.
38 나 여호와는 울지 아니함이니라, 너는
할 수 있으며 너는 갈 수 있다는 것을
나 여호와는 알고 있기에.
39 너는 나의 아들이요, 너는 나의 목자
로서 만백성을 구원하는 역사요, 160
권의 법전을 네가 만들어 낼 것이니라.
40 지금 160권의 법전을 단기간 내에 만
들어내는 길을 가는 것은 아무나 이룰
수 없음이니라.

41 이 깊은 밤 네가 나에게 기도하며 내가 내리는 나의 성령을 받아 기록하는 그와 같이 너는 너 스스로 역사할 수 있는 모든 것이 갖춰진 나의 아들임을 알라.
42 네가 지난날의 삶에 의하여, 험악한 삶에 의하여 그와 같은 자인 네가 선택된 것을 부끄럽게 생각하지 말며 괴롭게 생각하지 말며,
43 잘못 살아온 네가 가장 천사와 같은 삶을 살기에는 너무 힘들다 그리하지 말라.
44 모든 백성이 다 너와 같은 그와 같은 삶을 사는 것이니라.
45 다만, 그들이 살아온 모습을 너희가 보지 못하며 들여다보지 못해서 그럼이니,
46 인간이 살아가는 추한 천태만상의 형국을 나는 알고 있음이니라.
47 그리고 네 본심이요, 네 마음이 얼마나 아름답고 고운 것인가를 너는 알 것이니라.
48 너는 오늘도 어찌하였는가?
49 너에게 담배 하나를 달라 하는 사람에게 네가 담배를 피우지 못한다 하며, 그 사람의 행색이 초라하고 불쌍하여 네가 담배 한 갑과 라이터를 사다 그에게 전해 주는 마음이 아무나 할 수 있는 마음이라 생각하는가?
50 그와 같이 네 원심이 고우며 네 마음이 그리 아름다움이 있음이니라.
51 그러니 그 모두가 만백성에게 거울이 되는 것이니라.
52 이 세상 모든 백성에게 물어보라.
53 지나가는 자에게 담배 한 개비를 달라 할 때 담배가 있으면서도 주지 않느니라.
54 담배를 피우는 자가 하나를 원했을 때 주지 않고 가는 자도 있음이니라.
55 또한, 주는 자도 있음이니라.
56 거지와 같이 초라한 자가 달라고 할 때 그 담배를 주는 사람이 과연 얼마나 있겠는가?
57 그 사람의 행색이 불쌍하여, 그 사람이 담배를 피움으로 인해서 그 사람이 기쁨을 얻을까 하여 네가 한 갑의 담배를 사며 하나의 라이터를 사 그 손에 쥐여 주고 돌아서는 네 마음이 바로 만백성에게 천사가 할 수 있는 행동이니, 너는 그리 갈 수 있는 자이니라.
58 내가 너를 사랑함이니라, 사랑하는 나의 아들아!
59 하나를 고치면 내가 너에게 상을 준다 했으니, 그와 같은 마음이요, 그와 같은 행동으로써 네가 세상을 살아갈 때, 너의 제자들이 탄복하여 너를 따를 것이며,
60 만백성이 네가 한 그 역사를 기록할 때 그들은 배울 것이니라.
61 과연 거지라는 어려운 자가 담배 한 개비를 달라 할 때, 저희가 먼 길을 가서 담배 한 갑을 사다 그 손에 쥐여 주며 또 불을 붙일 수 있는 라이터라는 것까지 그 손에 쥐여 줄 수 있는 자가 과연 이 세상에 얼마나 많이 있겠는가?
62 지금의 믿음의 길을 가는 백성, 종교집단에 있는 백성 그들이 과연 갈 수 있겠는가?
63 그 마음이 소중함이니라.

64 그 생각이 소중한 것이니라.
65 그와 같이 생각하고 그와 같이 하는 것이 아름다운 것이니라, 나의 아들아!
66 너는 그리 말하였느니라.
67 그에게 전해 주면서 네가 마음속으로 기도함을 아느니라.
68 너를 도와주는 어려운 사람들이 준 돈을 네가 함부로 쓰는 것이 마음이 아프고 괴로워서 네가 그 사람들의 얼굴을 그리면서 눈물짓고 마음 아파한 그것을 나 여호와는 보았느니라.
69 그리고 그를 알고 있느니라.
70 그를 본 사람들이 있을 것이며, 그를 본 사람들은 아마 영원히 너의 이야기를 할 것이니라.
71 네가 누군지 모르며 네 이름이 누군지 모르나, 그 사람이 너를 만났을 때 너라는 것을 알게 됐을 때 과연 그는 너에게 어찌 대하겠는가?
72 사랑하는 나의 아들아, 모든 것을 실천하는 것만큼 내가 상을 준다 했으니, 너는 괴로워하지 말며, 그것이 네 본심이니라.
73 많은 백성에게 물어보라, 그리 과연 할 수 있는 사람이 얼마나 있는가?
74 교수가 할 수 있는가, 선생이 할 수 있는가, 박사가 할 수 있는가, 그리고 재벌이 할 수 있겠는가?
75 그리 쉬운 일이 아님이니, 그것이 네 마음이니라, 사랑하는 나의 아들아!

6,060 번째 하나님 말씀

2003년 4월 29일 0시 29분

1 사랑하는 나의 아들아!
2 "네, 아버님! 말씀하옵소서."
3 내가 너희에게 일러 깨우쳐 무어라 말하였느냐?
4 이 세상의 모든 역사하는 것도 다 중요하며 너희가 이루는 것도 다 중요하다 하였음이니라.
5 그리고 세상사 서로 거래하며 얽히고설킨 상대방의 마음을 모르며 심성을 모르는 그들과 더불어 살고 거래하는 것이 얼마나 힘들고 어려운 것이라 너희는 말하는가?
6 그리고 하나의 기업을 이루는 것, 하나의 자기 목적을 달성시키는 것, 그 이룬 사람만이 어려울 때마다 세상에 장애물의 고비를 넘고 이루는 길이 얼마나 어렵고 힘든가,
7 그리고 남의 주머니에 있는 재물 하나를 너희 것으로 만드는 것, 그리고 네 앞에 갖다 놓는 것이 얼마나 힘든 것인가를,
8 움직여 보고 행해 보고 또 그와 같이 하고자 노력한 사람은 그 모든 고통과 시련을 아느니라.
9 그러나 그 모든 것보다도 가장 어렵고 힘든 것이 무엇인 줄 알겠는가?
10 너희는 말할 것이니라.
11 너 자신이요, 스스로 네 마음을 다스리지 못하는 것이 가장 큰 것이며, 그것보다 어렵고 힘든 것이 없다 그리 말할 것이니라.
12 어떠한 높고 높은 성곽을 쌓는 것보다도 너희가 마음 하나 다스리기가 그리 어렵고 힘든 것이라 그리 말할 것이니라.
13 그러니 너희가 살아가면서 항상 선행

을 베푸는 것, 그리고 아름답게 사는
것, 그와 같은 것을 실천하는 것이 나
에게 오를 수 있는 길이라 하였음이니,
14 그게 바로 너희가 마음을 다스리는
것이 무엇인 줄 알겠는가?
15 너희가 선하게 살겠다는 것, 그리고
아름답게 행동하겠다는 것, 그 생각이
항상 너희 머리를 지배하고 있으며
너희 머리에서 떠나지 않는 그 순간이
나 여호와로부터 너희가 가장 큰 은
혜요, 영광이요, 축복의 상을 받은 것
을 알아야 할 것이니라.
16 너희가 항상 생활하면서 '나는 아름답
게 살며 선하게 살며 착하게 살며 추
한 짓을 하지 않겠다'는 그 생각이 스
물네 시간 네 머리에서 생각에서 지워
지지 아니하고 떠나지 아니할 때,
17 그 마음이 확고히 섰을 때, 너희가 이
제는 천국의 문을 보기 시작함이니라.
18 그러니 그 마음이 자리 잡고 그 마음
이 항상 너희 마음에서 제일 앞에서
달리고 있으니,
19 그 마음 앞에는 어떠한 것도 견디지
못하며 다 녹음을 알아야 할 것이니
라.
20 그러니 너희가 마음 한 자리를 다스
리는 것이 바로 변화이니라.
21 너희가 악을 선택하는 마음이 변화의
역사가 아니요, 선을 선택하는 것, 항
상 아름다운 것을 생각하며 항상 선하
게 살겠다는 생각, 그리고 남에게 죄
짓지 않고 살며 남을 위해 살겠다는
그 생각이 스물네 시간 너희 머리에서
떠나지 아니하고,
22 그 생각이 가장 앞에 먼저 나와 너희
인생을 인도하며 삶을 인도하는 그 깨
달음을 얻을 때,
23 그것이 나 여호와로부터 가장 큰 상을
받은 것이며, 그것이 너희에게 가장
중요한 것이며, 그게 바로 마음을 다
스리는 역사가 시작됨임을 알라.
24 너희가 그리 변했을 때 나로부터 은혜
와 상을 받았다는 것을 알라, 사랑하
는 나의 아들딸들아!

6,061 번째 하나님 말씀

2003년 4월 29일 0시 40분

1 사랑하는 나의 아들아!
2 "네, 아버님! 말씀하옵소서."
3 내가 나의 법전에 기록하여 너에게 전
하기를, 인간인 너희의 삶에도 정품과
비품이 있다 내가 두 가지를 가르쳐
주었음이니라.
4 그리하여 너희가 정품인 삶을 사는
인간의 삶을 살라 하였음이니,
5 이제 너는 너의 제자들에게 그리 전하
라, 인간인 너희는 등급이 있으며 인
간의 점수가 있음을.
6 너희가 성장하는 생활 속에서 인간의
등급이 있으며 인간의 한계가 정해져
있다면, 너희는 과연 그를 믿겠는가?
7 너희가 인간이 똑같이 살아가면서 똑
같은 생활을 하면서 너희가 나의 은
혜를 받아도 똑같이 살아가는 자, 하
나를 놓고 생각하는 그 삶의 형태가
등급이 있느니라.
8 그러니 너희가 인간의 삶의 등급이 얼
마나 무서운 것인가를 아는가?
9 인간의 등급의 차이라는 것은 너희가

상상할 수 없는 무서운 격의 차이가
있음이니라.
10 그러니 내가 너희에게 정품의 인생을
살라 하는 것은, 가장 높은 등급의 자
리를 차지하라 하는 것이 내가 너희에
게 가르침이니라.
11 지금 너희가 좋은 인간성을 가지고
살며 하나하나 등급을 쌓아 가면서 살
아가는 것이 인간의 너희 삶이니라.
12 그리하여 너희가 세상 속에 남들로부
터 배우며 너희가 들으며 깨우쳐 가
면서 사는 그 모습이 바로 무엇인 줄
아는가?
13 그것이 등급이 올라가게 되는 것이니
라.
14 인간이 살아가면서 인간을 신뢰하며
인간을 믿도록 행동하고 살아가는 것
이며 서로 신뢰하고 살아갈 수 있는
그와 같은 마음 자세의 삶이 바로 너
희에게 등급의 삶임을 알아야 할 것
이니라.
15 그 그릇의 등급이 있음이니, 그 등급
의 차이는 너희가 넘을 수 없는 한계
이니라.
16 그러나 너희는 지금 어찌 살고 있는
가?
17 나의 사랑하는 피조물 만백성이 살아
가면서 한 등급 한 등급 올라가 최상
의 등급의 정품의 인생으로 살고 싶어
하나,
18 지금의 모든 종교 집단이요, 지도자들
이 지금 끌어내리고 있음이니라.
19 앞으로 가고자 하는 자들을 지금 밑에
서 걸어 넘기며 잡아당기고 있음이니,
20 잡아당기는 힘이 너무나도 강하여 너
희 스스로 전진하지 못하여 그 등급을
올리지 못하는 그와 같은 삶을 지금
살고 있으니,
21 그를 바라보는 나 여호와의 마음이 얼
마나 아프겠는가?
22 내가 그리하여 지금 잘못된 모든 종교
집단의 뿌리를 다 뽑아 알곡식과 쭉정
이를 고르고자 하는 것은,
23 바로 나약한 백성 너희가 등급의 길을
위하여 한 등급 한 등급 올라 너희 인
간이 정품으로서 살며 하늘에 오르는
축복을 얻을 수 있는 백성을,
24 지금의 종교 집단이요, 지도자들이 도
저히 인간으로서 끊을 수 없는 고리의
힘으로 너무나 강하게 그들을 붙잡고
있으며,
25 그들이 잘못 가는 사악한 짓, 그리고
등급을 올라갈 수 있는 것이 아니라
등급이 떨어지는 그와 같은 것만을 가
르치며 그리 행하고 있기에,
26 내가 지금 나의 피조물 만백성이 지옥
불로 떨어지는 역사가 계속 진행되고
있다 함이 여기에 있음을 너희는 알
아야 할 것이니라.
27 다 같이 너희가 먹고살며 잠자는 똑
같은 인간이라 해도, 나의 백성이라
해도 등급의 차이가 있으니,
28 그 등급의 차이에서 사람을 생각하는
것이 다르며 사람을 대우하는 것이 다
르며 사람을 평가하는 것이 다름이니
라.
29 등급이 오르면 오를수록 너희가 진실
한 사람의 진실한 마음을 알게 되며,
신뢰할 수 있는 사람을 선택하게 되
며, 믿을 수 있는 사람을 선택하며,

30 간신배 같은 자를 선택하지 아니하며
이중인격자를 선택하지 아니하는 것
이 등급이 높으면 높을수록 너희가 바
라볼 수 있는 마음이요, 너희가 살아
가는 방법이요, 너희가 행하는 것이니
라.
31 너희가 등급이 어느 한계까지 올랐을
때, 너희는 비굴한 자, 그리고 비겁한
자, 그리고 잘못 살아가는 자, 그와 같
은 자들을 보게 되며 그들을 느끼게
됨이니라.
32 그러니 등급이 오른 자는 그와 같은
자들을 상대하지 아니하며 그들을 접
하지 아니하며 그들과 거래하지 아니
함이니라.
33 오로지 앞의 등급이 높은 사람들을 바
라보며 그들과 더불어 거래하고 살아
감이니, 그리하여 점점 등급이 올라가
게 됨이니라.
34 그러나 잘못된 백성과 상대하며 거래
하며 그들의 잘못된 것을 보지 못하는
등급의 변화가 없는 자는 헤어나지 못
하며 그들과 더불어 살아감이니,
35 신뢰가 없으며 믿음이 없으며 약속을
지키지 아니하며 거짓이 난무하는 자
들의 삶이니라.
36 그러니 그와 같은 자들 속에서 또 나
의 피조물 만백성이 이끌어 가는 종교
집단이요, 지도자들이 그들에게 또 불
을 붙이는 행위를 하고 있음이니,
37 그들이 바로 나의 피조물 만백성이 등
급을 오르지 못하도록 하여 정품의 인
생을 살지 못하게 하며, 그들을 지옥
불로 떨어지게 하는 그와 같은 짓을
하고 있음이니, 내가 그들을 지금 단
죄하고자 함이니라.
38 그 단죄하는 방법이 나의 160권의 법
전이요,
39 이 법전을 들고 깨우치기 시작하는 백
성이 있을 때 바로 새로운 시대가 열
림이니라.
40 이것이 나 여호와의 뜻이니라.
41 내가 일찍이 법전에 기록하여 너희에
게 전하여 깨우쳐 주지 아니하였더냐?
42 인간인 너희는 열 사람이 모여서 여
섯 명이 옳다 하면 그쪽으로 따라가
는 것이 너희 심리라 하였으니,
43 나의 법전을 읽고 깨우치는 백성이 반
이 넘기 시작할 때, 스스로 이것이 참
진리요, 진정한 나 여호와의 뜻이라
만백성이 따르는 대변화의 변혁이 이
루어질 것이며 개혁의 바람은 불게 될
것이니라.
44 그때를 위해 너희가 변화되어야 하며,
너희가 최선을 다해야 하는 그와 같은
삶을 살아야 할 것이니라.
45 그러니 나의 피조물 만백성, 나의 아
들을 따르는 제자들이요, 나의 법전을
읽고 깨우친 백성, 너희는 정품 인생
을 살기 위해, 너희가 등급을 하나하
나 올려 가는 그와 같은 삶을 살라.
46 등급을 올려 가는 것이 행함이니라.
47 악습을 버리며 추한 짓을 하지 아니하
며, 남들이 보지 아니한 곳에서 아름
답게 살며,
48 너희가 아무리 청렴결백하며 아무리
아름답게 산다 해도 남들이 보지 않는
곳에서 죄를 짓는 행위를 자랑으로 생
각하며 흐뭇하게 생각하며 행복이라
생각하며, 세상사 아무도 모를 것이라

하여 남들이 보지 않는 곳과 보는 데
서 행하는 것이 다른 자, 그와 같은 자
는 모를 것이라 하나 내가 다 알고 있
음이니, 그와 같은 백성은 등급이 올
라갈 수 없음이니라.
49 겉과 속이 같은 백성, 남들이 보지 아
니할 때 추한 짓을 하고 보는 앞에서
는 천사와 같은 행위를 하지 않는 백
성, 그와 같은 백성이 등급을 하나하
나 밟아 올라가 등급을 얻게 됨이니,
50 그게 바로 정품의 인생으로서 하늘에
오르는 길을 오게 됨이니 그리 알라,
사랑하는 나의 아들딸들아!
51 이제 너희는 등급을 높이는 삶을 살라
전하라.
52 너를 따르는 제자들이요, 만백성, 너
희는 최상의 등급으로 높이는 데 하루
도 게을리하지 말고 그 길을 위해 살
아가도록 그들에게 상세히 가르쳐 주
며 나의 뜻을 전하도록 하라, 사랑하
는 나의 아들아!

6,062 번째 하나님 말씀

2003년 4월 29일 08시 03분

1 사랑하는 나의 아들아!
2 "네, 아버님! 말씀하옵소서."
3 너희가 살아가면서 말하느니라.
4 하늘을 향하여 한 점의 부끄럼이 없이
사는 삶이 너희가 나에게 오르는 길이
라 그리하였음이니,
5 하늘을 향하여 한 점의 부끄럼이 없
게 살라 함은 모든 나의 은혜가 나의
주관하에 세상에 모든 것이 다 통제되
며 내 주관하에 너희가 벗어날 수 없
다는 것을 알아야 하는 그 깨달음을
너희에게 가르쳐 줌이니라.
6 하늘을 향하여 한 점의 부끄럽 없이
사는 것이 나에게 오르는 길이라는 것
은, 너희가 아름답게 사는 깨달음도
중요하나,
7 이 세상에 산소와 공기처럼 내가 너희
를 주관하지 아니하는 것이 없음이니,
8 나로부터 너희가 욕되는 행위를 해서
는 아니 되며, 내가 노하는 일을 해서
도 아니 되며, 내가 너희로 하여금 마
음 아픈 일을 해서는 아니 되는 그와
같은 깊은 뜻이 거기에 있음을 너희
는 알아야 할 것이니라.
9 나의 피조물 만백성 너희는 말로써는
아름답고 깨끗하게 살며 말로써는 너
희보다 더 소중하게 이웃을 사랑하며
사는 사람이 없느니라.
10 그러나 너희가 막상 행동으로 할 때는
너희의 행동은 이해관계를 먼저 따지
며 수지타산을 먼저 계산을 두고, 말
이 바뀌며 행동이 바뀌며 사람을 대하
는 것까지도 바뀌는 것이 인간 너희이
니, 그러니 내가 너희를 믿을 수 없다
하며,
11 그리하여 너희가 하늘을 향하여 한 점
의 부끄럼이 없이 살라 하는 것은,
12 내가 모두를 다 듣고 있고 보고 있기
에 너희가 이 자리에서 한 말과 한 행
동을 저 자리에 가서 다른 말과 행동
을 하는 그와 같은 추한 행위를 하지
말라 함이니라.
13 너희가 이 사람을 만나서 듣기 좋은
소리로써 모두를 사탕발림하며,
14 그리고 등지고 돌아가 다른 사람을 만

났을 때, 그 후 적에게 가서 또 유리하
고 듣기 좋은 소리만 하는 그와 같은
것이 너희가 사는 방법이며 너희 마
음이 다 그러하니라.
15 그러기에 너희가 그와 같은 행위를 하
지 말라 함이니라.
16 그 모두를 너희가 인간을 속일 수 있
으며 너희 앞에 있는 사람은 속일 수
있으며 너희의 정적은 속일 수 있으나
나 여호와는 속일 수가 없으며,
17 그와 같은 것이 나로부터 통할 수가
없으며 내가 그 모두를 다 보고 관리
하고 있음이니,
18 너희에게 그와 같은 추한 행위를 하
지 말라 하는 것이 내가 하늘을 향하
여 한 점의 부끄럼이 없이 살라 함이
니라.
19 그러니 너희가 A라는 사람에게 한 이
야기와 B라는 사람에게 한 이야기가
똑같은 행동과 똑같은 말로써 할 수
있는 그와 같은 자세로 살라 함이니,
20 너희가 말을 옮기는 것이, 자리를 옮
겨 하는 말이 다른 것까지도 나 여호
와가 다 보고 있으며 다 알고 있음이
니, 너희가 이 두려움과 무서움을 알
라.
21 이 자리에서 하는 말과 저 자리에서
하는 말, 그와 같은 말이요, 행동, 그
모두가 달라서는 아니 됨이라 하는 것
이니,
22 너희가 살아가는 삶을 어찌 살아야 하
는지 깨달아야 할 것이니라.
23 그리하여 그와 같은 약속을 수없이 뒤
집고 또 뒤집는 너희를 믿지 못함이
니, 너희의 기도 소리를 듣지 않는다
함이니라.

6,063 번째 하나님 말씀

2003년 4월 29일 11시 05분

1 사랑하는 나의 아들아!
2 "네, 아버님! 말씀하옵소서."
3 이 세상 만백성 너희가 내가 존재함
을 믿지 못하고 너희가 나를 존경하
며 나를 경배하며,
4 내가 너희를 심판하며 내가 세상에
너희를 만들어 내보냈으니, 너희가 모
두 나의 사랑하는 아들딸이라는 것을
의심한다 하면 누가 그를 믿겠는가?
5 그리고 나 여호와가 존재한다는 것을
너희가 의심하며 믿지 않는다면 과연
누가 믿는다 그리 말할 수 있는가?
6 내가 너희에게 뭐라 말하였느냐?
7 지난날의 구약과 신약은 너희가 소를
잃고 외양간을 고치는 형국이요, 그리
하여 병들고 어려운 자를 기적으로써
보여 주어 그 백성을 깨우치고자 했으
나,
8 지금은 내가 사전에 예방하여 너희를
다스려나간다 하였음이니라.
9 내가 너희가 바로 서지 못하는 것을
바로잡기 위하여 이 기계에 내 성령이
들어갈 수 없으며 기록하지 못하게 하
는 위대한 역사요, 무섭고 두려운 엄
연한 사실 앞에 너희가 의혹하며 또
의심하는 마음을 갖는다면, 너희에게
무엇을 얼마나 더 보여 주어야 하겠
는가?
10 너희가 죽어 나에게 와 심판을 받는
형국을 각자가 봐야 하겠는가?

11 너희는 그걸 보여 줘도 꿈이요, 환상
에서 본 것이라며 믿지 아니함이니라.
12 이것이 내가 존재함이라는 것을 너희
에게 믿게 함이니, 첫째는 너희가 나
여호와가 존재함을 믿게 깨우쳐 주며,
13 두 번째는 나 여호와가 존재함이니 너
희가 천사와 같은 삶을 살라는 것이니,
14 거기서 추호도 내가 용서할 수 없음을
너희는 알아야 할 것이니라.
15 내가 이와 같은 역사를 보이며 너희에
게 내가 존재함을 보여 주며, 내가 존
재했을 때 현실로 모두가 이루어진다
는 것을 내가 많은 것을 너희에게 내
려 주고 다스리고 싶으나,
16 너희가 변화하지 아니하여 내가 내리
지 못한다는 나의 아픈 마음을 너희에
게 알려 주고자 함이니라.
17 네가 여기서 무엇을 더 의혹하며 무엇
을 더 의심하며 무엇을 네가 더 점검
하고자 하는가?
18 이와 같은 역사의 변화를 너희는 알아
야 할 것이며 두려움을 알며 무서움을
알 것이며,
19 이 방에 앉아 있는 너희는, 나의 성막
에 있는 나로부터 선택된 백성 너희는
누가 뭐라 해도 천사가 되어야 할 것
이니라.
20 항상 너희는 악과 선이 싸워서 선이
이기는 선택이 아니요, 악과 선 자체
를 생각하지도 않는 것,
21 그리고 오로지 한길만 가는 그와 같
은 마음의 자세로 살아가야 한다는
걸 내가 오늘 너희에게 증거하기 위
해 너희를 불러 모았으며, 내가 오늘
이를 보여 줌이니라.
22 남에게 말할 것도 없으며 자랑할 것도
없으며 이야기할 것도 없으며,
23 너희가 두려움을 알며 바로 서는 그와
같은 변화의 역사를 갖도록 하라.
24 한 명의 변화된 자가 있으면 세상과
바꾸지 아니한다 하였으니,
25 이 성막에 있는 너희가 하나가 되어
하나가 다 변한다면 내가 다섯을 얻음
이니,
26 세상에 그 다섯이 지구의 모든 역사를
얻는 것보다 기쁨이니 그리 알라.

6,064 번째 하나님 말씀

2003년 4월 30일 06시 34분

1 사랑하는 나의 아들아!
2 "네, 아버님! 말씀하옵소서."
3 누가 뭐라 해도, 나의 법전이 세상에
나와 만백성이 이를 접하기 시작할
때, 모든 종교의 변화요, 개혁은 역사
하게 되어 있으며, 그 소용돌이는 반
드시 이루어지게 되어 있음이니라.
4 그러니 너희가 지금은 불안해하며 두
려워하나, 너희 마음속에 그 마음부터
제거하며 그 마음부터 거둬야 함을 알
아야 할 것이니라.
5 너희는 지금 하루아침에 나의 법전이
세상을 요란케 하며 세상을 다 뒤흔들
수 있는 그와 같은 역사의 기적을 이
루기를 바라나,
6 그와 같은 역사를 기적으로 이루었을
때 160권의 법전이 세상에 나올 수가
없음이니라.
7 한 계단 한 계단 조용히 앞을 보고 전
진하는 역사함밖에는 너희가 그 길을

갈 수가 없으니, 나의 이 뜻을 너희가
깊이 깨우쳐야 함을 잊지 말라.
8 너희가 지금의 어렵고 힘든 고비를 하
루아침에 모든 법전이 세상에 나가며
세상을 다 흔들어 놓을 수 있는 그와
같은 변화를 요구하나,
9 너희가 그리했을 때 나의 법전 160권
이 세상에 절대 나갈 수 없음이니라.
10 모든 지금의 종교 집단이요, 그들의
물리적인 힘이요, 조직의 힘으로, 저
희의 기득권을 무너트리는 것을 그들
은 그대로 보지 아니할 것이니라.
11 절대로 그들은 용납하지 아니하며 그
대로 방치하지 아니함이니라.
12 160권이 세상에 나와 이를 뒤흔들어
놓을 때, 그들은 설 자리가 없다는 걸
알게 됨이니라.
13 그러니 열여섯 권의 법전이 나간 지
금 열여섯 권의 법전을 가지고 세상
이 뒤흔들어질 때, 나머지의 법전이
세상에 나올 수 없음을 알아야 할 것
이니라.
14 나의 아들 예수가 나의 아들로서 기적
과 역사를 보였으며 만백성을 구하는
강론을 하였으나,
15 나를 따르며 나를 경배한다는 백성이
처참히 그가 세상에 나의 새로운 생수
를 전할 수 없으며 나의 복음을 전할
수 없도록 하지 아니하였던가?
16 지금이 그때보다도 더 무서운 형국이
며, 더 사악한 형국에 젖어 있음이니
라.
17 그들은 절대 용납하지 않으며, 저희
기득권의 무너짐을 절대로 방치하지
아니함이니라.
18 그들은 믿음을 위하여 지금 가는 것이
아니요, 상업적으로 지금 흘러가고 있
기에 나와는 관계도 없는 백성이라 그
리하지 않았던가?
19 나와 관계도 없는 백성이기에, 그들은
나의 진리요, 나의 참뜻이요, 하늘에
오르는 길을 상세히 가르쳐 준다면,
20 그들은 절대로 만백성이 그 길을 따라
가며 그 길을 가는 것을 용납하지 아
니하며 보지 아니함이니라.
21 그러니 나의 법전 160권이 세상에 나
오며 모든 준비가 되었을 때, 모든 대
변혁은 그때 이루어지게 되어 있음이
니 그리 알라.
22 그전에 어떠한 변화도 이루어서는 아
니 되며, 역사가 이루어지도록 하루아
침에 변화되어서는 절대로 160권의
법전이 세상에 나올 수 없음이니, 서
서히 흘러감을 알라.
23 너무 조바심하며 급히 생각하며 너희
가 앞으로 달려가고자 해서는 아니 됨
이니라.
24 서서히 한 사람씩 한 사람씩 전진해
가야 하는 것이니라.
25 태양빛에 녹는 보이지 않는 얼음처럼,
서서히 모든 백성이 나의 법전에 빠져
들며 나의 법전을 가슴에 안고 입맞춤
할 수 있도록 그와 같이 가야 함이니
라.
26 그리하여 내가 뭐라 말하였느냐?
27 고인 물을 정화하기 위해 작은 생수가
흐르기 시작하니, 그것이 있는 듯 없
는 듯 서서히 흐르면서 고여 있는 썩
은 물을 정화하며,
28 그곳에 있는 생명을 가진 모든 미물

을 다 살릴 수 있는 역사함이 바로 나
의 법전을 세상에 전하는 길이요, 만
백성을 구하는 길이라는 걸 잊지 말
라, 사랑하는 나의 아들아!

6,065 번째 하나님 말씀

2003년 4월 30일 06시 40분

1 사랑하는 나의 아들아!
2 "네, 아버님! 말씀하옵소서."
3 너희가 무엇을 나로부터 구원하고자,
그리고 은혜를 받고자 한다 하면, 너
희는 어떠한 삶을 살아야 한다 내가
말하였는가?
4 너희가 정녕 나의 음성을 들으며 나의
기적을 보며 나로부터 축복이요, 영광
을 얻고자 한다면,
5 너희가 한 점의 부끄럽이 없는 삶을
사는 그 길뿐이라 내가 그리하였음이
니라.
6 그리고 너희가 악습을 하나하나 떼어
버리는 그와 같은 피나는 노력의 삶의
결과가 아니면 아무것도 이루어질 수
없다 내가 너희에게 그리 말하지 아니
하였는가?
7 그러나 과연 너희는 나의 뜻이요, 나
의 명령을 얼마나 지키고 사는가?
8 너희가 아무리 울고불고 기도하며 몸
부림을 친다 하여도, 너희가 아무리
은혜의 영광이 긴박하고 갈급하다 하
여도,
9 부끄럼이 없는 삶을 살지 않는 자는
정녕 나로부터 구원을 받을 수 없으
며, 나에게 오를 수도 없으며,
10 육의 세상에서 은혜와 영광이요, 그리
고 어떠한 축복도 받을 수 없다는 것
을 알아야 할 것이니라.
11 하물며 나로부터 어떠한 백성이든 너
희가 진정한 아름다운 삶으로 변하는
삶을 살지 아니하며 한 점의 부끄럽이
없는 그와 같은 삶을 살지 아니할 때,
나에게 은혜를 받을 수 없다 하였음이
니라.
12 더욱이 나의 법전을 읽고 깨우치는 백
성이요, 나의 강론을 직접 들은 너희
요,
13 나의 성전에 와 나의 아들로부터 내가
내리는 모든 하늘의 이치요, 뜻을 듣
고 깨우쳐 행하는 너희가 정녕 내가
내리는 작은 명이라도 행하며 지키지
못할 때, 무엇이 이루어질까 하는 생
각이요, 기대는 아예 저버려야 할 것
이니라.
14 지금 나의 법전을 읽고 깨우치며 나의
강론을 직접 듣는 너희가 한 점의 부
끄럽이 없는 그와 같은 삶을 살며 하
나의 악습을 버리는 삶을 살지 못한다
면,
15 결코 너희에게는 아무것도 이루어짐
이 없으며, 어렵고 힘든 인간의 삶에
서부터 너희는 지옥으로 가는 그 길밖
에 없다는 것을 알아야 할 것이니라.
16 나의 명을 너희가 듣지 않을 때, 그리
고 작은 명령도 시행하지 아니할 때,
17 나의 법전에 기록되어 있는 내가 너희
에게 직접 명한 것을 행하지 아니하며
지키지 아니할 때, 너희는 나로부터
어떠한 것도 생각하지 말라.
18 내가 너희에게 아무것도 내려 줄 수
없음이니라.

19 너희가 다른 백성보다도 더 맑고 고운
자세로 살아가며 나의 법전에 기록한
내용대로 살아가고자 최선의 노력을
다할 때 너희에게 무엇을 내가 내릴
것이며,
20 그렇지 아니할 때 너희는 일반 백성보
다도 더 나로부터 어떤 은혜요, 기억
되기를 바라지 말라.
21 내가 너희에게 지키라 명한 작은 것까
지도 그대로 지키는가, 과연 너희는
얼마나 지키고 사는 것인가를 너희
스스로 이제 점검해 보며, 너 자신을
분석해 보도록 그리하라.
22 법전을 너희가 몇 번씩 읽은 자들이요,
23 법전을 읽으면서 그 내용의 기록된 것
을 하나하나 메모하여 너희 자신을
거기다 대입하여, 네가 과연 얼마나
지키고 행하는 것인가를 점검하고 또
점검해 보라.
24 지금이 너희가 분석해야 할 때임을 알
라.
25 너희는 내가 법전에 명하여 기록한 것
을 그대로 지킨다 할 때, 너희의 뜻이
이루어지지 아니하며 역사가 없거든,
26 너희는 나의 성전을 떠나도 내가 너희
를 나무라지 아니할 것이니, 너희 자
신을 분석해 보도록 하라.
27 이제 너의 제자들과 나의 법전을 읽고
깨우친 백성, 너희는 정확히 내가 내
린 명령을 얼마나 지키고 있으며 행
하고 있는가를 너희 자신이 냉정하게
분석하여 하나하나 그를 점검해 보도
록 하라.
28 그리하여 너희가 이루지 아니하고 행
하지 아니했을 때는 당장 이 시간, 이
순간부터 너희가 하나하나 그대로 행
하여 지키는 길을 선택하라, 그리고
역사함을 이루라.
29 그러면 바로 모든 것을 너희가 알게
될 것이니라.
30 너희가 죽어 하늘에 와 심판을 받기
전에, 육의 세상에서 나 여호와의 역
사함이 무엇이며 나로부터 은혜를 받
음이 무엇인가를 알게 될 것이니 그리
알라.

6,066 번째 하나님 말씀

2003년 4월 30일 08시 54분

1 사랑하는 나의 아들아!
2 "네, 아버님! 말씀하옵소서."
3 너희가 병에 걸려 쓰러지는 자, 먹는
약이 쓰고 독하다 하여 약을 먹지 아
니한다면, 과연 그 환자는 병마에서
벗어날 수 있으며 치유될 수 있다고
생각하는가?
4 결국, 그 환자는 병에 치여 제 생명을
잃게 됨이니, 가장 귀중한 제 생명을
버리게 됨이니라.
5 마시기 어렵고 쓴 약을 먹지 아니함으
로 하여, 먹는 고통이 싫어 그를 먹지
않는다면,
6 결국 제 생명을 내놔야 하며 그는 죽
음의 길을 선택해야 하는 것이니라.
7 지금 내가 나의 법전을 세상에 내려보
냄이니, 나의 뜻은 나의 백성을 사랑
하기 때문이니라.
8 그러니 너희가 십계명을 지킬 수 없다
말하는 것이 바로 무엇인 줄 알겠는가?
9 병들고 병든 자들이 약이 쓰다 하여

그 약을 먹지 아니함이니, 병을 고치
지 못하고 죽어 가는 것과 마찬가지이
니라.
10 십계명은 쓰고도 쓴 것이니라.
11 그러니 너희가 쓰고도 쓴 것이며 먹기
고통스럽다는 그 약을 먹지 않듯이,
고통스럽고 힘들고 지키고 인내하기
어려운 것이기에, 십계명을 지키고 산
다는 것은 너희 인간의 모든 향락이
요, 인간의 즐거움이요, 그를 다 저버
리며 그를 외면하고 사는 그와 같은
삶이니,
12 인간의 삶에 사는 재미가 없으며, 인
간의 낙이 없으며, 즐거움이 없는 그
와 같은 삶을 사는 것같이 너희가 그
리 생각하기 때문이니라.
13 그리하여 쓰고도 쓴 약을 먹지 않으려
하며 먹지 못한다 함이니,
14 지금 십계명대로 살 수 없다 하는 백
성이 바로 무엇인 줄 알겠는가?
15 몸이 썩어져 가고 죽어 가고 병들어
죽어 가는 생명이 약이 쓰다 하여 먹
지 않는 자와 똑같음이니라.
16 그 쓴 약을 먹어야만 병을 치료하는
것은 당연한 것이 아니더냐?
17 그와 마찬가지이니라.
18 모든 종파와 지도자들이요, 하늘에 오
르려는 백성, 너희는 이유가 없음이니
라.
19 그리고 인간이기 때문에 지킬 수 없다
하는 말이 감히 어디서 나올 수 있으
며 사람이기 때문에 그리 살 수 없다
어찌 말할 수 있는가?
20 너희에게 쓰고도 쓴 약이니라.
21 십계명을 너희가 그대로 지키고 받아
들여 행하지 아니하면 너희는 정녕 구
원의 길을 오를 수 없음이니라.
22 그리하여 지금 내가 160권 법전을 세
상에 내보냄이니,
23 이 또한 너희가 십계명보다 더 쓰고도
쓴 약이니, 먹기가 얼마나 고통스러운
약이던가?
24 너희가 이를 깨우쳐 행하고 살아가기
에는 정녕 어렵고도 힘든 길이니라.
25 그러니 그 누가 이것을 지키려 하겠느
냐?
26 그러나 너희가 병들어 지금 죽어 가는
병을 고치기 위하여, 병마에서 너희가
헤어나기 위해서는 이 쓰고 고통스러
운 나의 법전이요, 내가 내리는 새로
운 성경이요, 나의 성령을 태워서 내
려보낸 '하늘에 오르는 길'이요, '하나
님! 말씀하옵소서'라는 이 책을 너희
가 보고 읽고 깨닫지 아니하면 정녕
네 병을 치료할 수 없음이니라.
27 지금 모든 종교 집단이요, 모든 종교
지도자들이요, 그들보다도 더 불쌍한
것은 지금 하늘에 오르는 길이요, 구
원의 길이라 하여 신도요, 거기 가서
기도하고 경배하는 백성이니라.
28 그들을 내가 구원하고자 함이니라.
29 너희는 어찌하여 쓴 약을 먹지 아니하
며, 독이 되는 단것만을 마시려 하는
가?
30 이것이 너희가 지금 잘못된 믿음이요,
잘못 가고 있음이니라.
31 이제 사랑하는 나의 아들을 따르는 모
든 제자요, 그리고 만백성들아, 그리
고 나의 법전의 뚜껑을 열어 정독한
자들아!

32 너희는 지금 나의 법전대로 쓺이 쓴
약을 계속 먹는 것이니라.
33 그 쓴 약을 복용하지 아니하면 너희가
병을 고칠 수 없으니,
34 나의 법전을 계속 약을 먹듯이 읽고
정독하고 네 것으로 만들지 아니한다
면, 병들고 썩어져 있는 너희의 육신
을 다스릴 수 없으며 정신을 다스릴
수 없음이니라.
35 그리하여 내가 너희에게 쓴 약을 내림
이니라, 사랑하는 나의 아들딸들아!
36 너희가 그 병을 치료하는 쓴 약을 먹
는 고통의 이치를 생각할 때, 과연 이
것이 틀리다 말하는가?
37 나 여호와가 너희에게 손으로 너희가
만지면 볼 수 있고 들을 수 있고 감각
을 느낄 수 있으며 머리로 생각하면
생각할 수 있고 판단하면 판단할 수
있는, 내가 지혜로운 그것을 내려보내
너희를 깨우치고자 함이니,
38 이것이 곧 하늘의 진리요, 나 여호와
의 뜻이 아니던가?
39 너희가 병들어 썩어 죽어 가는 몸에
쓰고 고통스럽다 하여 그 약을 먹지
아니한다면 고칠 수 없음이니,
40 지금 바로 나의 법전이 너희에게 가
장 쓴 약이며 너희에게 가장 고통스
러운 약이니라.
41 너희는 이 약을 먹고, 이 약으로써 너
희가 변하고 치료하지 아니하면 너희
는 새로 태어날 수 없으며 새로 역사
할 수 없다는 것을 알라, 사랑하는 나
의 아들딸들아!
42 그러니 이 약에 대해 정독하고 이를
보고 깨우치고 행하여, 쓰고 쓴 약을
먹는 환자처럼 너희가 하나하나 고쳐
나가며 하나하나 다스려 나가며 하나
하나 변해 나가는 고통의 역사를 하는
속에서 나에게 오를 수 있음이니라.
43 너를 따르는 제자들이요, 만백성, 그
들은 말할 것이니라.
44 이 법전대로 산다면 인간의 사는 맛이
어디 있으며, 사는 멋이 어디 있으며,
인간이 사는 가치가 무엇인가?
45 한평생 영화롭게 살다 가는 인생이,
이리도 너희가 고독하고 어려운 길이
요, 살얼음판을 걷는 것 같은 조심스
러운 마음으로 세상을 산다 하면,
46 과연 이 세상에 온 의의가 어디 있으
며 태어난 의미가 어디 있으며 인간으
로서 살아가는 멋이 어디 있겠느냐?
47 너희는 그리 말할 것이니라.
48 너희가 혼탁한 모래에서 하나하나 벗
어나는 것과 마찬가지이니라.
49 진흙탕 속이요, 오물 속에 빠져 있다
가, 온몸에 뒤집어쓴 너희를 깨끗한
물로 하나하나 머리에서부터 씻겨 내
려갈 때, 상쾌한 마음이요, 그 기쁨보
다도 천배 만배 더한 것이 너희의 썩
은 마음을 다스리는 것이며,
50 잘못된 마음을 하나하나 바로잡고 깨
우쳐 가는 것이 행복이며 영광이요,
축복임을 너희가 아직 모르기 때문이
니,
51 스스로 변하며, 사악한 마음을 버리
며, 천사와 같은 마음으로 변하는 용
기 있는 삶에 스스로 기쁨과 행복과
영광을 얻고 그를 생각하고 느낄 때,
그때야말로 진정 너희가 바로 갈 수
있는 자임을 알라.

52 이제 내가 너희에게 나의 법전을 내리
는 것은 쓴 약이요, 이 쓴 약은 너희가
오물 속에 빠졌다 나온 자, 생수로 씻
는 것처럼 하나하나 너희를 벗겨 내고
씻어 내어, 너희가 상쾌한 마음을 갖
도록 그리하여,
53 너희를 다스려 하늘에 오르게 하고자,
나의 천국의 문을 들어올 수 있는 자
격을 내가 주고자 함이니라.
54 천국에는 천사가 사니, 천사만이 사는
이 천국에 오르는 너희는 죄지은 자,
천국에 오를 수 없다 하며,
55 천사와 같지 않은 자는 천국에 살 자
격이 없고, 천국에 올 수 없다 하지 않
았던가?
56 너희가 썩고 병든 몸을 완전히 치료해
야 할 것이며,
57 너희의 병든 마음을 다 씻어 내고 또
씻어 내 깨끗한 너희가 되었을 때, 천
국의 문으로 스스로 들어올 수 있으
며, 그 문은 스스로 열린다는 것을 알
아야 할 것이니라.
58 너희가 인간 사회에 살아가면서 맞는
열쇠로 그 천국을 열며, 맞는 숫자를
돌림으로써 자물쇠라는 것이 열리듯
이,
59 너희가 점수가 있음이니, 그 점수에
도달하는 자는 자동으로 천국의 문을
여는 그와 같은 영광의 역사를 얻을
것이며,
60 점수가 맞지 않는 자는 그 문에 들어
설 수 없으며, 숫자가 맞지 않는 자,
천국에 들어설 수 없으며, 너희가 열
쇠가 맞지 아니하면 자동으로 문을 열
수가 없음을 알라.
61 너희가 점수가 맞았을 때 천국의 문은
자동으로 열림이니,
62 그 점수를 받는 것은 인간 세상의 삶
에서 이루어지는 것이며, 찾는 답은
거기에 있다는 것을 잊지 말라, 사랑
하는 나의 아들딸들아!

6,067 번째 하나님 말씀

2003년 4월 30일 17시 30분

1 사랑하는 나의 아들아!
2 "네, 아버님! 말씀하옵소서."
3 이 세상 모든 종파가 수없이 있음이니
라.
4 그리하여 그곳에서 종파가 옳고 그름
이라 하여 그들이 몸담아 그 길만이
하늘에 오르는 길이라 하여 오로지 그
길을 향하여 달려가는 백성이 수없이
있음이니라.
5 그러나 너희는 여기서 알아야 할 것이
니라.
6 정녕 하늘의 진리요, 참진리가 무엇인
가를 모르고 너희가 간다면, 이는 곧
죽음의 믿음이요, 산 사람의 믿음이
아니라는 무서운 사실을 너희는 알아
야 할 것이니라.
7 세상사 너희가 살아가면서 남을 위해
아름답게 사는 사람이 있으며, 그저
남들처럼 중간 정도의 중립을 지키며
사는 자, 그리고 어렵고 힘든 인생의
삶을 살아가는 그와 같은 백성의 관계
가 너희 인간 세상에서 이루어지지 않
더냐?
8 너희가 똑같은 삶을 산다 할 때, 과연
어떠한 삶을 사는 것이 선택된 백성이

며 축복받은 삶이라 하겠는가?
9 똑같이 스물네 시간이라는 하루를 소
비하는 삶에 있어서 값지고 보람되게
사는 자, 그저 그런대로 하루를 넘기
는 자, 그리고 아무런 이해관계 없이
시시비비를 하며 남에게 폐를 끼치며
남으로부터 손가락질 받는 삶을 살아
가는 백성,
10 너희는 그 스물네 시간 하루의 삶에
있어서 그와 같이 차이가 있다 하면
과연 그것은 얼마나 잘못된 것인가?
11 그러나 너희가 하늘에 오르는 길은 그
와 같지 아니함이니라.
12 너희가 상상할 수 없으며 생각할 수
없는 그것이 바로 하늘에 오르는 길의
진리를 알아 살고 못 사는 그와 같은
엄청난 차이가 있음을 알아야 할 것이
니라.
13 이 세상에 인간이 자식을 기르되, 그
자식이 곱고 바르게 자랐을 때, 부모
의 보는 마음이 얼마나 기쁘고 행복하
며, 자식을 둔 보람을 느끼겠는가?
14 지금 내가 세상에 나의 법전이라 내려
보내고 나의 아들을 세상에 내려보내
어,
15 너희가 그를 따르며 나의 법전을 공부
하고 연구하며 기록하여 만백성을 구
하는 역사의 길을 가는 모습을 바라보
는 나 여호와의 마음이 어떠하겠는가?
16 그리고 너희가 조금만 더, 한 발짝만
더 오면 점점 변하며 아름답게 살아가
는 너희의 모습을 보는 나 여호와의
기쁨이 과연 어떻다 너희는 생각하는
가?
17 나 여호와가 수천 년 동안 역사가 흘
러오면서 모세 시대의 백성이 그와 같
은 기적과 역사 속에서도 우상을 만들
어 나를 능멸하였음이니라.
18 또한, 예수의 시대, 신약 시대도 모든
백성이 나를 능멸하며 나의 존재함을
믿지 아니하기에, 나의 아들 예수를
너희가 알다시피 고통스러움으로써
죽게 하지 아니하였던가?
19 그를 죽게 한 그 후예들이 지금 그 뜻
을 따라 행하는 것이 아니요, 저희가
그 죄를 용서 빌며 용서받고자 하는
것이 아니라,
20 인간의 법도요, 인간의 계명에 의하여
너희가 지금 나와는 전혀 관계도 없는
길을 현재 달리는 것이니,
21 그 많은 세월 속에 나 여호와의 마음
이 과연 어떠했겠는가?
22 그리하여 내가 지금 나의 아들을 통하
여 나의 법전을 내려보내 만백성을 깨
우치고자 하니,
23 너희가 겉으로는 나의 법전을 읽고 깨
우쳐 노력하며, 내면으로는 너희가 법
전을 읽은 대로 실천하려 노력하며,
24 그리고 나의 아들을 통하여 내리는 강
론에 따라 너희가 살아가고자 노력하
는 것이 너희가 지금 한 발짝 한 발짝
변해 오면서 나에게 다가오는 그와
같은 너희의 모습이니,
25 그를 바라보는 나 여호와의 기쁨이 그
무엇에 더 비유할 수 있겠는가?
26 내가 너희를 그리 사랑함이니라.
27 너희가 자식을 기르면서 그 자식이 성
장하는 모습을 보지 못하듯이,
28 너희가 한 그루의 씨앗을 뿌려 가꿀
때 그 씨앗의 뿌리가 자라나는 것을

너희는 보지 못하되 그는 자라지 아니
하던가?
29 잎이 무성해지며 꽃이 피며 열매를 맺
으니, 그와 같이 보이지 않지만, 그들
은 자라 감이니라.
30 너희가 나에게 오는 믿음이 그러하면
되느니라.
31 너희가 서서히 보이지 않는 속에서 하
나씩 하나씩 깨우쳐 나를 향하여 오는
그 마음이면 되느니라.
32 외부로는 법전을 만들어 만백성을 구
하고자 너희가 재물이요, 물질적인 고
통의 아픔을 가슴에 안고 있으며,
33 내면으론 너희가 누구도 갈 수 없는
십계명을 지키며 내가 내리는 나의 계
명이요, 나의 법전대로 살아가고자 하
는 너희의 고통이 얼마나 아프고 저린
가를 나 여호와는 알고 있음이니라.
34 그렇다 하여 내가 너희에게 일시에 그
모두를 다 줄 수는 없지 아니하던가?
35 내가 너희의 손에 쥐여 줄 수 있는 그
한도 내에서 쥐여 줘야 하지 않겠는가?
36 너희가 좀 더 성장하며 좀 더 체격이
건장하며 힘이 있을 때, 너희가 관리
하고 쥘 수 있고 다스릴 수 있는 만큼
나 여호와가 내려 줄 것이니 그리 알
라.
37 서서히 자라는 나무는 보이지 않는 속
에서 그 나무가 자라듯이,
38 어린아이가 서서히 자라는 모습은 보
이지 않으나 그가 성장하여 한 가정을
이루고 사회인이 되며 너희와 같이 그
리 살아가듯이,
39 너희 믿음이 그와 같이 변화되는 삶을
살다 보면, 너희가 나로부터 큰 은혜
요, 상이요, 영광을 받을 날이 머지않
았음을 알아야 할 것이니라.
40 여기서 너희는 생각해야 할 것이니라.
41 부모가 자식이 죽어 가는 모습을 보
며, 비상의 약을 가지고 있으면서 자
식을 살리지 못하는 마음이 아픈 것이
나,
42 자식에게 상을 내려 주며 유산을 내리
고자 하나, 아직 그가 받을 자격이 안
되어 있으며 그가 받을 자리가 아직
되지 않았으며 다스려지지 아니하여
주지 못하는 부모의 마음 또한 그 못
지아니하게 그리 아프고 쓰린 것이니
라.
43 그러니 내가 너희에게 내리지 못하는
나 여호와의 아픈 마음을 생각하는 그
와 같은 너희의 깨달음이 있어야 함
을 잊어서는 아니 될 것이니라.
44 이제는 너희가 나의 법전을 기록하는
데 너희의 마음이 굳어져 있으며,
45 그리고 너희가 가야 할 길이 무엇이며
어찌 가야 할 것인가를 서서히 굳혀
오는 나의 아들을 따르는 제자들이 한
두 명씩 지금 모이고 있음이니,
46 여왕벌에게 벌들이 모여들듯이 너희
가 지금 모이고 있지 않더냐?
47 세월이 가는 속에 그 세월이 그냥 흐
름이 아니니라.
48 나의 법전을 만들어 정돈하며, 나의
법전을 세상에 내고자 하며, 또한 너
희는 그와 같이 나의 법전을 듣고 강
론을 들으면서 너희가 서서히 변해 가
는 역사의 시간이 같이 필요함이니라.
49 모두가 맞물려 돌아가고 있음이니라.
50 그리하여 내가 너희에게 큰 상을 줄

수 있는 그 모든 준비를 다 하고 있음
이니, 너희는 두려워하지 말라.
51 사람이 미래에 살 곳을 알며 미래에
갈 곳을 알며 모두를 다 알고 산다면
얼마나 행복한 백성이던가?
52 앞을 모르고 가는 백성과 앞을 보고
가는 백성과의 차이점이 무엇인지 알
겠느냐?
53 진정한 믿음의 길이 무엇이며 하늘에
오르는 길이 무엇인 줄 모르는 자는
캄캄한 밤길에 헤매는 자와 마찬가지
이니라.
54 그러나 너희는 하나의 빛을 보고 그
빛을 따라 묵묵히 걸어옴이니, 그게
바로 하늘에 오르는 길이요, 직선의
길을 너희가 오고 있지 아니하던가?
55 내가 너희에게 일찍이 일깨워 가르쳐
주지 아니하였던가?
56 너희가 도시의 길바닥에서 사람을 찾
되, 주소를 모르며 약도를 모르며 그
가 사는 곳을 모르면서 그 집을 찾는
것,
57 너희가 또 세상에서 이름만 아는 사람
을 찾아 헤맨다면, 그 사람을 만나고
그 집을 찾기가 얼마나 힘들고 복잡하
고 어렵겠느냐?
58 그러나 주소를 알며 약도를 가지고 가
는 사람은 그 집을 찾기가 얼마나 쉬
우며, 그 집에 가기가 얼마나 편안하
겠는가?
59 그리고 사는 사람의 주소와 번지수를
아는 사람이 사람을 찾을 때 얼마나
쉽게 찾을 수 있겠느냐?
60 그것이 지금 바로 너희가 하늘에 오르
는 길에 선택된 백성과 선택되지 아니
한 백성과의 차이점이 거기에 있음이
니라.
61 나의 진리요, 하늘에 오르는 길을 공
부하지 않는 자, 나의 법전을 읽고 깨
우치지 않는 자,
62 수천 년 동안 흘러내려 온 관습이요,
관행에 따라 너희가 그저 예수를 믿으
며 나의 아들을 찾으며 너희의 손으로
지은 성전에 오는 자 구원을 받는다며,
63 내가 말했듯이, 구원을 만병통치 약장
수처럼 떠드는 그들이 지금 어찌 가는
줄 알겠는가?
64 캄캄한 밤에 길을 모르고 헤매는 자이
며, 캄캄한 밤중에 산길을 모르고 헤
매는 자들과 똑같은 것이니라.
65 사람의 이름만 가지고 사람의 사는 곳
만 듣고 그 사람을 찾아 헤매는 자와
똑같음이니,
66 너희가 과연 어리석은 삶 속에서 어찌
사람을 찾으며 너희가 가고자 하는
그 목적지의 집을 찾을 수 있는가?
67 너희는 헤매다 그를 찾지 못함이니라.
68 바로 하늘에 오르는 진정한 길이요,
나 여호와의 뜻에 따라 공부하는 자,
나의 진리를 따르는 자는 주소를 알며
빛을 따라 하늘에 오르는 것이요,
69 그렇지 않은 자는 이름만을 가지고 세
상을 다 뒤지며 사람을 찾고자 함이니,
70 과연 그와 같은 차이점을 알겠는가?
71 이와 같은 이치를 깨달아야 할 것이
니, 너희가 얼마나 행복한 백성이며
하늘에 오를 수 있는 백성이라 하겠느
냐?
72 내가 너희의 이름을 에덴동산 낙원에
기록하였다는 의미도 거기에 있음이

니라.
73 바로 내가 약도를 너희 손에 쥐여 주었으며, 너희에게 번지수를 쥐여 주었으며, 내가 어찌 오는지까지 다 가르쳐 주었음이니,
74 너희가 하늘에 오르는 것은 당연한 것이 아니던가?
75 그러니 너희가 그 집을 80퍼센트는 찾은 거나 마찬가지가 아니더냐?
76 그러니 내가 80퍼센트를 내려 주었으며, 20퍼센트는 너희의 노력으로 이루라 했으며,
77 너희 이름을 낙원에 걸어 놓았다 함이니,
78 너희는 반드시 주소와 약도를 가지고 물어서라도 거기에 찾아올 수 있는 나의 아들딸이기 때문에 너희는 구원받은 자라 하며, 하늘에 너희 이름을 기록해 놓은 자라 함이니라.
79 주소도 모르며 약도도 모르는 자, 사람을 찾고 집을 찾는 자, 얼마나 헤매겠는가?
80 그러니 그들은 나와 관계가 없으며, 내가 그들의 기도 소리요, 그들의 찾는 소리를 듣지 않는다 하였지 않더냐?
81 그들은 약도요, 주소가 없기에 거기에 올 수 없으며 찾아올 수 없으니, 그러다 인생이 죽음이라는 문턱을 넘게 되며, 그때 나에게 와 심판을 받게 되는 것이니라.
82 사랑하는 아들아, 이와 같은 이치를 너의 제자들에게 깨우쳐 줘야 할 것이며,
83 그리고 나의 법전을 읽는 만백성 너희는 참진리의 뜻이 무엇인가를 알아야 할 것이니 그리 알라.

6,068 번째 하나님 말씀

2003년 4월 30일 17시 33분

1 사랑하는 나의 아들아!
2 "네, 아버님! 말씀하옵소서."
3 너희가 인간 세상에 살다 나에게 와 심판을 받을 때, 두 개의 발자취가 있어서는 아니 된다 하였으며,
4 너희가 살아온 그 모두를 다 가지고 올 수는 없으나, 단 한 가지, 악과 선을 행하며 살아온 그것은 너희가 가지고 온다 하여,
5 내가 그를 저울로 달아 선이 내려가면 너희가 나에게 구원을 받는 것이며, 악이 내려가면 너희가 지옥에 내려간다 하였음이니라.
6 그러니 너를 따르는 제자들이요, 나의 법전을 읽은 백성, 너희는 지금 여기서 너희의 마음을 달아 보는 그와 같은 삶을 살지 아니하면 아니 됨을 알라.
7 너희가 지금 마음을 달아 보도록 그리하라.
8 너희가 살아가는 생활의 방식이요, 너희가 살아가는 방법이요, 그 모두를 하루하루 저울에 달아 봐, 어느 것이 높고 낮은가를 알아,
9 너희가 선함이 많으면 나를 향하여 감사할 것이며, 또한 너희가 악이 많다면 회개의 눈물을 흘려야 할 것이며,
10 너희가 그날의 일은 그날에 모두를 청산하는 그와 같은 부지런한 삶을 살도록 그리 전하라.

11 너희가 죽어 나에게 와 무게를 달 때
만이 그 무게가 나가는 것이 아님이니
라.
12 육의 세상에 살아 있는 지금에도 매일
같이 너희 마음을 달았을 때, 너희가
선이 밑으로 내려가는 그와 같은 삶을
산다면 너희는 날짐승같이 가벼운 마
음이요, 나는 마음으로 살아갈 수 있
음이니라.
13 그렇지 않은 자는 모든 질병과 고통
에서 허덕임이니, 그는 바로 무엇이더
냐?
14 너희가 말하는 '욕심이 화근'이라 하
듯이 욕심을 버리지 못하였기 때문이
니라.
15 이제 나를 따르는 만백성이요, 그리고
나의 법전을 읽고 깨우친 백성이요,
특히나 나의 아들을 따르는 제자, 너
희는 이제 육의 세상에서 너희 마음을
달도록 그리하라.
16 그리하여 너희가 무겁고 가벼운 것을
알아야 할 것이며, 그 체험을 하여야
할 것이니라.
17 너희의 선이 무거울 때 육의 삶이 가
벼울 것이며, 너희의 악이 무거울 때
는 육의 삶이 무거울 것이니라.
18 그러니 너희가 육의 날짐승과 같이 날
수 있는 그와 같은 삶을 살도록 하며,
19 그리하다 보면 너희가 하루의 삶이 기
쁘며, 오늘의 삶보다 내일의 삶이 더
아름답고 기쁨을 얻게 됨이니,
20 그와 같이 너희를 점검하고 훈련하는
것이 지금 가장 중요함을 알라.
21 그렇지 아니하면 너희가 두 발자취를
가지고 나에게 올 것이며, 그와 같이
내가 명한 대로 행하는 자는 하나의
발자취를 가지고 올 것이니,
22 너희가 죽어 내 앞에 와 심판을 받을
때 너희가 심판을 받고 말고 할 것이
무엇이 있는가?
23 그저 너희는 나의 천국의 문에 들어오
면 되는 것이 너희이니라.
24 그러니 그와 같은 일을 너희가 행하도
록 하고 너희 자신을 다스려 보며, 자
신의 무게를 달아 보는 일을 게을리하
지 말라.
25 매일매일 너희가 하루의 무게를 달아
점검하도록 그리하라.
26 그 길만이 너희가 하늘에 오를 수 있
는 길이요, 새로 태어난 생명을 얻을
수 있는 길이니,
27 창조주 나 여호와가 너희에게 명하는
것은 하늘에 와도 변하지 아니하며 지
상에서도 변하지 않는 법도임을 알라,
사랑하는 나의 아들딸들아!

부 록

【하나님께서 가르쳐 주신 운동】

천재지변이 일어날 때, 동물이나 미물들은 미리 알고 대피하지만, 인간은 알지 못하고 큰 화를 당합니다. 하나님께서 인간에게 가장 높은 지혜를 주시고 완벽하게 창조해 주셨기에 동물들보다 더 잘 알 수 있지만, 욕심으로 마음이 혼탁해져서 한 치 앞을 보지 못하는 것입니다.

마찬가지로, 인간은 누구나 스스로 필요한 운동을 해서 건강을 지킬 수 있도록 하나님께서 만들어 주셨습니다. 우리의 머리에서 우리 몸에 필요한 동작을 해 달라고 끊임없이 신호를 보내지만, 인간이 혼탁하게 살아서 그 신호를 알아채지 못합니다. 그러니 자연스럽게 자기 몸이 원하는 그 신호를 따라서 운동하는 것이 하나님께서 가르쳐 주신 운동 방법입니다. 바로, 우리의 영이 육을 이끄는 운동입니다.

▶ 하나님 운동법

1. 눈을 감고, 발을 어깨너비로 벌리고 바르게 선다.
2. 몸에 힘을 풀고, 허리를 숙이면서 손과 머리를 아래로 내린다.
3. 허리를 펴고 싶을 때, 천천히 펴면서 하고 싶은 동작을 하면 운동이 시작된다. (사람마다 다르다.)
4. 멈추지 말고, 어떤 동작이든지 자기 몸의 느낌대로 계속 이어서 한다.

▶ 참고 사항

① 눈을 감은 상태로 아무 생각 하지 않고, 자기 몸의 느낌대로 움직입니다.

② 마음을 비우고, 욕심을 버리고, 지난날의 잘못을 반성하면서 몇 차례 시도하다 보면, 자기도 모르게 하고 싶은 동작이 끊임없이 생깁니다.

③ 운동 장소는 방 안이든 운동장이든 관계없으며, 걷거나 달리고 싶을 때는 눈을 떠도 됩니다.

④ 매일 40분 이상, 주 4회 이상, 3개월 이상 하면 음식 조절에 들어갑니다.
- 음식으로 생긴 병은 음식으로 치료하게 되며, 어떤 음식을 먹어야 하는지 스스로 알게 됩니다.
(자기 몸에 필요한 음식만 먹고 싶어집니다.)

⑤ 사랑하는 사람과 함께 운동하면 서로 치료해 주기도 합니다.

⑥ 운동을 하다가 몸의 어느 한 부분을 계속 손으로 자극한다면 그쪽에 이상이 있는 것이니, 의사에게 상담을 받고 적절한 치료를 받으면 됩니다.

⑦ 다이어트 및 기타 건강관리에 효과적입니다.

⑧ 꾸준히 운동하여 영이 맑아지면, 자신의 과거와 미래를 스스로 보게 됩니다.

누구나 스스로 하실 수 있습니다.

간 행 사

《새로운 성경》은:

· 새로운 성경은, 하나님께서 선량하고 선한 자를 선택하여 십계명을 암송하도록 하시고, 십계명을 암송한 다음에 음성으로써 들려주시는 말씀을 듣고 그대로 카세트테이프에 녹음해서 받아쓴 책입니다.

· 90분짜리 녹음테이프 700여 개에 달하는 말씀으로, 1999년 8월부터 2004년 7월까지 총 160권(권당 288쪽)을 완성하였으며, 그 이후에도 현재까지 계속 말씀을 내려 주고 계십니다.

· 새로운 성경은 "하늘을 두루마리 삼고 바닷물을 먹물 삼아 쓰고 써도 다 못 쓴다"는, 끝없이 방대한 하나님의 말씀이 두루마리로 직접 내려오는 것입니다. 이러한 새로운 성경은 구약과 신약을 폐하려는 것이 아니라 "인봉된 성서의 비유의 뜻"을 상세히 설명하여 완성하고자 하나님께서 직접 내려 주신 말씀입니다.

《새로운 성경》의 구성:

· 제 목: 2013년, 160권 모음집을 발간하면서, 본 도서의 제목을 "하나님! 말씀하옵소서"에서 《새로운 성경》 으로 명해 주셨습니다.

· 단행본: 각 권당 288쪽(신국판) 책이 160권까지 시리즈로 출판됩니다.
(모음집은 단행본을 16권씩 묶어서, 총 10부로 구성됩니다.)

《새로운 성경》의 성경적 근거:

· 신약 성경 [요한복음] 16장 13절에 "진리의 성령이 오시면 그가 너희를 모든 진리 가운데로 인도하시리니 그가 자의로 말하지 않고, 오직 듣는 것만을 말하며" 하신 말씀처럼 하나님의 음성을 들은 것만 기록하였으며,

· "장래 일을 너희에게 알리시리라" 하신 말씀과 같이 개인, 나라, 인류의 "장래"일을 하나님께서 알려 주시는 것만 기록하여 책으로 만들었습니다.

《새로운 성경》의 기록 방법:

- 1999년 8월부터 하나님께서 저에게 들려주시는 음성을 기록하였습니다. 처음에는 제가 들은 말씀을 불러 주면 저의 아내가 기록하여, 2000년 1월 29일에 1권 초판이 세상에 나왔습니다. 2000년 4월부터는 주시는 말씀을 받아 녹음기에 기록하여 시리즈로 출간하기 시작하였습니다.

- 녹음을 시작하면서 하나님의 말씀을 받는 데 가속도가 붙었고, 2001년 5월 3일에 1부(1~16권까지)를 인쇄하여 출판하였으며, 2004년 7월까지 총160권 분량의 말씀을 받아 기록하였습니다.

하나님께서 저에게 주신 것은:

- 첫째, 만백성을 상대로 내려 주시는 "기도", 둘째, 수시로 내려 주시는 "묵상", 셋째, 개인의 과거, 현재, 미래를 알려 주시는 "개인 기도", 넷째, 개인의 건강을 위해서 내려 주시는 "음식 처방", 다섯째, 하나님께서 가르쳐 주신 "운동"등이 있습니다. 이 중에 첫 번째, "기도"를 책으로 편찬하였습니다. 사람의 생사, 개인의 미래에 관한 천기는 수록하지 말라 하셨습니다.

강론 안내:

- 하나님께서는 지금도 매일 저에게 새로운 하늘의 비밀의 말씀을 내려 주고 계십니다. 수시로 내려 주시는 말씀을 정리해서 제자를 육성하라는 말씀에 따라 매주 강론을 하고 있습니다. 누구나 무료로 들으실 수 있습니다. (book160.com)

《새로운 성경》을 읽는 분들에게 드리는 선물:

- 개인 기도: 개인의 과거, 현재, 미래에 관하여 말씀을 내려 주십니다.

- 음식 처방: 사람은 음식을 먹고살다가 건강을 잃으니, 음식과 운동으로 건강을 되찾는 방법을 알려 드립니다. 단, 하나님이 계심을 믿고, 십계명을 지키겠다고 진실로 서약하는 분들께 알려드립니다.

《새로운 성경》의 은혜와 기적:

- 새로운 성경 전160권은 16권씩 묶어서 총 10부의 모음집으로 구성됩니다. 모음집 한 부를 읽고 깨우치는 자에게 하나님께서 다음과 같은 기적이 있다고 하셨습니다.

· "첫째, 그가 죽어 하늘에 갔을 때 그의 죄를 묻지 아니하며, 구원을 받는 위대한 은혜가 있으며, 둘째, 그의 소원과 소망이 이루어지고, 셋째, 죽은 자(부모, 형제, 자식, 사랑하고 은혜 입은 분)의 이름으로 구입한 책을 읽고 누군가 한 사람이 깨우칠 때, 그 죽은 자가 지옥에서 천국으로 구원을 받게 되며, 넷째, 유산, 중절 수술 등으로 태어나지 못한 아이를 위하여 구입한 책을 보고 한 명이 깨우쳤을 때, 그 아이가 사람으로 다시 한 번 태어나는 은혜를 받는다."

· "새로운 성경"을 3회 이상 정성을 다해 정독하는 자, 성서의 비밀을 알게 되고, 세상의 이치를 알게 되며, 세상을 지배하고 통제할 수 있는 지혜를 다 얻게 된다고 하셨습니다. 이 책은 만백성이 정독하고 이웃에게 전하여, 평생 가슴에 묻은 슬픔과 고통의 짐을 벗고 미래를 위한 힘찬 삶을 살아가도록 하는 책입니다.

끝으로

· 하나님께서는 흰 눈이 세상을 덮듯이 새로운 성경을 온 세상에 전하라고 하셨습니다. 《새로운 성경》을 각국어로 번역해서 온 인류에게 구원의 길을 깨우쳐 주고, 그 수익으로 가난하고 어려운 백성을 구제하여, 만백성의 영과 육을 함께 구원하는 선지자의 임무를 수행하라고 저에게 명하셨습니다.

· 하늘에서 내려 주신 말씀의 보화를 만백성에게 나누어 주는 것이 선지자의 임무라고 하셨습니다. 새로운 성경을 통해서 얻는 재물을 사용할 곳도 하나님께서 일일이 명해 주십니다. 모든 재물은 저의 자의로 쓸 수 없고, 하나님께서 명하시는 대로만 쓰여집니다.

· 어떤 명분으로든 십일조나 각종 헌금을 거두어들이지 말라 하셨으며, 국내뿐 아니라 각국에 성전과 단독 서점을 운영하며, 한국의 많은 젊은이들을 전 세계에 지도자로 내보내라고 하셨습니다.

· 우리는 세계적으로 새로운 성경을 보급하며 어려운 이들을 돕는 역사를 해 나갈 것입니다. 지금까지 비록 몇 명 안 되는 제자들과 함께 이러한 일을 역사했지만, 앞으로도 계속 하나님께서 기뻐하시는 일들을 해 나갈 것입니다. 부족한 저희에게 여러분들의 지혜와 성원을 보내 주시기를 바랍니다. 많은 분들의 참여와 도움을 간절히 기다립니다. 감사합니다.

한국어로 내려온 《새로운 성경》 단행본을 출간하며
2016년 4월 10일

발행인 **김 용 철**

한국어로 내려온

새로운 **성 경** · 6부 · 제82권

지은이 하나님 말씀
대역자 김용철

초판인쇄 1쇄 2017년 4월 3일

펴낸 곳 도서출판 하얀마음
등록번호 제 10-2107호 (2001년 2월 14일)
주소 서울시 노원구 덕릉로86길5, 2층
전화번호 02) 313-1114
팩스 02) 393-5554
전자우편 book160@hanmail.net
편집위원 조나영 김미향 이석교
제작지원 김홍숙 이미숙 이미란

도서상담 1600-7527
ISBN 978-89-5875-182-3 (04230)
978-89-5875-100-7 (세 트)

값 10,000원
잘못된 책은 구입하신 곳에서 바꾸어 드립니다.

※이 책은 10부로 제작되며, 각 부 16권씩 총160권으로 구성됩니다.※

1부	2부	3부	4부	5부	**6부**	7부	8부	9부	10부
1권	17권	33권	49권	65권	81권	97권	113권	129권	145권
2권	18권	34권	50권	66권	82권	98권	114권	130권	146권
3권	19권	35권	51권	67권	83권	99권	115권	131권	147권
4권	20권	36권	52권	68권	84권	100권	116권	132권	148권
5권	21권	37권	53권	69권	85권	101권	117권	133권	149권
6권	22권	38권	54권	70권	86권	102권	118권	134권	150권
7권	23권	39권	55권	71권	87권	103권	119권	135권	151권
8권	24권	40권	56권	72권	88권	104권	120권	136권	152권
9권	25권	41권	57권	73권	89권	105권	121권	137권	153권
10권	26권	42권	58권	74권	90권	106권	122권	138권	154권
11권	27권	43권	59권	75권	91권	107권	123권	139권	155권
12권	28권	44권	60권	76권	92권	108권	124권	140권	156권
13권	29권	45권	61권	77권	93권	109권	125권	141권	157권
14권	30권	46권	62권	78권	94권	110권	126권	142권	158권
15권	31권	47권	63권	79권	95권	111권	127권	143권	159권
16권	32권	48권	64권	80권	96권	112권	128권	144권	160권